陳攖寧　著
蒲團子　編

陳攖寧文集·十一

醫學文稿卷
詩詞歌賦卷
其他文章卷

心一堂

書名：**陳攖寧文集　十一** 醫學文稿卷 詩詞歌賦卷 其他文章**卷**
作者：陳攖寧
編者：蒲團子
責任編輯：陳劍聰
出版：**心一堂有限公司**
通訊地址：香港九龍旺角彌敦道610號荷李活商業中心十八樓05-06室
深港讀者服務中心：深圳市羅湖區立新路六號羅湖商業大厦負一層008室
電話號碼：(852)90277110
網址：publish.sunyata.cc
電郵：sunyatabook@gmail.com
網店：http://book.sunyata.cc
淘寶店地址：https://shop210782774.taobao.com
微店地址：https://weidian.com/s/1212826297
臉書：https://www.facebook.com/sunyatabook
讀者論壇：http://bbs.sunyata.cc
版次：二〇二〇年十二月初版
平裝
定價：港　幣　二百五十八元正
　　　人民幣　一百八十元正
　　　新臺幣　九百九十八元正
國際書號：ISBN 978-988-8583-53-9

香港發行：**香港聯合書刊物流有限公司**
地址：香港新界荃灣德士古道220～248號荃灣工業中心16樓
電話號碼：(852)2150-2100
傳真號碼：(852)2407-3062
電郵：info@suplogistics.com.hk
網址：http://www.suplogistics.com.hk

臺灣發行：**秀威資訊科技股份有限公司**
地址：臺灣臺北市內湖區瑞光路七十六巷六十五號一樓
電話號碼：+886-2-2796-3638
傳真號碼：+886-2-2796-1377
網絡書店：www.bodbooks.com.tw
臺灣秀威書店讀者服務中心
地址：臺灣臺北市中山區松江路二〇九號一樓
電話號碼：+886-2-2518-0207
傳真號碼：+886-2-2518-0778
網絡書店：www.govbooks.com.tw

中國大陸發行 零售：**深圳心一堂文化傳播有限公司**
地址：深圳羅湖區立新路六號羅湖商業大厦負一層008室
電話號碼：(86)0755-82224934

揚善半月刊

第三卷第五期（總號第五十三期）民國念四年九月一日出版

國民政府內政部登記警字第二八二七號　中華郵政特准掛號認爲新聞紙類　揚善半月刊社　社址上海邑廟豫園路十八號

代收各省水災賑款啓事

本年入夏以來。霪雨連綿。山洪暴發。江淮河漢。先後告災。爲禍之慘。災區之廣。更遠勝於二十年之揚子流域。災區紛電請賑。刻不容緩。務希　諸善長道長各界士女。急起共圖。推己飢己溺之懷。宏普渡普救之願。源源捐助。共襄善舉。伏希

公鑒

如蒙捐助款項物件。請交上海邑廟豫園路十八號翼化堂善書局。當即掣奉臨時收據。俟將捐款等彙交水災義賑會後。正式收據即行寄奉。

翼化堂善書局
中國玄學會
揚善半月刊社
半社
善會
仝啓

古本篆書金剛經（八）

轉宿篆

十世界以用
布施得福多
不須菩提言
甚多世尊佛

本期目錄

出版：每月一日十六日
零售：每期定價大洋五分
預定：全年二十四期連郵大洋一元半年五角香港洋一元五角國外洋二元
編輯：揚善半月刊社
社址：上海邑廟豫園路翼化堂善書局

一九三五年九月一日揚善半月刊總號第五十三期書影

開講「内經知要」的前導

陳攖寧作　　受業胡海牙校印

内經一書，自漢朝以後直到今日，就無人能够完全了解。楊上善的太素註、王冰的素問註，林億等的新校正，對於内經總算有功，但錯誤之處仍不能免。（世間所有的内經註解，當以太素為最古，這部書作於什麼時代，尚有問題。林億等在素問序中說：「隋楊上善纂而為太素」，他們認定作者是隋朝人，據我的考証，太素是唐高宗乾封元年以後的作品，早于王冰素問註不滿一百年。考証資料太繁不錄。唐肅宗寶應元年，王冰作素問序，時為公元762年。宋仁宗嘉祐年間，林億等作新校正，時為公元1056——1063年。）

金元四大家，只懂得内經中的一部份，因他們會靈活運用，遂成為名醫。他們的著作，大概都以内經學理為根據，但是片段的發明，沒有全部的註釋。（金、河間人劉完素，字守真，號通玄處士，撰素問玄機原病式一卷、素問病機氣宜保命集三卷、宣明論方十五卷；保

陳攖寧先生著胡海牙先生刻本開講内經知要的前導書影

嫩生姜治愈喉症的經驗

清光绪二十五年（1899）十二月间，由安庆乘輪船往蕪湖，夜半时站在船欄杆里边，对江中小便，一陣陣的凉风吹到身上，直打寒噤，当时暂为忍耐，事后回房艙睡覚。第二天登岸，住在親戚家中，身上即发寒热；第三天喉内腫痛，食物难以下咽，卧床不起。請医診治，他認为咽喉腫痛是火症，開一凉藥方。我当时年龄不过二十岁，医藥经驗尚少，病中头脑昏沉，又无暇考慮，就照原方服之。第四天喉腫更甚，痛更厉害，茶水也不能吞下，对鏡張口自看，喉嚨左右两旁，全部红腫，腫的上面現出白色一块，如小指尖大，像已腐爛。料想藥不对症，如果是火症，凉藥服下，腫痛应該減輕，为何反而加重？此时口中不苦也不干，只覚得淡而无味，舌苔薄白。

当着这样情况，虽疑心是凉藥的錯誤，但又不敢竟服热藥，姑且用生姜試它一試。遂找到几块嫩生姜（含水份多，辣味不重），先舒

20×18＝360　　（第一頁）

陳攖寧先生著嫩生薑治愈喉症的經驗書影

第一張

素問第七篇，陰陽別論，「二陽之病發心脾」，自王冰以降，
直至清季，各注家咸就心脾二藏立論，雖于醫理上
附會過去，但於文理上實在欠通；試觀下文「三陽為
病發寒熱……一陽發病少氣……二陽一陰發病主
驚駭……二陰一陽發病善脹……三陰三陽發病為
偏枯……」云云，凡所謂發者，皆指病狀而言，心脾是二
藏名，不是病狀，如何亦謂之「發」。後得見楊氏太素，

陳攖寧先生手著醫學文稿書影

贈謝利恆國醫 七絕四首

屑玉丸芝話正長
似經窔奧費精量
千秋復見孫思邈
待向龍宮乞禁方

診罷歸來靜養神
撚髭微嘆又何因
牀頭多少纏綿客
誰是黃粱夢覺人

未向華陽學隱居
漫留歌浦事懸壺
他年若遂聽松願
結讓茅山半席無

聚散渾如水上萍
樽前故舊感飄零
殘宵截已成孤月
喜有清輝接曙星

陳攖寧先生詩作手稿書影

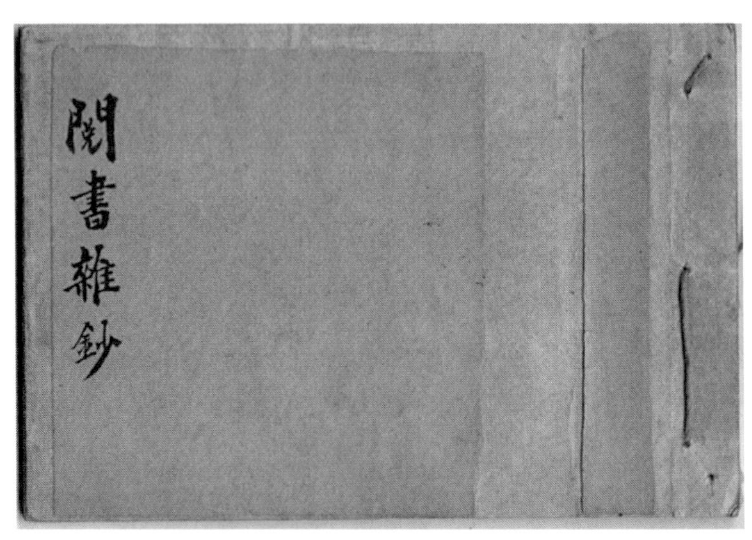

陳攖寧先生手寫本閱書雜鈔書影一

三十六年七月十二日星六 大公報「自然科学」第九版所載譯稿「腦電波」（續）魯子惠譯
自「自然」153卷●但據以前之譯文未見
大概意思是說，腦電波有一定的規律，惟當注意到視觉時，則腦電●波即立刻消失了。（譯文中叫作α波）若注意到聽觉時，那種α波又回復原狀。
因此可知人要養腦，必須少看外界一切事物影像並書籍等，應免多受刺激。聞听觉尚不妨事。

陳攖寧先生手寫本閱書雜鈔書影二

此書乃同治年間廣州重刻版在今日已甚難得
當保存之康熙時初刻本極精全部無一錯字
乙亥歲贈與杭縣馬一浮君歸其收藏兵燹之後
恐已化為劫灰矣　壬午陰七月櫻寧記

馬君所收藏知幾子悟真集註原刻本幸未失落
丙戌歲馬君由蜀回杭後余已將原書取來轉交
張竹銘君

馬君尚有康熙年間原刻本知幾子參同契集註
不知仍存在否　癸巳仲春櫻寧再記

悟真篇集註

上卷　共計三冊

知幾子集補

陳攖寧先生悟真篇集註題記書影

中醫經驗處方集

此書成於民國廿二年，後至民廿五年，又增訂再版。
奈紙張、印刷、裝釘都壞，雖將其拆散整理一番，
仍弄不好。書中處方究竟如何，留待他日研究。

陳攖寧先生中醫經驗處方集題記書影

各省少數民族自治區

新疆省

新疆是全國中最大的一省 面積一百七十一万一千多方公里 但人口甚少 共計不過五百三十餘万 民族却有十三個 名稱如下 維吾爾、漢、回、哈薩克、蒙古、吉尔吉斯、塔吉克、塔塔尔、烏兹别克、滿、錫伯、索倫、俄羅斯 現已建立了民族民主聯合政府 其他各别的民族自治區正在建立中 (維吾尔族人口最多 約佔全省人口百分之七十)

青海

除新疆外 青海算是第二個大省 面積八十二万四千九

陳攖寧先生手寫本各省少數民族自治區書影一

廣西省

本省居民除大多数漢族而外　共有僮、苗、瑶、侗、回、彝、俫仔、伶老、毛難、越南、伶、傜、倮倮等少数民族

僮族有五百四十多万人　分布在三十四縣　已成立桂西僮族自治區　面積十一万一千七百方公里　人口约六百二十六万八千九百人　全區中僮族人口约四百二十万　漢族人口约一百三十七万一千八百　苗、侗、回、倮倮等约六十九万人　為國内各自治區人口最多的一個　此外尚有

大瑶山瑶族自治區　大苗山苗族自治區

三江侗族自治區　龍勝縣各族聯合自治區

陳攖寧先生手寫本各省少數民族自治區書影二

蟄龍法跋

三丰真人作

或言希夷先生別有睡訣傳世其所傳乃僞書也隨卦象詞曰君子以嚮晦入宴息夫不曰嚮晦宴息而曰入宴息者其妙處正在入字入即睡法也以神入氣穴坐卧皆有睡功又何必高枕石頭眠哉讀三十二字蓋使人豁然大悟呂翁表而出之其慈悲之心即糾繆之心也

陳攖寧先生手書三丰真人蟄龍法跋書影

陳攖寧文集·十一 目錄

醫學文稿卷

詩詞歌賦卷

其他文章卷

醫學文稿卷

開講內經知要的前導

陳攖寧　著
胡海牙　校印

內經一書，自漢朝以後直到今日，就無人能夠完全了解。楊上善的太素註、王冰的素問註、林億等的新校正，對於內經總算有功，但錯誤之處仍不能免。

世間所有的內經註解，當以太素爲最古，這部書作於什麼時代，尚有問題。林億等在素問序中說：「隋楊上善纂而爲太素。」他們認定作者是隋朝人。據我的考證，太素是唐高宗乾封元年以後的作品，早於王冰素問註不滿一百年。考證資料，文繁不錄。唐肅宗寶應元年，王冰作素問序，時爲公元七六二年；宋仁宗嘉祐年間，林億等作新校正，時爲公元一〇五六至一〇六三年。

金元四大家，只懂得內經中的一部分，因他們會靈活運用，遂成爲名醫。他們的著作，大概都以內經學理爲根據，但是片段的發明，沒有全部的註釋。

金河間人劉完素，字守真，號通玄處士，撰素問玄機原病式一卷、素問病機氣宜保命集三卷、宣明論方十五卷。保命集作於金世宗大定廿六年丙午，即公元一一八六年。

金考城人張從正，字子和，號戴人，撰儒門事親十五卷。子和在金宣宗興定年間任太醫，時爲公元一二二〇年左右。

金元間，真定人李杲，字明之，號東垣老人，撰内外傷辨惑論三卷、脾胃論三卷、蘭室秘藏三卷。李東垣歿於公元一二五一年，其時金亡已十七年之久，所以他亦可稱爲元朝人。

元義烏人朱震亨，字彦修，人稱丹溪先生，撰局方發揮一卷、格致餘論一卷、脈因證治四卷並其他各種。金華宋濂爲格致餘論題辭，時在元順帝至元七年，即公元一三四七年。

以上劉、張、李、朱，醫學界中稱爲「金元四大家」。河間，今河北省河間縣；考城縣，今河南省考城縣；真定，今河北省正定縣；義烏，今浙江省義烏縣。

王冰素問註以前，尚有全元起的素問註，今日已不存在。其他如晉皇甫謐的甲乙經、王叔和的脈經，隋巢元方的諸病源候論，雖皆是分條採集内經，但嫌割裂太甚，失却内經本來面目，並且没有註釋。楊氏太素，中國雖然亡佚，日本幸有傳鈔，清光緒間復由日本鈔回，於光緒丁酉年公元一八九七年刊版流通。此書一出，研究内經者獲益不少。因此可知，王冰的次註難免錯誤，林億的校正亦不算精詳，今日尚需要做重校正的工作。

明朝馬仲化，撰素問靈樞註證發微，狠費過一番心力，但未能博得好評。汪訒庵謂：「馬註素問，舛謬頗多，又有隨文敷衍，有註猶之無註者，反訾王註逢疑則默，是不知量之過。」四庫全書提要亦謂馬註素問「無所發明，而於前人著述多所訾議，過矣」。中國醫學大辭典上的評語亦同。

愚按，提要本，是抄襲汪訒庵之說，人云亦云，已無價值；而大辭典又將提要上的評語重抄一遍，更覺乏味。內經原不易解釋，馬註誠有缺點，他人所註又何嘗盡善？只求其大致不差，毋須十分苛責。汪訒庵評馬註靈樞，謂其：「疏經絡穴道，頗爲詳明，有功於後學。」而張隱庵偏說：「馬氏專言鍼而昧理，俾後世遂指是經爲鍼傳而忽之。」此種批判，實不中肯綮。馬氏自己曾經說過：「自後世易靈樞以鍼經之名，遂使後之學者視此書止爲用鍼，棄而不習，以故醫無入門，術難精詣，無以療疾起危，深堪痛惜。……後之學者，當明病在何經，用鍼合行補瀉，則引而伸之，用藥亦猶是矣。切勿泥爲用鍼之書，而與彼素問有所軒輊。」這些話說得何等明顯？可知醫學界忽視靈樞，其弊由來已久，馬氏方欲矯正之。而張隱庵竟不把這些話放在眼裏，反而歸咎於馬氏，不知是何居心？況且靈樞本旨，就是以鍼治病，不是空談理論，今譏馬氏專言鍼而昧理，豈非連靈樞經文一概貶斥？尤爲語無倫次。我看張隱庵的靈樞集註，凡是講鍼法之處，皆與馬註相同，而講理也未見得勝過馬註。馬註講不通的地方，張註仍舊講不通，何必以五十步笑百步？

馬仲化，名蒔，號元臺子，明朝會稽人，曾在太醫院任職，年代無考，但可斷定在天啟以前，因張景岳的類經註中曾提到他的名字。景岳類經註完成於明熹宗天啟四年甲子歲，即公元一六二四年。

吳鶴皋的素問註，誠如他自己所說是「一得之言」，惟只能供研究家作爲參考，初學入門，不宜先讀此書。因爲他將素問原文變動太多，或者增添，或者刪除，或者改易，或者前後字句掉換，都是由自己意思來決定，沒有提出確實的證據。經過他這樣變動，雖然有比原本較爲近理之處，究竟不合註解古書的規律。凡看吳註素問，最好和王冰註本同時對照，心中纔有分寸。王冰當日已將素問原本改過，自序云：「凡所加字，皆朱書其文，使今古必分。」後來刊版，朱墨混淆，早已不能辨別孰是原文孰是改筆。吳氏註本又加一次改訂，愈改愈失其真。全元起的註本既不可得見，因此，楊註太素在今日可算是獨一無二的古籍，爲靈樞、素問之功臣。

吳鶴皋，名崑，徽州歙縣人，其書名內經吳註，完成於明朝萬曆甲午，即公元一五九四年。

清朝張隱庵的素問集註、靈樞集註二書，都是因爲看不起前人註解而作的。但仔細研究他自己的註解，其中竟有許多地方和前人意思相同。所不同者，僅在文句形式之變換，於義理無關。汪訒庵說他：「盡屏舊文，多創異解。」其實不然。或者汪氏看見隱庵自序中有「前人咳唾，概所勿襲；古論糟粕，概所勿存。……前所已言者，何須余言」這些藐視前人、高自位置的門面話，就被他矇混過去。我看隱庵兩種集註，雖有勝過前人之處，但遇着靈、素經文最難解釋的字句，前人在那裏穿鑿附會，隱庵在這裏亦不免牽强支離。他自己說：「註中惟求經義通明，不尚訓詁詳切。」試問：訓詁既失其指歸，經義如何得穩貼？縱然講得一大篇道理，對於靈、素原文仍舊不能通過。况且内經上所講的道理，學者已苦其頭緒紛繁，註者又從而叠床架屋，竟使人讀不終卷，腦筋就要發昏。所以他的門下高士宗，毫不客氣的於素問直解凡例中說：「隱庵集註，義意艱深，其失也晦。」這個批評，尚與實際相符合。但因他這兩部書，集多人的心力，費九載的光陰，然後完成，並非投機取巧，草率從事，在醫學上可認爲有價值的著作。

張隱庵，名志聰，浙江錢塘人，素問集註起稿於康熙三年甲辰，作序於康熙九年庚戌，即公元一六七〇年。同時作靈樞集註，完成於康熙十一年壬子，即公元一六七二年。二書工作時間，首尾共計九年。

高士宗的素問直解，出世後於張隱庵的素問集註二十五年，自謂：「殫心十載而後告竣，有是經宜有是解，有是解宜付剞劂。註解直捷明白，可合正文誦讀。是註體會先聖微意，言言中的，深入淺出，俾千百世後永爲畫一不易之說。余之勞心神、歷寒暑以成此解，亦第藏之名山，傳之其人而已。」以上都是作者自己誇大之辭。此外尚有看不起前人註解的話，今摘錄如下：「素問註解不下十餘家，非苟簡隙漏，即敷淺不經，明顯入彀者十不得一。或割裂全文，或删改字句，剽竊詭道，實開罪於先聖。如靈、素合刻，纂集、類經是已。惟王太僕、馬玄臺、張隱庵註釋俱屬全文，然字句文義有重複而不作衍文者，有倒置而未經改正者，有以訛傳訛而未加詳察者。」像他這樣口氣，就連其師張隱庵也批評在內，何况別人？他又反對各種醫書斷章取義的引證內經。他說：「聖經不容假借，後人著作方書，偏剿襲其義，摘取其文，而經脈鍼刺之理，三才運氣之道，茫乎若迷……當知篇章字句皆屬珠璣，毋容稍爲去取。」高士宗這些見識和主張，未嘗不對，可惜明於觀人，而昧於察己。凡是素問原文不需要解釋的句子，他竟不厭煩瑣，每句必解，無非將經文多添幾個虛字進去，重複演說一遍，實際上無足重輕。汪訒庵批評馬註素問，謂其隨文敷衍，不料高氏的直解也犯此弊，字句冗長，徒佔篇幅。素問原文有許多難關，前人註解不能順利通過，高氏直解亦復如此。像這些地方，初學者或不易發現，研究家則一目了然。他的直解中也有幾處勝過前人，應當分別觀之，不能一概抹煞；毛病只在於自吹自擂，尊己卑人，主觀太甚而已。

高士宗，名栻，浙江錢塘人。清康熙初年，張隱庵在西泠侶山堂講學，士宗參加聽講十餘年，深悔前此辜負醫名，後來他就繼承隱庵的學派，努力撰述。素問直解完成於康熙三十四年乙亥，即公元一六九五年。尚有靈樞直解、金匱集註、醫學真傳等書，未見流行，恐已絕版。

清嘉慶年間陳修園，將靈、素二書擇其要者編纂爲十二卷，名爲靈素集註節要，其註全是節錄張隱庵的，陳自己毫無隻字加入，而書中只題「閩長樂陳念祖修園集註，男元犀靈石參訂」。無凡例亦無自序，竟不說明其註之由來。僅有同治年間楊雪滄一篇序文，遂認爲此註是修園自己手筆，頗致讚美，謂其闡明古訓，語簡而賅。我想，近代人閱此書者，不免有同樣的誤會。

將素問、靈樞混合一處，按門類編輯者，始於楊上善之太素，後有張景岳之類經。太素原書共三十卷，今缺七卷一、四、七、十六、十八、二十、廿一卷皆缺，其餘各卷亦有首尾不全者。類經共三十二卷，分爲十二類，雖然割裂篇章，倒亂次序，猶將原文全部保留，靈、素篇名亦皆標出，學者稱便。太素不標内經篇名，讀者若要和内經原文兩相對照，甚覺困難。

清乾隆年間，蘇州薛生白作醫經原旨，即用景岳之類經爲取材之倉庫，再任意加以删削串綴，亦不載靈樞、素問的篇名，其書有太素之缺點，而無太素之價值。分類和註解，完全雷同景岳，而自誇爲「數更寒暑，徹底掀翻」。且譏景岳之書爲「疑信參半，未能去華存實」。陳修園抄襲張隱庵，陳自己並未表示意見；薛生白抄襲張景岳，緒言中居然大放厥辭。識者觀之，作何感想？

今就書的實用而論，景岳類經，隱庵集註，在醫學上自有地位，永久可以流傳；生白原旨，修園節要，皆經文删削太多，既不足供專家之研究，而篇幅仍嫌繁重，亦不受初學之歡迎，兩方面一無可取。

薛生白醫經原旨攝生類的首段，由景岳類經所載上古天真論一百零七句中零碎截取十七句，再由四氣調神論中摘取一句，凑合而成，完全失却原文的意旨，而書名偏叫作「原旨」，早已名實不符，更把原文「上古之人」改作「今時之人」，尤荒謬得出奇。醫經原旨註，完全抄襲景岳類經註，而且故弄狡猾，在緒言中偏說：「其據文註釋，皆廣集諸家之說，約取張氏者爲多。苟或義理未暢，間嘗綴以愚見。」我看景岳凡是採取他人之說，皆將作者姓名或書名標出，而生白抄襲景岳類經註中所引諸家之說，却把諸家的人名、書名一概隱匿不宣。緒言所謂「廣集諸家之說」，誠然不錯，但是景岳費的心思，生白僅此重抄一遍，如何能冒充自己所集，竟於每卷之首，皆題「薛雪集註」四字？他說「約取張氏者爲多」，其實完全抄襲張氏，並非約取；他說「間嘗綴以愚見」，我用景岳類經註本對照，未曾看出他的「愚見」在什麽地方。因爲他既然說過這樣一句話，閱其書者，不免相信全部註解中總有幾處是他自己的手筆，誰有閒工夫去細細的查對景岳原書？影射之法，巧妙絕倫，敗壞學術界高尚的作風，絲毫不知世間有羞耻事！他和葉天士同一時代，同住蘇州，兩人互相厭惡，天士常看不起他，所以他自名其居曰「掃葉山莊」以洩憾。

李念莪的內經知要，汪訒庵的素靈類纂，皆是初學入門之書，但類纂的內容比知要多十分之六七。今則知要風行一時，而類纂無人過問，料因於喜少畏多的心理。內經知要，醫界公認爲明末清初李士材所作。士材名中梓，華亭人今之松江，著有頤生微論、醫宗必讀、病機沙篆、診家正眼、本草通玄、傷寒括要等書傳世。汪訒庵，名昂，徽州歙縣人，有三部書通行於世：醫方集解成於康熙二十一年壬戌，素問靈樞類纂約註成於康熙二十八年己巳，增訂本草備要成於康熙三十三年甲戌，時汪之壽齡已届八十。汪訒庵對於馬仲化、張隱庵之内經註皆不滿意，然汪氏自己所作的類纂約註，也不能使別人滿意，可見註解内經是很難做的一件事。

内經分類的辦法，各家亦不相同。甲乙經兼採靈、素，所列項目，最爲瑣碎，計有九十三項，周身穴名又分爲三十五項，共計一百二十八項。太素約分二十二類，包括全部内經。滑伯仁的素問鈔，分十二類：一藏象，二經度，三脈候，四病能，五攝生，六論治，七色脈，八鍼刺，九陰陽，十標本，十一運氣，十二彙萃。張景岳的類經，亦分十二類：一攝生，二陰陽，三藏象，四脈色，五經絡，六標本，七氣味，八論治，九疾病，十鍼刺，十一運氣，十二會通。較素問鈔多出「氣味」「會通」，少去「脈候」「彙萃」，其餘十類皆同。李士材的内經知要，只分八類：一道生，二陰陽，三色診，四脈診，五藏象，六經絡，七治則，八病能，較景岳所分，少去「標本」「氣味」「鍼刺」「運氣」「會通」，又將「脈色」一類分爲「色診」「脈診」兩類。汪訒庵的素問靈樞類纂約註，則分九類：一藏象，二經絡，三病機，四脈要，五診候，六運氣，七審治，八生死，九雜論，比較内經知要，少去「道生」「陰陽」，多出「運氣」「生死」「雜論」。薛生白的醫經原旨，亦分九類，和景岳類經前九類相同，少去「鍼刺」「運氣」「會通」。陳修園的靈素集註節要，分十二類：一道生，二臟象，三經絡，四運氣，五望色，六聞聲，七問察，八審治，九生死，十雜論，十一脈診，十二病機，比較汪訒庵的類纂，大致相同。陳書中望、聞、問三類，皆包括在汪書「診候」類中；陳書中「道生」類，汪書中雖無其名，而有其實，「道生」類所節錄上古天真論、四氣調神論，皆散見汪書「雜論」中。

以上諸家分類之法，頗堪研究。甲乙、太素分類最多，皆無所謂運氣；全元起的素問註，雖已失傳，篇目猶存，亦無今本「運氣」七篇之名。可知今本素問第十九至第廿二卷中所載七篇大論實非古本素問所有，乃王冰採取他書加入，決不是素問原缺之第七卷。因此後世醫家對於「運氣」之說遂有兩種意見：一信，一不信。信者就列這一門，不信者既嫌其文繁理奧，又認爲不切實用，就删除之。知要、原旨二書，不列「運氣」類，亦同此意。李士材、汪訒庵、薛生白、陳修園之書皆不列「鍼刺」類，因爲那個時代所謂儒醫者，多輕視此道，不屑研究，内經中鍼灸學術竟無所用之。其他專門鍼灸醫生，只要記得幾個穴道，學會幾種手法，已自滿足，並不想再求高深。而且讀書的人極少，像内經這樣文章，他們實在不敢領教，倒不如直截了當把這一門删除，以免徒佔篇幅。近幾年來，鍼灸學術特別發展，鍼灸書籍層出不窮，往昔輕視鍼灸的風氣已被扭轉，也是可喜的現象。凡我同人，若欲於百尺竿頭再進一步者，仍須要在内經上去鑽研。否則，僅知其當然，而不知其所以然，自己心中未免尚有遺憾。

現代醫家亦有關於內經的選述，其分類之法，較以上諸家並無多大出入，且有比內經知要更爲簡約者。惟書中解釋，都喜採用新醫學說，是否契合內經本意，實未敢斷言。內經全部理論，包含許多哲學、玄學的思想，不受現代狹隘的醫學範圍所拘束，若處處拿科學來勘驗，某幾處合於科學則是之，某幾處不合科學則非之；某幾處在科學上可以附會則信之，某幾處在科學上查無實據則疑之。用如此態度研究內經，倒不如專門研究科學化的醫術，何必多費腦力，弄到結果毫無所得。

內經學理，是天人合一，不是泛論天道，亦非專講人爲；內經生理，是整體的氣化運行，不是個別的新陳代謝；內經病理，是物質精神相互的關係，不是單純物質片面的異動；內經治理，是調節身中各部之機能，平衡臟腑陰陽之偏勝，借鍼灸、藥物之作用，以發揮病人自己本有的抵抗力，而戰退病魔，不是依賴鍼灸、藥物直接去和病症相對敵。學者先宜接受這些原則，並且於古代哲學、玄學有少許領悟，然後纔可以入內經之門。

內經不容易完全了解，有以下幾種原因。

（一）篇幅繁重。素問七十九篇，共計八萬一千一百零九字，其中最長的一篇，如六元正紀大論有九千餘字，至真要大論有七千餘字；靈樞八十一篇，共計六萬四千九百五十六字，其中最長的如經脈篇，有四千三百六十二字；再加素問遺篇刺法論、本病論二篇，共計七千一百二十一字。三項共計十五萬三千一百八十六字，是全部內經字的總數。素問字數是依馬仲化註本計算。惟六元正紀大論一篇，依圖書集成本計算。因這一篇中，如太陽、太角、太陰、壬辰、壬戌之類，大字之間夾有小字，各本小字數目多少不同，集成本比他本小字較少。又素問第五十四篇鍼解論之末，有殘文一百廿三個字，不算在內。靈樞經文字數，各種版本亦不相同，今依商務印書館一九五五年四月校訂本字數計算。內經中有易讀的，有難讀的，要懂得又要記得，難易通扯，平均計算，一天只能讀二三百字，不能再多。假使每天讀二百字，需要二十五個月零十幾天；若每天讀三百字，需要十七個月。這是說沒有一天間斷。若或作或輟，日期就不能預算了。所以尋常讀內經的人，總是半途而廢。

（二）名詞複雜。經中專門名詞，多至不可勝數，世間尚未有內經辭典足供參考。

（三）訓詁失傳。經中有些字義，不能用後世通行的字義去解釋。隋唐時代的註家且不免弄錯，何況近代人？

（四）前後矛盾。因爲全部內經不是一人的手筆，又不是一時的作品，各篇理論，彼此未能一致，令學者無所適從，註家勉强求其協調，遂不免穿鑿附會。

（五）知識越出醫學範圍。如天文、地理、曆法、律呂、河圖、洛書、干支、運氣等類，皆非普通醫書上所習見。初學醫者本不需要了解這些深奥的道理，但是研究内經者却不能置之不管。若要粗淺的能够懂得，就必須耗費更多的腦力。

（六）版本字句常有錯誤。用甲乙經、太素和内經對勘，其中往往發現許多不同的字句。遇着内經有難解之處，若改從甲乙、太素之字句，則比較容易明白，或者理由更爲充足。後人註内經者，不將原文先事校正，竟將錯就錯，望文生義，一誤再誤，致令學者增加困難。

學者既視内經爲畏途，但這部書是中國醫書之祖，歷代名醫著述，皆以内經爲立說之根據，學者不能不略知大概，因此諸家節本遂合於這種要求。内經知要在各節本中算是最簡略者，上下兩卷，不過一萬七千三百七十二字，只有全部内經字數的百分之十一點三，若謂足以包括全部内經的要義，恐未必然。惟嘗鼎一臠，已知肉味，他日再讀内經原本，就如逢故友，自可促膝深談，庶免格格不入之患，今日之講也不爲無功。

公元一九五七年丁酉元宵節陳攖寧寫於杭州市銀洞巷二號慈海醫學研究室

胡海牙老師寫刻油印本

嫩生薑治愈喉症的經驗

第一次經驗

清光緒二十五年（一八九九年）十二月間，由安慶乘輪船往蕪湖。夜半時站在船欄杆裏邊，對着江中小便，一陣陣涼風吹到身上，直打寒噤。當時暫爲忍耐，事後回房艙睡覺。第二天登岸，住在親戚家中，身上即發寒熱。第三天喉内腫痛，食物難以下嚥，臥床不起。請醫診治，他認爲咽喉腫痛是火症，開一涼藥方。我當時年齡不過二十歲，醫藥經驗尚少，病中頭腦昏沉，又無暇考慮，就照原方服之。第四天喉腫更甚，痛更厲害，茶水也不能吞下，對鏡張口自看，喉嚨左右兩旁，全部紅腫，腫的上面現出白色一塊，如小指尖大，像已腐爛。料想藥不對症，如果是火症，涼藥服下，腫痛應該減輕，爲何反而加重？此時口中不苦也不乾，只覺得淡而無味，舌苔薄白。

當着這樣情況，雖疑心是涼藥的錯誤，但又不敢竟服熱藥，姑且用生薑試它一試。遂找到幾塊嫩生薑（含水份多，辣味不重），先拿一小塊放在口裏，嚼出薑汁，吞少許下嚥，由腫痛之處經過，尚不討厭。後來多吞一點薑法，並不嫌其辣味。嚼到生薑無味時，把渣子吐出。

再用稍大的一塊生薑，如前法細嚼、慢呑、吐渣。在這一過程中，漸漸的覺得喉嚨有些放鬆，不像以前那麽壅塞，因此膽子稍爲大了些，又取一塊生薑如法嚼呑吐渣。自下午一時起，嚼呑薑汁，細細的嚼，慢慢的呑，中間且有停歇，三塊生薑共費了一個鐘頭工夫。此後即不再嚼生薑，等它自然好轉。到下午四點鐘時，喉嚨已好大半，晚餐已能吃薄粥，並不覺痛。安眠一夜，到次日早晨，就完全好了。

這次是因外感風寒，没有發表，又誤服涼藥，遂引起喉症。生薑性温，能散風寒；味辛，能開壅塞，所以立刻見效。幸而自己識得病源，懂得醫學，不至於一誤再誤。假使相信某醫生的話，再服一劑涼藥，就要送命。他開的方子，有八九味藥，我不能全記，只得有石膏、玄參、生地、麥冬四味。這四味藥在純屬熱毒的時疫白喉症中是用得着的，但要配合其他通利和解毒的藥品纔可以見功效，光靠這四味藥也不行。我的喉症因風寒而起，這種涼藥等於雪上加霜，如何能不把病弄壞呢！

第二次經驗

民國十五年一九二六年九月間，那時住在上海。某日午餐進館店吃炸魚，無意中把喉旁刺破一點浮皮，尚不覺痛，亦未大出血。下午又到空氣污濁的市場停留多時，料是從呼吸中傳染了細菌，回家後遂發高熱，喉腫且痛。當日未進晚餐。次日熱度更高體温表華氏一百零四度。**蒲團子按** 即攝氏四十度，喉痛加重，不能食物，不能起床，昏昏沉沉的睡了一天。第三日病狀仍舊，並不減退。我想，往年患喉症，是因風寒而起，用生薑治愈，現在的喉症不是風寒，生薑恐不對症。專門治喉症的方子，有寒涼藥、温熱藥、發表藥、攻瀉藥、去痰藥、開竅藥、解毒藥和一切外治法，複雜異常。此時身體正在發燒，腦筋運用不靈，不知用哪種藥纔好。假使藥不對症，就要弄出危險。而且購藥、煎藥、服藥也有許多麻煩，不如在厨房裏拿一塊生薑來得便利。若是生薑不對症，吃到口裏就會有感覺，不至於闖大禍。決定再試一次。

這次特別小心。我把生薑切成片子，拿一片放在口中，咬出薑汁，暫時不吞下去，讓它留在口中，看對於喉嚨的影響如何。時間稍久，不覺得什麼異樣，然後把薑汁吞下，把薑渣吐出。薑汁下嚥，再等十分鐘，看喉部腫痛情狀是否加重。心中已打定主意，若稍有感覺，第二片生薑就不再吃。但並無感覺。因此又吃一片，仍照前法試驗。以後十幾片生薑都是這樣吃法。吃完了，喉部已覺寬暢，腫痛減輕不少。晚間又吃生薑十幾片，次日全愈。

這次喉症比較往年所患的喉症，痛苦雖是一樣，但病的起因不同。往年是因感受風寒而起，又誤服涼藥，病情加重。這次天氣很煖，並未感受絲毫風寒，只因喉嚨被炸魚刺破了一點浮皮，又在人多嘈雜、空氣不潔的地方，鼻孔吸進了細菌，由破皮處侵入血中，遂致腫脹作痛，並發高熱，實際上就是喉嚨裏面的破傷風，和身體表面因跌打損傷而引起的破傷風症是一樣性質。但表面破傷風可用外敷藥如玉真散等類，並加以包紮。喉嚨裏面既不能用那種麻辣有毒殺菌之藥，而且無法敷藥、無法包扎。專門傷科外治的方子不能用，專門喉科内服的方子又不對症，只有喉科外用的吹藥勉强可用。雖不十分對症，或不至於闖禍。奈家中平日没有預備這種藥品。生薑如此神效，實非當初意料所及。

第三次經驗

民國二十八年一九三九年二月間，到上海親戚家中探望。這家僅有父女兩人。我剛進門，那個父親急急忙忙的從樓上跑下，説「女兒患喉症，即刻要往醫接洽，預定病房，恕不招待」，言畢而去。我獨自登樓，見那個女兒睡在床上，兩腮熱得發紅，體温很高，説話聲音極微，幾乎聽不清楚。叫她張口，看喉嚨兩旁腫起，紅腫的上面有白色腐爛處，據説喝茶水也覺痛。這和我往年所患症狀是一樣的。我就到樓下厨房中找一塊生薑切成片子，放在她床前，用我往年吃生薑的法子教她試嚼，吞汁吐渣。經過一小時後，她的父親由醫院回家，同來兩位女醫師，一是我妻，一是妻之友。她們診察之後，主張把病者帶到醫院，但病者不願去，並言自吃生薑後喉嚨已開，喝水不疼，想無大害。她們勸我不要久留此處，可同到外面換換空氣，防備傳染。我說，有生薑保險，不怕傳染。她們一笑而別。我守到夜間纔離開。次日再去看病人，她已經下床吃稀飯了。

咽喉腫痛是危險的症候，弄得不好，就難以挽救。生薑是普通人家所常有的，馬上拿來，可以應急。這種經驗值得公開流傳，讓大眾都知道。冬天和春初是最容易發喉症的時期，人家房内都燒火爐或有煖氣設備，溫度常在攝氏表十五度以上，走出房門，氣候就在零度以下。一熱一寒，驟然變換，血管收縮太急，外寒包裹内熱，喉症逐由此而起。生薑能解寒氣，又能刺激喉旁粘膜，促進血液之流行，使局部鬱熱逐漸消散。嫩薑所含水份較多，不至於助熱。薑汁在口内停留時，早已發揮作用，不必等到吞入腹中。生薑既然具備這些優點，故能治愈風寒鬱熱的喉症。

凡是患喉症的人，如果採用我這個方法，必須要注意我前面所說的話，把一片嫩生薑放在口中，細細的嚼出汁，慢慢的吞下去，把渣子吐出。一片吃完，要等候十分鐘，看病情有無變化。若變得好些，或没有影響，再吃第二片；若變得壞些，或感覺厭惡，就不必再吃，縱然不對症，也無大害。這個方法，限定要用嫩生薑，不可用老薑。因爲老薑水份少，味又太辣，恐怕傷了喉嚨，增加痛苦。藥店中的乾薑、炮薑、煨薑之類，更不可用，切勿拿來作代替品。茶食店中的糖生薑、醬生薑、鹽生薑也不能用。

解答問題

問：「生薑爲喉科禁忌之藥，醫生們都不敢用，你所說的方法，帶有幾分冒險性質。假使藥症相反，豈不誤事？」

答：「凡是熱毒蘊結的喉症，不宜用辛温表散。若誤用了，就等於風助火勢，火借風威，致令毒氣更加蔓延。本篇所舉三例，皆非熱毒蘊結，自當別論。雖然如此，我也未敢輕用其他内服的表散藥，只用嫩生薑在口中細嚼慢吞，讓它在局部發揮功效，薑汁嚥下甚少。不比別種湯藥，煎成一大碗水，頓服下去，藥力通行周身，若有差錯，便難以挽救。」

問：「嫩生薑是否能治一切的喉症，不需要其他藥物幫助？」

答：「喉症種類各不相同。有些病人，他們身内原無蘊結的熱毒，只因外受風寒或誤服涼藥，引起咽喉局部血液凝滯，腫脹而痛，甚則有白色腐爛處。食物不能下嚥，飲茶水也覺疼。又或咽頭偶爾皮破，呼吸時被塵埃侵入血中，也可能出現如上的症狀。這些都是生薑所能够治愈的。其他喉症，没有經驗，不敢說生薑能够包治一切的喉症。」

一九五八年十二月三十一日陳攖寧

手寫本，書寫者不詳，當係中國道教協會工作人員鈔寫

素問「二陽之病發心脾，不得隱曲」探討

陳攖寧

素問第七篇陰陽別論「二陽之病發心脾」，自王冰以降，直至清季，各註家咸就心脾二藏立論。雖於醫理上附會過去，但於文理上實在欠通。試觀下文「三陽爲病發寒熱……一陽發病少氣……二陽一陰發病主驚駭……二陰一陽發病善脹……三陰三陽發病爲偏枯……」云云，凡所謂「發」者，皆指病狀而言。心脾是二藏名，不是病狀，如何亦謂之「發」？後得見楊氏太素，方知爲「發心痺」，疑團頓釋。

心痺病狀考證如左。

素問第十篇五藏生成篇：「有積氣在中，時害於食，名曰心痺，得之外疾思慮而心虛，故邪從之。」

素問第四十三篇痺論篇：「心痺者，脈不通，煩則心下鼓，暴上氣而喘，嗌乾，善噫，厥氣上則恐。」

素問第三十三篇評熱病論：「月事不來者，胞脈閉也。胞脈者屬心，而絡於胞中，今氣上迫肺，心氣不得下通此即心痺之義，故月事不來也。」王註亦引及此條，但仍執定「腸胃有病，心脾受

之」之說。姑勿論心脾是否受腸胃之病，今只問「心脾」二字是否可爲病之代名耳。張景岳雖譏王註爲牽强，而自己只不過加一個「於」字，曰「此二陽之病所以發於心脾也」。吾不知「發於心脾」和「心脾受之」之說有何優劣之分，可謂以五十步笑百步矣。

素問第六十四篇四時刺逆從論：「陽明有餘，病脈痺，身時熱；不足，病心痺；滑，則病心風疝；濇，則病積，時善驚。」按：此條可作「二陽之病發心痺」之證。

「不得隱曲」，王冰註謂男子少精，楊上善註謂大小便不利。「隱曲」二字，見於素問者，尚有四處，如後。

陰陽別論篇末：「三陰三陽俱搏，心腹滿，發盡，不得隱曲，五日死。」王註：「隱曲謂便寫也。」義與前楊註同。

素問第四十二風論：「腎風之狀，多汗惡風，面痝然浮腫，脊痛不能正立，其色炲，隱曲不利。……」王註：「腎藏精，外應交接，今藏被風薄，精氣內微，故隱蔽委曲之事不通利所爲也。」太素第廿八卷諸風狀論「腎風」項下，楊註仍謂大小便不得通利。

素問第廿二卷至真要大論：「寒厥入胃，則內生心痛，陰中迺瘍，隱曲不利，互引陰股。……」此處「隱曲」二字，王氏未註，據文義當是隱曲之處有所拘牽而不順利，與二便及男女事無關。同篇又云：「太陰在泉，客勝則足痿下重，便溲不時，濕客下焦，發而濡寫，及爲腫，隱曲之疾。」王註：「隱曲之疾，謂隱蔽委曲之處病也。」愚按：「隱曲」二字，本意指人身上地位而言，謂大小便，謂男女之事，謂其他各種隱疾，均無不可。要看上下文義如何，不能執定一說。明清諸醫家，大概出入於楊、王二氏之間，茲不贅述。獨有萬曆年間吴崑（吴鶴皋）之素問註，別創異解，謂「俛首謂之隱，鞠躬謂之曲。心病則上焦不利，故不得隱；脾病則下焦不利，故不得曲」。凡素問中所有「隱曲」字義，吴皆作如是解，但後人未見有附和其說者。

六經陰陽，各分一、二、三之次序，其說亦見素問。

素問卷八經脈別論：「太陰藏搏者，用心省真，五脈氣少，胃氣不平，三陰也。二陰獨嘯，少陰厥也。此從林億等新校正。一陰至，厥陰之治也。」

素問卷廿四陰陽類論：「所謂三陽者，太陽爲經。所謂二陽者，陽明也。一陽者，少陽也。」

據上說比例而推，少陽既爲一陽，則少陰當爲一陰；太陰既爲三陰，則厥陰當爲二陰。然內經却稱厥陰爲一陰、少陰爲二陰，不知此數如何起算？諸家於此亦不加詮釋，彼等似乎認爲這個排列的次序乃理所當然。後來參考運氣之說，方得其解。

素問卷十八六微旨大論：「少陽之右，陽明治之；陽明之右，太陽治之；太陽之右，厥陰治之；厥陰之右，少陰治之；少陰之右，太陰治之。」此是輪流運行，此後當然是「太陰之右，少陽治之」，又接到「少陽之右，陽明治之」。

素問卷十九五運行大論：「子午之上，少陰主之；丑未之上，太陰主之；寅申之上，少陽主之；卯酉之上，陽明主之；辰戌之上，太陽主之；巳亥之上，厥陰主之。」此亦是輪流運行，此後自然又是「子午之上，少陰主之」。

一年之氣始於春，故厥陰風木之數爲一。按次序推算，則少陰爲二，太陰爲三，少陽爲四，陽明爲五，太陽爲六。若陰陽各自分排，則四、五、六，即是一、二、三，故少陽爲一陽，陽明爲二陽，太陽爲三陽。素問中凡所謂一陽、二陽、三陽，一陰、二陰、三陰，皆由此而來，並無其他根據。

林億等新校正謂，天元紀大論等七篇之文「與素問餘篇略不相通」。自今觀之，若非此等氣運之說，則一陰、二陰、三陰，一陽、二陽、三陽，後世即無人能解，如何謂之「不相通」乎？因此可知，五運六氣之說與素問其他諸篇實有相互的關係，不能截然分作兩途。後人疑天元紀大論以下七篇之文與素問不類，斷爲王冰所竄入，恐不盡然。

陳攖寧手寫本，著作時間不詳，原無標題，係蒲團子所加

詩詞歌賦卷

詩詞彙編

題高鶴年居士玉照

圖爲擔笠着屐徘徊山石間。　陳攖寧

返照迴光一現身，飄然雲外隔風塵；相看是我還非我，可笑知津又問津。夢裏河山老行脚，鏡中笠屐倍精神；本來面目今何在，流水無情草自春。

載民國二十二年（一九三三年）七月十六日揚善半月刊第一卷第二期

送道友胡允昌由海道之燕

陳攖寧

風雨如聞惜別聲，天涯淚眼爲君橫；十年採藥山中夢，五月乘槎海上情。此去魚龍觀變化，將來猿鶴笑浮名，匡廬有願棲真共，待闢煙蘿證舊盟。

載民國二十二年（一九三三年）七月十六日揚善半月刊第一卷第二期

夜宿瀟湘漁父丹房

攖寧子

黄海秋風拂鬢絲，壯心深悔誤年時；天涯共有飄零感，擁被燈前話亂離。

載民國二十三年（一九三四年）二月一日揚善半月刊第二卷第十一期（總第三十五期）

贈劍客梁海濱先生 攖寧子

廿載羈留自在身，緣承師旨闡靈文；微篇一卷勞三顧，曠代知音獨遇君。

陳攖寧增批　梁君三至敝廬索黃庭經講義，詩中云云。

載民國二十三年（一九三四年）二月一日揚善半月刊第二卷第十一期（總第三十五期）

民國二年送高鶴年居士朝五臺 陳攖寧

一

煩惱菩提事一般，刹那迷悟隔千山；直心到處堪回首，淨土何妨在世間。平地風波人道苦，漫天荆棘路途艱；羨君妙手空空也，南北東西自往還。

二

海陸兼程達上方喻禪淨雙修，霎時炎熱化清涼五臺別名清涼山；曾於祇樹參經座指哈同花園而言，又向雲峯禮法王五臺有雲峯勝境。飲水自知冷煖味六祖壇經語，逢僧應問木犀香禪宗機鋒語；金剛窟裏傳消息五臺有金剛窟，話到三三莫較量金剛窟一段案。

三

愧我無緣難附驥，此身猶滯滬江濱；暗將去日推來日，願換前因作後因。六月仙槎泛青島海程經過青島，五臺花雨洗紅塵；歸期未便輕相問，我亦萍蹤浪跡人。

「一」載民國二十四年（一九三五年）二月十六日揚善半月刊第二卷第十六期（總第四十期）；「一」「三」據二〇一五年五月香港心一堂出版戊子年改訂本名山遊訪記

贈瀟湘漁父　陳攖寧

兩載交遊識素風，豪情端不與人同；陰陽反掌劉誠意，理氣傳心蔣大鴻。起死靈方懸肘後，長生妙術隱壺中；勸君進步求金液，他日爭看老返童。

載民國二十四期（一九三五年）二月十六日揚善半月刊第二卷第十六期（總第四十期）

攖寧子天台紀遊詩之一　陳攖寧

雙澗迴瀾春復秋，國清寺外好淹流；寒山拾得今何在，空聽豐干掉舌頭。

乙亥孟夏，偕馬君一浮、張君竹銘同遊天台。歷訪名跡，撫今追昔，覩物思人，深有感於智者大師當年創教之不易。馬君此行，得詩七首，誠所謂咳唾九霄，風生珠玉。愧我不文，難以爲繼，雖偶復寄興，輒無足觀，故未敢舉似。拙作本首末句，蓋因彼時獨立橋旁，靜聞溪水之潺湲，彷彿山靈之絮語，頗懷遐想，漫綴微吟。今讀竺潛先生此篇，方知海上真有豐干其人者，豈又將逼我等縮入巖石縫中去耶。嘻！異矣！讀偈言竟，戲書於後。

乙亥仲冬　攖寧子記

註一　雙澗迴瀾，乃天台國清寺前最名勝地。

註二　國清寺門外，是神聖境界。國清寺門内，則不便置議。

註三　寒山、拾得，是兩位異人，與唐豐干禪師同時。一者隱居天台之寒巖，因號寒山子；一者乃豐干禪師在赤城道側拾得之棄兒，就養於國清寺，寺僧令其執賤役，遂名爲拾得。故皆無真姓名。寒山子常來寺中就拾得乞取殘食菜滓，冠樺皮，曳大木屐，狀類顛狂，時惹僧眾厭惡，惟獨與拾得友善，每相對密語，眾都不解。但此二人皆非比丘身。寒山子行藏，大似天台山中之流丐，拾得則等於國清寺所僱之苦工耳。後人多誤會彼等爲正式出家的和尚，是不可以不辯。

註四　雙澗迴瀾之上，有大石橋，俗名「豐干橋」，乃昔日豐干禪師跨虎入松門處。

註五　閭丘太守所以能有機緣拜謁寒山、拾得於國清寺竈下者，由於豐干之一言。故二人同怪豐干饒舌，於是連臂笑傲跳出國清寺而去。閭丘太守復追蹤至寒巖山禮請，二人見太守來，便將身縮入巖石縫中，曰：「報汝諸人，各各努力。」言畢，泯然無跡。現有寒山拾得詩集行世。

註六　豐干謂：「寒山文殊，拾得普賢。」而二人又對閭丘太守云：「彌陀不識，禮我何爲？」是則豐干亦非凡品矣。

載民國二十四年（一九三五年）十二月十六日揚善半月刊第三卷第十二期（總第六十期）

翼化堂善書局八十周紀念辭

攖寧子

翼聖傳經一教尊

翼化堂創辦人張雪堂老先生，由儒入道，又復旁通佛法，故最初出版書籍，除四書十三經而外，並兼售道經、丹經及大乘佛經等類。取其能羽翼聖經，發揮至理，對於孔教宗旨，相成而不相悖也。張公在當時本爲彼教全國之首座，道友共有數十萬人。局外人不知，僅稱其爲慈善大家而已。

化民成俗大功存

易曰：「君子以化民成俗。」雪堂先生有焉。溯翼化堂開業於咸豐七年，正值洪楊之劫，人心思亂，道德淪亡。張老先生一面辦道興教，一面極力提倡慈善事業。當日全中國書局，以專印善書爲本務者，僅翼化堂一家。名流俞曲園先生曾親題「翼化堂善書局」六字以贈，今木刻仍在。又滬上各種慈善機關，大半皆雪堂先生所組織。目下廢者固有，而存者尚多。滬人士常追憶稱讚不置。**陳攖寧增批** 最大慈善機關仁濟善堂即是張公所創始。

堂堂旗陣開先路

孫子書中有云：「無邀正正之旗，勿擊堂堂之陣。」意謂戰時若遇此等軍容，則不可與抗。張老先生當日辦慈善事業，所以能立於不敗之地者，蓋因其能坦白表示利而不害、公而忘私之氣量，故能譽滿申江。後有繼者，當學張老先生之毅力仁心，則天下無不可爲之事矣。

善善家風付子孫

公羊傳云：「君子之善善也長。」又曰：「善善及子孫。」張公雪堂羽化時，諄諄囑咐芝山先生以道爲重，以善爲懷。故芝山先生行事，一本前人，不敢改弦易轍。芝山先生辭世，竹銘先生繼之，仍篤守前人家法。雖畢業上海德文同濟醫科大學，對於世界最新科學，皆有研究，然中國舊道德猶保留而勿失也。

書外須求真口訣

冀化堂出售各種丹經道書甚多，爲他家書坊所不及。近來購買道書者，與日俱增，可知國中好道之士尚不乏人。雖然，道書固當博覽，而僅僅在書中尋求，恐尚不足以達到目的。學者宜先將坊間各種道書讀完，然後再做第二步事業可也。

局中別自有乾坤

未入道者，譬如局外人；已入道者，譬如局中人。男子修鍊，名爲乾道；女子修鍊，名爲坤道。此工夫之不同也。而教中各種儀式規律，其組織法亦頗嚴密，只有局中人能明瞭，局外人固不能知其底蘊也。

八仙齊會玄關竅

八洞神仙之歷史，婦孺都知，毋庸贅述。究竟八仙當日用何種方法修鍊成道，則無人能詳言其故，今特註明於此。學者須知，所謂「玄關一竅」者，既不是印堂眉間，亦不是心之下腎之上，更不是臍下一寸三分。執著這個肉體，在裏面搜求，不過是些腦髓、筋骨、血脈、五臟、六腑穢濁渣滓之物，固然不對；撇開這個肉體，在外面摸索，又等於捕風捉影，水月鏡花，結果竟毫無效驗。着相着空，皆非道器，學者當於內外相感天人合發處求之。此是實語，不是喻言。際此歲歷更新，我望讀本刊者個個成道，特不嫌饒舌，洩漏一點消息。果於此道有緣，必能豁然頓悟，庶不負翼化堂提倡道學之苦心也。

世俗稱方棹曰「八仙棹」，謂其有四正四隅也。故八仙亦可作八方、八卦解。

十地同歸眾妙門

老子道德經云：「玄之又玄，眾妙之門。」乃一切仙佛聖賢、宇宙萬物之所從出，故謂之「門」。既從此出，還從此入，故曰「同歸」。十地者，謂十地菩薩也。**陳攖寧增批**

先天道中亦有「十地」之稱。

周正當年原建子

周正者，謂周朝之正朔，以夏曆十一月元旦為歲首，故曰「建子」。商朝以夏曆十二月爲歲首，故曰「建丑」；夏朝以陰曆一月爲歲首，故曰「建寅」。自漢以後，至於清季，皆用夏正。陰曆月大三十日，月小二十九日。因爲太陽與太陰合朔之關係，不能不如此判定。雖屬人爲，實亦順乎自然天象。陽曆專以太陽爲主，與太陰毫無關係，乃亦有每年十二月之名稱，或三十一天，或三十天，或二十八九天，如此分派，殊覺牽强不近情理。既然不管日月合朔與否，何必板數要用十二個月做一年？現代學者主張每四星期廿八爲一個月，每十三個月三百六十四天爲一年。另外多一天，放在歲首或歲尾均可。尚有每年的餘數四分之一日，滿四年又多一日，則須置閏矣。此法比較現行之陽曆，似乎來得便利。外國人雖有贊成此舉者，但守舊派多數反對，故難於實行。然而反對派亦無理由可說，僅以爲驟然更改，諸多窒礙而已。

紀元改曆更何論

今歲一月一日，乃夏曆十二月初七日，即商曆之正月，亦即周曆之二月。民國紀元，改用陽曆，人民或以爲不便。吾嘗謂，若陽曆與陰曆相差在一月前後者，我們譬如奉商朝之正朔；若相差在兩月前後者，我們譬如奉周朝之正朔。何不便之有？外國天文博士已經說過，月球這個東西，壽命也不長久了，將來快要分裂成爲八塊了。果如此君之言，我們老祖宗遺傳下來的陰曆，根本就要推翻。光明美麗可愛的月球，人類尚且無法挽回他的劫數，何況仰承月球運行而推算的陰曆？更不足論矣。哈哈！

念茲創業非容易

書經大禹謨曰：「念茲在茲。」蓋念皋陶佐禹之功也。吾願一般好道之士，凡到翼化堂購道書者，皆當念雪堂先生創業揚善之深心，與芝山先生守成繼志之誠意。若非二公之力，翼化堂亦不能維持至於今日，而吾國遂缺乏一道書流通之總機關也。更願竹銘先生首念前人創業之艱難，更念後學求道之不易，儘量將全國中善本、孤本、秘本、鈔本各種道書，翻版印行，以惠後學。縱遭虧蝕，亦所不惜。既可以顯揚祖德，又可以丕振玄風，豈不善哉？

辭去榮華返道根

芝山先生在日庭訓，常勸竹銘先生從速了脱塵俗之事，中年以後，專心辨道，繼承祖業。竹銘先生自幼牢記此訓，曾屢爲余言之。故其對於人間利祿之途，未嘗一涉足。而歌臺舞榭，亦絕少因緣。現正靜待入道時機之至而已。若非夙種道根，孰能與於此乎？

載民國二十五年（一九三六年）一月一日揚善半月刊第三卷第十三期（總第六十一期）

天養館詩鈔

劉仁航　作　陳攖寧　鈔

贈趙次龍

次龍今孟子，浩氣薄雲天。村治三王意，兵機六祖禪。洗心存古道，雅樂會羣賢。何日風雲定，清涼禮上仙。寧按　山西省舊有「洗心社」之組織。又太原有模範村，每當開會時，必佐以雅樂。詩意或指此二事而言。

宿虎跑泉與馬一浮居士談

三生本事共誰論，一夕同參不二門。試看平湖今夜月，圓明萬頃了無痕。

曹赤霞君贈大藏經於天養館

曹君宦隱者，瀟落青雲鶴。來言已無求，但乞濟世藥。相契一夕話，贈經重然諾。法施功德母，勝擁天祿閣。

贈廉南湖居士

朱家當代俠，仲連神仙姿。好看季子劍，共詠青蓮詩。

觀素食武士郭飛龍舞劍

我怪郭飛龍，劍勢何飄逸。翺翔若舞鶴，慓疾類玄乙。骨格外開張，壁壘内嚴密。高標氣深穩，一躍流星疾。觀此灑然動，恍惚遊靈室。借問旁觀子，云曾學道術。屏穢斷葷腥，鍊氣守太一。我聞忽有悟，巵言天倪出。可憐肉食者，桎梏衛生律。胡不企真修，精神自洋溢。

載民國二十五年（一九三六年）一月一日揚善半月刊第三卷第十三期（總第六十一期）

方外玄音三首

黄山翠微宫彭中明道人 著　陳攖寧　增批

遠望赤城

天半孤岑擁赤霞，麻姑底事撒丹砂。重重塔影相輝映，一是仙家**陳攖寧增批**　赤城山諸洞一佛家**陳攖寧增批**　國清寺。

天台國清寺前閒眺

豐干橋畔看溪流，水繞山環境最幽。林壑天然開畫本，浮屠何必亂磚修。

追思在天台時有感

憶昔天台攬勝來，滿山花鳥共徘徊。桃源古渡憑誰喚，劉阮當年去不回。**陳攖寧增批**

天台山桃源洞，劉阮遇仙處。

載民國二十五年（一九三六年）八月十五日揚善半月刊第四卷第四期（總第七十六期）

洞霄宮詩　杭縣馬一浮作　攖寧抄登

宋家陵闕久蒿萊，封禪神祠遍九垓。獨許李沆稱聖相，誰言漢武是仙才。黃冠度世依山活，戎服搜林被鳥猜。**自註**　時見邏卒入山，編練丁壯。却憶七真方佐運，遺民空望集靈臺。

陳攖寧增批　末二句對於長春之受元朝恩遇有微詞。

自註

丘長春爲北七真之首，元世祖頗見禮異。鄧牧心，元之高士，獨隱居大滌，撰伯牙琴，持論乃與鮑敬言爲近，超然有惠施去尊之旨。同爲道士，而南北異趣如此。

絕矣。訪白鹿山房故址不得，爲之喟然。因念此山舊隱，如郭文舉、許遠遊之倫，益闃

丙子四月

攖寧補註

洞霄宮，乃宋道觀，在浙江省餘杭縣大滌山中。是處巖壑深秀，泉石清幽，大可洗滌塵襟，故名「大滌」，爲道家七十二福地中之第五十三福地。上有許邁修道遺址，並歸雲、鳴鳳、龍光、棲真諸石室。十載以前，曾偕馬君遊此，惜未窮其勝也。

李沆，宋相，在位日取四方水旱盜賊奏之。王旦以爲細事不足煩帝聽。沆曰：「人主少年，當使知四方艱難。不然，血氣方剛，不留意於聲色犬馬，則土木甲兵禱祠之事作矣。吾老不及見，此參政他日之憂也。」其遠慮先識如此，時人稱爲「聖相」。

鄧牧，字牧心，別號「三教外人」。宋亡，不仕，隱居餘杭洞霄宮之超然館，常經月不出。沈介石爲營白鹿山房以居之，與謝翱、周密等友善。大德中，無疾而逝。著有洞霄圖志六卷。其詩文集名伯牙琴。

載民國二十五年（一九三六年）九月十六日揚善半月刊第四卷第六期（總第七十八期）

天台山紀遊詩七首 時在乙亥仲夏。

杭州馬一浮 作　陳攖寧 鈔登

登天台觀石梁瀑布

至遊務貞觀，歸寂念行迷；久閟川上吟，今與智者期。山澤氣相求，心亨物無睽；九寓納塵芥，羣生猶醯雞。步虛尋鳥跡，冥想追天梯；開襟當日月，飛蹻陵虹霓。羽人慕丹丘，不覩仙靈棲；王喬已冲舉，局促哀烝黎。宴坐篋應真，密林尚招提；有情終變滅，但餘風日凄。瀑流自太古，下注萬仞谿；共工不敢觸，長使蛟龍悲。呂梁信安蹈，溟渤何端倪；大化本無心，眾甫焉可齊。緣象皆滯言，所適無故蹊；疲氓守耕鑿，猛士耽鼓鼙。疇能移巨壑，夷夏同誇毗；潭幽止奔瀨，巖潤豐春荑。在宥恒不遷，虎兕安容窺；養疴混樵隱，庶以忘町畦。

上華頂宿藥師庵

地迥忘高下，林深失晦明；巖阿常霧色，谿谷自雷聲。雲散羣峯出，江流到海平；草庵容偃息，世事任縱橫。

眞覺寺訪智者大師塔

法華證後始開權，南嶽親承教外傳；得坐披衣猶此日，焚香燒臂定何年。目窮霄漢無人問，行盡崔嵬倚石眠；僧寶不逢牛跡亂，靈山一會已迢然。

高明寺

吹花拂雨度鳴湍，雲黯苔凝舊講壇；藥病空勞撾毒鼓，兒孫多爲付金襴。風鈴夜語聞胡讖，火宅蟲遊聚野干；不見諸塵三昧起，四山難遣一山安。

宿赤城道院蚤蝨噆膚申旦不寐戲作示同遊

寧按　所謂同遊者，指余及張君竹銘二人而言。當時余等二人，亦被跳蚤所擾，終夜無眠。

蘧廬一宿比鷩烏，赤蝗玄蠭盡若壺；漫詡金丹能換骨，却來魔窟試行符。捨身飼虎情無惱，入肆調心事豈殊？夢覺雙非欣厭泯，坐忘將謂到清都。

螺溪道中

其一　盡日披雲涉澗行，不聞人語但溪聲；　蒼崖碧樹長相對，恰是無情勝有情。

其二　白石清泉孰主賓，山花溪鳥自相親；　眼前盡是桃源路，莫向秦人說避秦。

攖寧曰　常有友人向余索讀馬君詩，苦無以應，故將其登載於此，以餉同好。愚見認爲，馬君之詩，辭藻固佳，然其特點，不在辭藻，而在性情。世有溺於情而蔽其性者，如纏綿歌泣春蠶作繭之類是也。又有存其性而遺其情者，如釋門偈語及宋儒理學詩之類是也。就詩論詩，二者確有太過與不及之弊。馬君之爲人，雖已見性，而未嘗忘情。故其爲詩，性情兼至，不枯不縛，超以象外，得其環中。此即馬君之詩格，亦即馬君之人格也。世人知音，當能默契。

載民國二十五年（一九三六年）十二月一日揚善半月刊第四卷第十一期（總第八十三期）

贈別道友黃邃之

陳攖寧

其一

海宇春殘鳥亂啼，落紅飛白繫愁思；　季雲已死堯夫遠，忍復聽君話別離。黃君並謝君季雲、高君堯夫，皆當年燒鍊外丹之同志。

其二

十載交遊豈偶然，參同一卷證師傳；先生去後留孤我，更與誰人論汞鉛？

其三

學道原非必入山，於今廛市隱居難；洞天信有棲真地，何日胡麻結勝餐？

其四

財侶由來不兩全，年年空說買山錢；君平賣卜韓康藥，憂患餘生願比肩。

載民國二十六年（一九三七年）一月一日揚善半月刊第四卷第十三期（總第八十五期）

題風景照片 陳攖寧

其一 黃山松鼠跳天都

峯頭片石自何年，松鼠留名萬口傳；一語荒唐君莫笑，天都跳過便成仙。

其二　黃山文殊院旁象石

久聞黃帝開山祖，偏讓文殊浪得名；頑石也知羞恥事，昂頭不肯表同情。

其三　太湖晨曦

孤嶼浮青斂曉煙，波光雲影接遙天；雙舟競向中流去，剩有秋聲在樹巔。

載民國二十六年（一九三七年）一月十六日揚善半月刊第四卷第十四期（總第八十六期）

輓道友黃邃之君聯語　陳攖寧

逆境困賢才，爲生活，老華年，歲月蹉跎，當前誰是超凡客；

南宗稱知己，證師傳，談妙悟，源流指掌，今後難逢第二人。

載民國二十六年（一九三七年）一月十六日揚善半月刊第四卷第十四期（總第八十六期）

寄懷攖寧先生梅隴　黃懺華　作　陳攖寧　增批

故人息影水雲村，黃葉蕭蕭晝閉門。竟歲丹鉛弘絕業，終宵爐火煅靈根。富春山色縈心目，明聖湖光繞夢魂。我羨嚴陵君抱朴，清游何日更重温。陳攖寧增批　此詩前四句實情實景，今日求之不可得矣。

載民國二十六年（一九三七年）三月一日揚善半月刊第四卷第十七期（總第八十九期）

述懷寄攖寧子　常遵先

一別秋風秋復冬，人仙事業兩玄空。去初拜別，今復隆冬，一無所成。饒揮筆陣千軍北，輸却丹爐一點紅。各承師訓，宣揚大道，饒費筆墨，終輸自修。守我師箴時雨化，憑他米熟野雲春。謹司宣化，不理別法。每思分地開山約，重訪衡君古柏宮。因重舊約，重訪衡雲。

大道都從縹緲探，君編北派我編南。大道不出虛無縹緲中，故揚善刊分編兩派，同歸一路。到頭妙用物無一，入手工夫琴叠三。敲爻歌云：「朗朗圓成一物無。」黄庭經云：「琴心三叠舞胎仙。」觀竅有爐名偃月，採花無藥笑瞿曇。無根樹云：「偃月爐中摘下來。」敲爻歌云：「花花結就長生藥，長生藥，採花心，花蕊層層艷麗春。」當年柱下除尼父，世上何人識老聃？老子爲柱下史，除孔子問禮外，當時天下誰人知爲道宗？

附錄常君致陳君函

前略。弟還湘兩訪衡峯，終無蔗境，雖衡雲生建有洞天，苦留同住，奈家政尚須調處。一俟安定，擬再訪衡雲於硃砂洞，另築茅庵，以儲精朮。依古柏爲棲真之所，地址頗廣，届時容再奉告。附詩請正，順頌道祺。

附錄陳君覆函

遵先道兄先生惠鑒：

經年闊別，雲樹空思，忽奉瑤章，如聞謦欬。藉悉衡雲仙友，棲真南嶽，安享洞天，徒殷仰止。弟以負有使命在身，目下未容高蹈，論及實際工夫，早輸却衡君一着矣。倘他年吾兄茅庵築成，與衡君比鄰而居，朝夕餐霞服霧，習靜談玄，此樂雖帝王不易。届時可能分我一角蒲團之地否？

凡關於南派學說，弟不欲越俎代庖，努力弘揚，惟兄是賴。

再者，愚見對於前人三教一貫之旨趣，固未嘗厚非，奈彼教徒等法執不破，我見太深，每多輕視仙道之論調，是爲遺憾耳。果彼等肯稍事圓融者，弟亦何必浪費筆墨乎？此層須求吾兄諒解是幸。

弟陳攖寧頓首

載民國二十六年（一九三七年）三月一日揚善半月刊第四期第十七期（總第八十九期）

斬龍功畢有感 中州董女士

陳攖寧增批　此人名董文鳳，年二十四歲，師範學校畢業。

其一

垂簾塞兑且凝神，甘露循環潤一身；
勤鍊不分朝與夕，自然坐斷曲江津。

其二

此後工夫權保守，終期超脱出塵寰；
束裝欲向江南去，窒礙多方舉步艱。

其三

欲覓法財兼侶地，在家非易出家難；
天涯地角修真士，何日方能大集團。

其四

人事牽纏百感生，藍橋舊事想雲英；
信知小謫非無意，好結仙緣返玉京。

攖寧按　董女士詩第一首第四句，所用「曲江」二字，恐閱者不甚明白其玄妙，特爲解釋如下。

津者，濟渡之處也；曲江，即今之浙江，又名之江，以其水多曲折，如「之」字形，故名。下游曰錢塘江，潮水最大，八月中秋更甚。古仙丹訣，常借用「曲江」二字，作爲隱語。呂祖詞云：「曲江上，見月華瑩淨，有個烏飛。」三丰真人無根樹道情云：「鵲橋上，望曲江，月裏分明見太陽。」又本刊第八十三期二十四家丹訣串述云：「西南路上月華明，大藥還從此處生；記得古人詩一句，曲江之上鵲橋橫。」皆隱語也。

載民國二十六年（一九三七年）五月一日揚善半月刊第四期第二十一期（總第九十三期）

純陽祖師聯語　陳攖寧

不分南北仙宗，敢以中心綿道脈；
待續海山奇遇，也將凡骨換神胎。

載民國二十八年（一九三九年）三月一日仙道月報第三期

戊寅秋六一初度述懷並序　洪太庵　作　攖寧子　附白

自吾有身，忽忽六十一年矣。生平碌碌無所長，惟良心不昧，凡事知足，粗衣淡飯，幸延歲月，此天之厚我也。長筋靜坐，神明未衰，此道之賜我也。吾少也賤，身體素弱，今而得此，敢不勉乎？述懷之作，不堪一噱，相知親友，倘能摘而正之，固所願也。

慚愧虛生六一年，不談事業只談仙；洪崖是我宗親也，何日容吾笑拍肩。

頑健今猶未老身，粗衣淡飯味津津；唯餘一念非非想，安得居塵不染塵。

心如古井已無波，賸有情關奈若何；但得駐顏長不老，何妨共戀此娑婆。

年來地覆與天翻，救世應毋畏苦艱；太息古仙多自了，空留姓字在人間。

攬鏡欣看頂未童，誓將餘力起衰風；逢人便說長筋術，是我修行第一功。

以上七言絕句五首，乃福州洪太庵君由菲律賓寄來者，余讀之甚感興趣，茲特鈔投貴報，以供同志諸君欣賞。洪君年過花甲，人視其貌，皆以爲四十許，蓋其生平得力於長筋術及靜坐之功，故其效如此。惜因商業關係，未能專心修鍊，否則成績必更有可觀也。今將其六十一歲述懷詩五首，鈔登報端，以餉同好，並徵求名山洞府及安全城市修仙學道諸君之和韻，但作者年齡須在五十以上。若未滿五十歲者，余不敢勸其從事於仙道。設因身體有病，自願鍊習粗淺之工夫，以求恢復健康者，則又當别論。

己卯清明節攖寧子附白

載民國二十八年（一九三九年）五月一日仙道月報第五期

彭中明詩作四首

黃山瀨石生彭中明

偕伍止淵、李淨塵二道友遊天台桃源

結伴桃源一問津，林泉深處最幽清；喬松風動青鸞舞，飛瀑光摇白練横。磊落煙巒皴翠靄，瓏玲石磴劃蒼痕；自從劉阮仙緣後，洞鎖雲封古到今。

仙道月報頌二首

其一 文章妙句慧中生，定是玄都種善根；苦海慈航彌月渡，迷津寶筏眾材成。天堂信有神仙樂，地府應無罪業人；待看他年圓道果，三車滿載上蓬瀛。

其二（嵌字體） 仙源妙境畫難圖，洞府清虚得自如；道岸無車憑寶筏，蓬萊有路賴靈符。月明天際丹成象，花發山中藥滿爐；　報載千真諸妙訣，三元九品任君謀。

瓊臺詠

瓊臺一峯秀，金闕雙巍峨；　清溪流活水，天然樂趣多。

以上四首詩，乃浙江省天台山桐柏宮道觀內彭中明鍊師由郵函寄至敝處者。正月初間，已經收到，今特從原函中摘出，重錄一過，轉寄貴報刊登。彭鍊師乃安徽省人，有茅蓬在黃山，即古翠微宮舊址也。彭君喜吟詠，兼善繪事，名山訪道，足跡半中國。往年有七載雲遊記一篇，登載揚善半月刊中，早爲識者所稱許。原住上海白雲觀，鍊習靜功。自滬戰起後，遂遯跡浙省天台山，想工夫更進步矣。來函有云：「前居上海，如墮入海中；　今到天台，不啻超昇天界。」誠屬確論。雖黃山與天台，自古皆稱名勝，然以修道的眼光觀之，天台實較黃山爲優。余對於黃山、天台山曾有深刻之認識，將來得閒，將細述之，今日尚無暇及此。

清明前三日攖寧子附記

載民國二十八年（一九三九年）五月一日仙道月報第五期

得攖寧先生書却寄
隱名子寫於北碚縉雲山中　陳攖寧　附註

荒山一夜雨聲驕，板屋青燈倍鬱陶。萬里故人書竟達，六州鑄錯鐵難消。蚩尤作霧天爲黑，羅刹興風海正號。盛誼殷勤期解脱，只愁無地着團焦。

攖寧附註　鬱陶，謂心中納悶而尋思也；　鑄錯，宋方秋崖詩有云「鑄錯空糜六州鐵」，蓋言貽誤事機也；　團焦，茅蓬也。

載民國二十八年（一九三九年）十月一日仙道月報第十期

戊寅季夏在南城侍温師遊麻姑山
鄧雨蒼　作　陳攖寧　附註

從師尋勝證前緣，桑海千年已變遷。幾杵鐘聞塵外路，四山雲護洞中仙。松稍瀑布懸銀練，石底靈淵湧玉泉。欲訪蔡經家未見，會仙橋畔久留連。

攖寧附註　南城，縣名，今江西省，清朝屬江西建昌府治；　麻姑，乃古女仙，後漢時降蔡經家，自言成道以來，見滄海三爲桑田；　蔡經，後漢人，遇仙人王方平得度。

載民國二十八年（一九三九年）十月一日仙道月報第十期

拜讀列位仙翁賜和佳章再疊前韻奉答

洪太庵　作　攖寧子　附註

客秋述懷之作，方以獻醜爲恧，迺蒙攖師齒及，遂至引起列位仙翁賜和。凡所稱許，實不敢當，然而拋磚引玉，榮幸多矣。用是不揣固陋，再抒鄙懷，既表謝忱，兼酬高誼，尚祈斧政，毋任欽遲。

已卯中秋節前太庵洪萬馨草於菲律賓之嗎里拉旅次

帽影鞭絲年復年，林泉何日許休肩；微吟敢自矜風雅，慚愧垂青到列仙。

攖寧子附註　帽影鞭絲，謂風塵奔走，不獲安居之意。

八洞三山世外身，乘槎霄漢早知津；最憐小謫東方朔，遊戲文章也出塵。

攖寧子附註　唐人詩云：「三山銀作地，八洞玉爲天。」按三山即蓬萊、方壺、瀛洲也。八洞有上八洞、下八洞之別，皆神仙洞府。世外身，指本報各期所登載和韻諸公而言。第二句「乘槎霄漢」，是比喻大還丹作用。張三丰真人無根樹道情云：「無根樹，花正高，海浪滔天月弄潮；銀河路，透九霄，槎影橫空泊斗梢。摸着織女支機石，踏遍牛郎駕鵲橋；入仙曹，膽氣豪，盜得瑤池王母桃。」讀此即知乘槎霄漢喻意之所在。早知津者，言和韻諸公，皆過來人，無須再問津矣。本詩第三句「東方朔」，乃洪君自況。東方朔以滑稽著名，善作遊戲文章，而「東方朔偷桃」故事，亦與還丹作用有關。

愛河無處不風波，人欲橫流奈彼何；但使灘頭撐得住，慈航穩渡出娑婆。

攖寧子附註 愛河，即在房幃之間，人欲往往勝過天理。彼者，彼家也。張三丰真人登高臺道情第四段云：「防只防身中無慧劍，怕只怕急水灘頭挽不住船。」又一枝花道情第三首云：「提起我無刃鋒芒劍，怕則怕急水灘頭難住船。」又天仙引道情第一段云：「顯神通向猛火裏栽蓮，施匠手在弱水上撐船。」洪君之言，蓋有所本，非空談也。此爲修鍊真實工夫，同道諸君，請於此三致意焉。

坎離顛倒地天翻，暫忍須臾莫畏艱；寄語留心葭管動，一陽來復晷時間。

攖寧子附註 參同契云：「天地者乾坤之象也，坎離者乾坤二用。」此言天地乃乾坤之體，坎離乃乾坤之用。悟真篇云：「日居離位翻爲女，坎配蟾宮却是男；不會個中顛倒意，休將管見事高談。」此即坎離顛倒之妙用。地天翻者，地上於天，泰卦是也。暫忍須臾者，以天理克制人欲也。蘆中薄膜，名爲葭莩。古以葭莩之灰置於律管以占氣候。交冬至節，陰極陽生，則黃鐘管中葭灰飛動。人身氣候，亦同此理。有我家之冬至，有彼家之冬至，皆所謂活子時也。但其消息甚微，非粗心所能覺察。

十載搜求訣返童，天涯何幸接春風；自從一紙傳心後，始見無爲造化功。

攖寧子附註　往年洪君功夫，偏重有爲，於古今養生家言，搜羅殆盡，努力奉行不懈。余勸其百尺竿頭更進一步，故洪君近來每於無爲法上着眼。有爲無爲，雙輪互運，而丹道全矣。悟真篇云：「有無從此交相入，未見如何想得成。」蓋極言此道之玄妙也。當代知音，其共勉之哉。

載民國二十八年（一九三九年）十一月一日仙道月報第十一期

蓋竹山寶光洞唱和詩

施智禪、逸叟　作　攖寧子　附註

浙省樂清縣蓋竹山，道書稱爲第十九洞天俗名楊八洞，其間除純仙觀及各巖洞外，有名寶光洞者，改築小室，爲最幽靜，道人葉學愚君居此即貴報第七期所登和洪太庵先生述懷詩之葉君。本年夏季，邑紳施智禪君重遊此間，因見寶光洞改築美善，及愚道人苦志清修，臨行贈詩一首以勉之。其友逸臾者，常居純仙觀，見施君詩，復依韻和之。今特抄投貴報，倘荷刊登，豈僅名山古跡之幸，或亦海内外好道諸君所樂聞也。

温州樂清紫芝觀道末陳誠凱投稿

唱詩（施君作）

玲瓏小築古清幽，大石千人擬虎邱。有道玄棲同梅福，丹光燭耀待仙遊。

和詩（逸臾作）

習道有心擇地幽，攝生法效處機邱；三千八百完功德，跨鶴飛昇天際遊。

攖寧子附註　江蘇吴縣虎邱山，有大石，面積甚廣，可坐千人，世稱「千人石」；梅福，漢朝人，爲南昌尉，及王莽專政，遂棄官歸隱，嚴子陵之妻即梅福之女也；處機邱，即邱長春真人，乃全真教龍門派之初祖，有小周天工夫口訣傳世。

寧按　本篇投稿者陳誠凱君，曾有和洪太庵君述懷詩五首，見本報第九期第二版中。又查本報第七期周敏得君所作温州樂清縣楊八洞略述一篇，記載頗詳，讀者可以參考。再按揚善半月刊總號第六期第九四頁洞天福地考云「第十九長耀寶光之天，在浙江台州府城南三十里蓋竹山，山周八十里，羣峯拱青揖翠，而石室、天門、香爐三峯最著。舊有八洞，今多湮塞，惟三洞可通，洞景奇勝，不可名狀」云云，大致不差。但台州疑是温州之誤，當改正之。

載民國二十八年（一九三九年）十一月一日仙道月報第十一期

鐵海道友招飲滬西紫陽宮並勸移居彼處愧無以報命作此奉贈

陳攖寧

紅塵十丈鎖西郊，一聽玄音破寂寥；海上遊仙情未斷，人間歷劫願難消。桃源春煖瓊臺冷，羊角風清雁蕩高；最是君家尋樂地，何當揮麈共逍遥。

附註　浙省天台、雁蕩二山，名冠海内。天台山有桃源洞，乃劉晨、阮肇採藥遇仙處，又有「瓊臺夜月」，爲天台最幽勝風景之一。羊角洞乃上雁蕩山必由之路。雁蕩所以得名者，因山之絕頂有湖，春歸之雁，常宿於此，故曰「雁蕩」。蕩者，謂水草所聚也。鐵海道人昔年久住羊角洞，而紫陽宮在台山亦有故跡可尋。

蒼松翠柏喜同栽，恨不移根傍玉階；事有因緣非自意，方無内外莫相猜。開山演教傳坤訣，築室娛親闢草萊；聞道長生須努力，早修大藥入天台。

附註　舊謂出家人爲方外，在家人爲方內。但佛教方外，廢除本姓，以「釋」爲姓，表示與祖宗父母兄弟妻子斷絕關係；而道教方外，仍用自己姓氏，不忘本，不背親，不絕倫常。此即中國古教與印度傳來的佛教不同之處。

坤訣，見道書中，乃當年孫不二元君所留傳以度女眾者。修大藥，見天台張紫陽仙師悟真篇中。其詩云：「饒君了悟真如性，未免抛身却入身；何似更兼修大藥，頓超無漏作真人。」此亦佛道兩教思想絕對不相同處。

「築室娛親」句，蓋謂滬西紫陽宮落成後，鐵海道人即返天台，迎其老母來滬供養，俾克專心習靜，現聞其母工夫甚有進步。

載民國二十八年（一九三九年）十二月一日仙道月報第十二期

和黃異吾道人詩五首　永嘉湯壁垣　舊作　攖寧子　按

黃異吾鍊師，人極灑脫，能文工詩。出家天台。後住持浙江武康昇玄觀，復寄跡杭州玉皇山，今駐鶴上海玉皇山福星觀分院，或亦大隱居廛市之意耳。一日余過周敏得君寓所，見伍止淵師手中持有此詩，索而觀之，不禁飄然有出塵之想。因抄寄本報，以餉同好，並僭易數字，諒湯先生不我責也。

攖寧子識於上海位中堂

聲氣言從異地求，初平慣與素心儔；　劇憐浮世多塵夢，未獲先生給枕頭。　風雨相思知我共，煙波遥隔使人愁；　今承遠道遺詩簡，特對青燈撥冗酬。

寧按　浙江金華山有黄初平叱石成羊仙跡，本詩第二句借用以喻黄鍊師。又第三、四句，係用邯鄲夢吕祖度盧生故事。前人有詩云：「四十年中公與侯，雖然是夢也風流；　我今落魄邯鄲道，要向先生借枕頭。」

身騎隻鶴出天台，化作黄剛度世來；　曾把芙蓉朝玉闕，爲調鉛汞訪丹臺。　探幽幸得棲真宅，懷古端憑鍊句才；　海上已無清静土，不須飛鳥到蓬萊。

寧按　第三句本於李太白「手把芙蓉朝玉京」句。又悟真篇云「調和鉛汞要成丹」，第四句本此。

小謫塵寰數十秋，入山深被白雲留；　神全不畏蜉蝣短，氣伏能將龍虎收。　論境原非千里隔，泛舟爭奈五湖遊；　忽聞擲地金聲振，猶向霞標注兩眸。

寧按　蜉蝣乃水面飛蟲，朝生暮死，壽命極短。龍虎，譬喻神氣。末二句人多不解，今註如下。

晉孫綽嘗作天台山賦，辭致甚工，以示友人范榮期云：「卿試擲地，當作金石聲也。」賦首尾約六百三十字，其中有四句云：「理無隱而不彰，啟二奇以示兆；赤城霞起以建標，瀑布飛流以界道。」蓋天台山奇景雖多，而以「赤城棲霞」及「石梁雪瀑」二景爲最勝。作者以孫公之賦，比黃君之詩，覩景思人，故曰「猶向霞標注兩眸」。

又按　黃鍊師平日注重內功，故此詩第三四句有神全氣伏之語。

一事迷人玄又玄，那知誕日結仙緣；風流餘韻猶如舊，雲水行蹤不似前。拋却赤城居福地，別尋絳闕禮諸天；回思往歲霓裳曲，壁上籠紗已二年。

聞說重陽古節臨，振衣長嘯答秋砧；登高不減參軍興，辭國還同越相心。喜有鴻篇傳旅雁，愧無鳳管寫來禽；計然一去籌難借，我對斯山亦感吟。

寧按　第三句用孟嘉重九日龍山落帽事，第四句用范蠡去越歸隱變姓名爲陶朱公事。第六句「來禽」，因王羲之有來禽帖故云。第七句「計然」，乃人名，即范蠡之師，隱居浙江武康縣東南三十餘里之山中。計然多才智，善於籌策，故後人名其山曰「計籌山」，昇玄觀在此。

載民國三十年（一九四一年）五月一日仙道月報第二十九期

洪太庵先生詩

洪太庵　詩　陳攖寧　附記

庚辰秋，六三初度，在菲島攝影紀念，偶成二律，錄呈攖公夫子斧正。

浮生又度六三秋，百歲光陰過半周；事業等於毫髮許，聰明只合稻粱謀。中年歸隱空懷想，亂世流離未解憂；且喜太平終有日，會當塵海放歸舟。

頂上霜華漸漸稀，何妨點綴到鬚眉；光陰荏苒真如夢，世界滄桑那足奇。一局未終柯已爛，三生不昧石猶知；待看採藥天台去，返我童顏似少時。

洪萬馨寄自小呂宋

附記　洪君與我，堪稱同志。洪君好道，我亦好道；洪君想入山，我亦想入山；洪君念念不忘天台，我亦承認東南一帶名山以天台爲最勝。山中桐柏宮道觀，供奉南宗初祖張紫陽仙師像，神采如生，其像手中持書一册，上題「悟真篇」三字。當年塑像者，可謂有心人矣。又龍門正宗第十代高東籬祖師即金蓋山閔小艮真人之師住世一百五十一歲，於乾隆三十三年羽化，遺蛻即葬於天台桐柏宮道觀山後。仙道南北二宗，皆與此山有密切關係。修道學仙之士，倘要入山，愚謂天台最適宜也。將來時局好轉，交通恢復，擬再往天台一行。若有機緣，能覓得結茅佳境，當與洪君共之。惟諸道友做初步工夫者，則以杭州西湖之城市山林較爲方便耳。

攖寧

載民國三十年（一九四一年）五月一日仙道月報第二十九期

贈國醫謝利恒七絕四首

陳攖寧

屑玉丸芝話正長，仙經密奧費猜量；千秋復見孫思邈，待向龍宮乞禁方。

診罷歸來靜養神，掀髯微歎又何因？床頭多少纏綿客，誰是黃粱夢覺人？

未向華陽學隱居，漫留歇浦事懸壺；他年若遂聽松願，能讓茅山半席無？

聚散渾如水上萍，樽前故舊感飄零；殘宵我已成孤月，喜有清暉接曙星。

陳攖寧手寫本，作於辛巳年（一九四一年）冬季

蒲團子按　「喜」一作「幸」。

爲黄汝玉女居士題金剛經長卷

陳攖寧

其一

海宇春回萬象新，及時行樂倍精神；靈山本地風光好，功德池邊淨六塵。

其二

色見聞求總是邪，水中月影鏡中花；金剛妙諦君知否，七寶莊嚴莫浪誇。

其三

無實無虛無所住，如來如是付心傳；輪迴生死渾閒事，天上人間自往還。

其四

即心即佛乃圓通，非佛非心更大雄；證到三心不可得，方知四相一真空。

載民國三十八年（一九四九年）四月一日《覺有情》第十卷第四期

寄懷海因居士西湖北山　陳攖寧

半壁湖山足尚羊，靈鵜雛鳳兩攜將。勞薪炊飯時偏貴，散木全真事未遑。過眼懵懵誰鹿馬，安心恰恰任蜩螗。知君已悟圓通法，夜點禪燈註老、莊。

蒲團子按　此篇似從一九五〇年以後的覺有情某期抄來，然具體期數已忘記

贈克明先生　陳攖寧

海外風潮欲撼天，壺中日月已忘年；山林廛市閒來往，不愧人呼陸地仙。

胡海牙老師手鈔本，具體著作時間不詳

挽孟懷山之父　陳攖寧

道生一，一生二，二生三，三生萬物，乃宇宙常規。人爲萬物之靈，豈甘與草木同腐。有生原自道中來，無生應向道中去。至道本希夷，信我公在此日，形質雖銷，精神不滅。嬰化童，童化少，少化壯，壯化老死，是古今定律。欲免老死諸苦，須識得返還妙方。順化既從嬰兒始，逆化仍結嬰兒胎。玄嬰全大孝，待哲嗣於他年，超凡入聖，度父登仙。

註　看之不見曰「夷」，聽之不聞曰「希」；你的兒子曰「哲嗣」。

胡海牙老師手鈔本，具體著作時間不詳

道學長歌十首

江西南昌隱君子方内散人舊作
江西樟樹鎮黄邃之道人手鈔遺稿
陳攖寧　按語

定志歌第一

君不見，皮囊幻質非堅固，少壯纔經便遲暮。著鞭猛醒再回頭，此身務向今生度。勸世人，先定志，志堅天下無難事。聖賢仙佛總猶人，同此一般口和鼻。有爲者，亦若是，吾何畏彼須牢記。世界都因想結成說本楞嚴，天堂地獄由人做。大丈夫，毋自棄，應識人生本如寄。富貴到頭一局棋，妻兒臨了一場戲。既如夢，又如醉，醉夢醒時毫没趣。百歲光陰不久長，石火電光看即逝。識得破，何沾滯，一切放下休回顧。利鎖名繮速打開，愛河慾海急逃避。早發心，虔立誓，快快脱却輪迴累。修成仙佛永長生，一失人身爲異類。要精專，休旁騖，心心歸一事方濟。勸君莫踏兩邊船，勸君莫走多歧路。完性命，固神氣，莫待年衰形蠹弊。一口真氣不回來，便是他生與後世。帶不來，提不去，老病死苦幾多累。隨緣任運莫貪求，淡飯粗衣聽位置。我今作此定志歌，慧劍常教斬邪魅。但願大眾早思量，但願大眾早算計。識神一死智轉生佛門有轉識成智之說，眼孔大開脚點地「脚跟點地」見釋典。他時苦盡忽甘來，神欽鬼敬天心契。或生極樂或生天，或成仙佛或靈異。逍遥快樂永無邊，那時方遂男兒志。

原註 大修行人，先須看淡世情，自立真志，刻刻以「生死」二字，放在心頭，方於大事有濟。如沾皮帶骨，一心想學道，一心又想成家，此則呂祖所笑爲「貪癡漢」者也。故將定志列於首章。

攖寧按 作者乃待鶴山人鄭陶齋之師，余未曾得見，僅由老道友黄邃之君口中聞其名。據云此君對於三教之理，南北道派，皆能融會貫通，不固執門户，惟善是從。余今觀此十詠，誠爲名實相副。但惜此君宗旨，亦主張三教一貫，與余今日所持之理論不同。余主張仙學完全獨立，不必牽涉到儒、釋、道三教範圍之內。爲方便計，亦只能仙與道一貫。再擴而充之，則道與儒本屬同源，其間亦自有溝通之路徑。但萬萬不可與佛教相混合。佛教徒之意思，原要製造清一色局面，最怕與别人家合作。正一、全真兩派的道士，亦各有他們的信仰，對於佛教界限甚清。然而宋元以來士大夫，偏喜講三教一貫。此種習氣，至今流傳更廣。豈但三教，還要五教，愈貫愈不通，真可謂弄巧反成拙。

歌中云：「修成仙佛永長生。」這句話講不通。「長生」二字，是仙家專利品，佛教書中向無此說。並且佛教徒皆極端反對長生之說，如何可以混爲一談？歌中又云：「或生極樂或生天。」這句話有兩個毛病。第一個毛病，是宗旨拿不定。到底是生西方好呢？還是生天好呢？第二個毛病，將仙家白日昇天誤作佛教死後生天之義。古人所謂白日昇天，乃眾目共覩，千真萬確，與死後生天、死後生西方之說，絕不相同。假使現在有一位白日飛昇的活神仙，大可以鬨動全球之人類。可惜修道者如牛毛，證道者如麟角。至於死後生西方的人，則多得不可勝數。每一月中，總有幾千幾萬人生西方，其價值就可想而知了。

三教一貫、三教合參、三教調和、三教互攝這些論調，我也會說幾句。若果說出，想未必有人能夠反對。不過我的良心上認爲此種論調不適用於現代之時機，所以特地把神仙學術，從三教圈套中，單提出來，另成一派。對於儒、釋、道，脫離關係，不受他們的拘束，然後方有進步之可言。否則，永遠被他們埋在墳墓中，見不到天日。

閱者須知，儒教中人也可以學仙，道教中人也可以學仙，佛教、耶教、回教中人皆可以學仙，甚至於一教不信的人更可以學仙。因爲仙之本身，產生於學術之實驗，不像宗教要依賴信仰。譬如一個人觸了電，身體立刻就有感覺，不管你信不信。若宗教的性質，就與此不同了。你若信他，或許有點效驗；若不信他，他就毫無功能。此乃仙術與宗教特異之處，不可不知。

載民國二十五年（一九三六年）三月十六日揚善半月刊第三卷第十八期（第六十六期）

悔過歌第二

雲霧漫天塵掩鏡，鏡失明兮天不淨。撥開雲霧見青天，鏡磨仍復靈光映。靈光映，悟本性，物來順應何悔吝。只因物欲蔽重重，遂使形神交受病。既受病，誰無過，却須打得機關破。但能時自格非心，即爲第一條功課。疏檢點，懈操修，出言行事動招尤。自利自私何日足，結冤結怨幾時休？早懺悔，速改更，譬如昨死今方生。一切問心不去事，焚香頂禮向天盟。向天盟，毋遊戲，勤把前言往行識。守口攝意身莫犯，如是修行得度世。昔顏子，陋巷内，簞食瓢飲樂不改。孔聖嘗將好學稱，不遠之復無祇悔。又子夏，能取友，三罪曾受良朋咎。投杖而拜不辭非，連稱吾過索居久。蘧伯玉，辨微危，五十而知四九非。寡過未能常惕惕，使乎一贊古今奇。聞善拜，聞過喜，孟子惟尊子路禹。請觀古往聖賢人，那個不從悔過起。君不見，廣額屠兒有奇骨，殺業多端殊狂悖。世尊點化忽翻身，屠刀放下立成佛。又不見，佛門有二比丘犯淫殺，泣悔時虞罪增結。維摩大士頓除疑，猶如赫日銷霜雪。又不見，三國時中周義士，曾比蛟龍白額虎。勇猛誓將三患除，希賢勵學傳千古。傳千古，悔過來，洗心滌慮淨靈臺。自此寡尤兼寡悔，從今無害亦無災。無災害，出迷津，切莫安心做小人。小人倒底徒自苦，君子隨處樂天真。我本一生罪障多，今特作此悔過歌。守身如玉防傾跌，回頭是岸敢蹉跎。願化邪淫歸正直，願化傲慢爲慈和。願化貪癡爲智慧，願化瞋恨禮彌陀。願度蒼生出苦海，願化大眾脫洪波。悔過悔過速悔過，莫到臨時喚奈何。悔過能回天地心，悔過不惹鬼神惡。悔過可入聖賢門，悔過漸遊仙佛路。悔過自見世間欽，悔過還起後人慕。過而不悔過斯叢，過而勤悔善日著。更授良方功效確，念起是病覺是藥。聖狂只向念中分，善惡都自心頭作。是真有志出世人，甘願吃虧甘認錯。吃虧認錯世所希，久久行持受天爵。悔過悔過速悔過，到頭一着真歡樂。

原註　孔子曰：「假我數年，五十以學易，可以無大過矣。」又曰：「已矣乎，吾未見能見過，而內自訟者也。」又曰：「過而不改，是吾憂也。」夫以孔子至聖，猶力以改過現身說法，則改過豈是小事哉？國朝一曲先生語錄，首以「悔過自新」，爲開宗第一義，可見「悔過」兩字，爲入德之門。從古聖賢仙佛，都從此出。吾人苟不自棄，當以省身克己爲急務，爲重務，幸勿視此專爲下根說法也。故列於定志篇後。

攖寧按　悔過之說，吾人極端贊成。惟「過」字究指何種事情而言，頗難下一定論。常有古時所認爲過者，今時則以爲非過；今時所認爲過者，將來或又以爲非過；甲國所認爲過者，乙國或反以爲功；此黨認爲過者，彼黨或反以爲功；男子所認爲過者，女子則以爲理之當然；此教認爲過者，彼教又奉爲天經地義。真所謂「公說公有理，婆說婆有理」。你認我是過，我認你是過；你有你的過，我有我的過。弄到後來，調和派又出現了。不是說天下人個個都是罪人，就是說世上没有一個不是好人。依前之說，則悔不勝悔；依後之說，則悔無可悔。請問悔過工夫從何處下手？望讀者諸君有以教之。

再者，請諸君勿誤會我的意思，我不是主張過不當悔。奈處此諸侯放恣、處士橫議的時候，「過」之一字，已失了標準，先要把「過」字定義解釋明白，然後「悔」字方有着落。不然仍舊是空談，不能實行。白紙寫幾個黑字，對於國家社會及個人，有什麼影響？

載民國二十五年（一九三六年）四月一日揚善半月刊第三卷第十九期（總第六十七期）

積德歌第三

道德從來非兩事，修行不外口身意。一身作孽口招尤，總是未能明心地。意根不淨惹塵埃，癡愛貪嗔件件來。假使隨時勤檢點，自然方便兩門開。德在心，不在口，滿口誇張真個醜。心精力果乃有恒，釣譽沽名詎長久。德在口，不在錢，口中功德種無邊。若但富家翁有德，貧賤中何出大賢。不在口，又在錢，有心無力也徒然。仗義疏財隨護法，結天緣復結人緣。又在錢，又在口，勸善無疲錢自有。果能倡首兼出言，立德立功歸不朽。我講修德别不同，非徒陽善重陰功。求報求名爲下乘，避嫌避怨非豪雄。竊笑時人偶好善，表著矜張器量淺。及見報應稍來遲，忘形動説天無眼。眉不舒，心不展，怨恨口中生，可歎知德鮮。豈知上德不自德，那管浮生遇通塞。憑他空乏苦勞饑，總總不懈修持力。報遲報早自有時，何事心中太急迫。而况天公本至公，雖無急性却記得。不報此，或報彼，不報自身或報子。不報自己與兒孫，或在他生後世裏。個裏天機敢妄談，變動不居難逆億。仁不憂，智不惑，君子全須自培植。小善小惡莫疏虞，細行不矜大德累。事事合天心，般般盡己職。處處順物情，時時解人意。子臣弟友完性分，仁義禮智非外飾。或利物，或濟人，或救災，或恤貧，休分遐邇與疏親。力足不妨爲己任，心堅也可暗通神。暗通神，有朕兆，逢人勸化任人笑。不辭艱險不辭勞，人心感應天心照。天心一照顯神奇，大事忽成人莫料。人莫料，方徵報，心德尤爲第一要。德乃道之妙，心是身之竅。變化氣質築仙基，打破癡迷參佛教。修德人，貴化導，教忠教恕又教孝。誘掖獎勸法聖仁，逢惡須隱善須道。過則歸己功歸人，勿生忌刻勿長傲。我慚德行太淺薄，善固不足惡怕作。不讀人間非聖書，卅年偶得其中樂。吟此淺歌將世警，語重心長意義永。字字都從閱歷來，但願修德爲綱領。德到深純道即成，乘鸞跨鶴昇仙境。

原註 道非德不成，德非道不至。德有內功，有外功，有陰功，皆不可少。何謂內功？變化氣質，磨鍊心性，克己復禮，踐行惟肖是也。何謂外功？邀集善友，恤患救災，不避毀謗，不辭勞苦，印刷善書，及夫修橋、補路、造船、育嬰、施藥、掩墳一切有益人世之事皆是。人生世上，做得一場算一場，各盡其心力而爲之，庶不至寶山空回。中庸曰：「苟非至德，至道不凝。」悟真篇云：「大藥修之有易難，也知由我亦由天；若非積行修陰德，動有羣魔作障緣。」歌中以道始，以道終，即是此意。故列於悔過章後，爲第三。

載民國二十五年（一九三六年）四月十六日揚善半月刊第三卷第二十期（總第六十八期）

破障歌第四

雲霧漫空蔽天日，塵沙滿地迷鄉邑。翳膜重重望眼昏，業識茫茫皮袋入。出釋典僧問趙州狗子有佛性也無公案。嗟彼萬物何有障，盡是虛空生幻相。本來無物亦無遮六祖壇經：「本來無一物，何處惹塵埃。」又張無盡徹悟偈：「四方八面絕遮攔，萬象森羅齊漏洩。」，自生分別著情狀「仁者自生分別」，出壇經。爾其嗜欲最迷人，蔽痼深時習染頻。癡愛貪嗔迷本性，紛華美麗汨天真。乃若妻子與仕宦，宮室田園密計算。戚朋世族接紛紛，葛籐村裏一生絆。惟有理學尤爭勝，一家已自分門徑。前賢對症將藥施，誰知執藥翻成病。世無仙，佛非聖，一枝尖筆徒馳騁。阮瞻無鬼論空搜，昌黎原道篇難證。闢輪迴，撥因果，出言便起兒孫禍。俾無忌憚必此言李二曲先生語錄曰：「後儒動言無鬼神，使人無忌憚之心者，必此之言夫。」，憫他空自泥犁墮。攻虛無，與寂滅，同源却笑異途轍。陽明挽救誚近禪，擔板漢兒終不愜。擔板漢兒，見釋家語錄。又厚庵先生謂「印板道學」是也。至於二氏更分科，障蔽魔王可奈何。「障蔽魔王」出釋典。縱使慈航時求度，還教平地起風波。旁門法，路三千，無端謬種世流傳。不認頑空爲大道，便執渣滓號先天。文字癖，口頭禪，機鋒著述誰攻堅。終久說得行不得，難與仙佛相比肩。說不盡，數難完，誰推牆壁破籬藩。阮陷世人無了日，何時斬草復除根。吁嗟乎！彼是非，此是非，欲齊物論究難齊。本莊子。萬古碧潭空界月，再三撈摝始應知。二句本禪語。止止止，抽蕉剝繭終無底。唯唯唯，萬派千江歸海水。但形文彩即污染洞山寶鏡三昧「但形文彩，即屬污染」，脱落皮膚見精髓禪家語錄「皮膚脱落盡，惟存一真實」。我的言，聽譽毀，信口巴歌同下里。消融雖屬少膠黏，究竟也是閒言語。閒言語，有何益，自救不了燃眉急。不用與人閒戰爭，當下休歇方安適。「自救不了」「如救燃眉」「當下休歇」俱出釋典。仰天一笑問如何，曾爲蕩子偏憐客。

原註 禪障、理障、文字障、不滅欲障，一入其中，蔽痼膠黏，牢不可破，終身無出頭之日矣。學道之人，須將諸障破盡，方見廬山真面。而後心境圓融，事理無礙，學仙學佛，希聖希賢，各隨其志，無所不可。故列第四。

攖寧按 往日嘗聞黃邃之君言，作者性情和平，不偏不倚，文章醇厚，不蔓不支。今讀定志、悔過、積德、破障等歌，足信黃言不謬。惟現代局面，比較光緒三十年以前絕不相同，作者若至今尚存，論調必定有變化。蓋應時勢之需要，不得不如此。余生今之世，爲今之文，心中雖明知昔人持論十分通達，筆下亦不便隨聲附和，或者反要罵他幾句，其實是俗語所謂「打死老鼠把活老鼠看」，非與昔人有何嫌怨也。閱者果能諒解此意，是爲大幸。

載民國二十五年（一九三六年）五月一日揚善半月刊第三卷第二十一期（總第六十九期）

訪道歌第五

大道流傳在世間，統緒不絕於塵寰。欲了生死鍊金丹，期與高真共往還。高真已去入仙班，使我不見日愁顏。丹經留與後人看，微言奥旨澀且艱。不因師指事知難，出世因緣豈等閒。敢辭涉水與登山，水盡山窮自有緣。師不遇兮心不安，旁門僞法起狂瀾。謬種流傳貪復奸，依依修鍊如磨磚。賢者毋爲其所瞞，經歌契論熟參觀。先知門户路方寬，天機隱密求完全。任教露宿並風餐，憑他衣破及鞋穿，莫要半途心已寒。昔有仙人白玉蟾，雲遊足跡遍山川。歷久乃感陳泥丸，泥丸猶作三年延。又有三丰好參玄，訪道直到終南巔。六七十歲忘其年，忽遇火龍親口傳。古今多少學神仙，求師指點心意虔。彼蒼默鑑操其權，時至垂慈解倒懸。我求師授殊堪憐，竭誠致敬叩蒼天。逢師又苦力如綿，不覺二毛侵鬢邊。覽鏡生悲祈禱堅，窮年到處訪明賢。天賜侶護一氣聯，百般磨折尋真鉛。得訣歸來試鍊研，立竿見影道非偏。方知真僞判天淵，三元兩派有真詮。後人誦我訪師篇，一字一淚苦難宣。但恐修真志不堅，或者慳吝惜金錢。若是法財侶地全，此中實有度人船。勸人先着祖生鞭，早把俗情齊棄捐。快求大道悟重玄，好與洪崖共拍肩。

原註 或謂：「既有窮理一歌，則訪道篇似可不作。況諸歌俱就三教並講，而此乃專就玄門説，似不包括。」余曰：「不然。儒自周邵兩賢，釋自六祖而後，命理久已失傳。窮理是窮三教公共之理，訪道是訪教外別傳。前人謂『得訣歸來好看書』者是也。」故列於窮理之前。玩余辨命一歌，當自會意，不必重贅。

攖寧按 本首末云「快求大道悟重玄」，原稿作「快求大道快參禪」。余觀通篇意旨，皆言仙道，此處忽雜入「參禪」二字，頗覺不稱，故以「悟重玄」三字易之。又起首第三句「欲『了』生死」，原稿作「欲『逃』生死」。然生死大事，只許「了」，不許「逃」。「了」是徹底解決，乃神聖之事業；「逃」是掩耳盜鈴，乃幼稚之行爲。宇宙全體，本爲「生」「死」二字所構成，請問逃到什麼地方去？所以一字之差，亦甚有關係，不能不亟爲改正。

載民國二十五年（一九三六年）五月十六日揚善半月刊第三卷第二十二期（總第七十期）

窮理歌第六

溯自圖書肇出兮，苞符啟秘。漏洩天機兮，龜龍獻瑞。太極既判兮，兩儀隨具。眾理畢賅兮，萬象咸備。聖人知本一源兮，惟法效夫天地。四相五行大無不包兮，八卦三元神而且異。境邃密兮難通，心空明兮忽契。學者苟有志於性命兮，誰不先由夫致格。顧或謂皇天無言兮，行生莫外。君子不多兮，空空以對。終日如愚兮，密藏其退。不獲其身兮，惟艮其背。易言：「艮其背，不獲其身。」謂止於無欲之地也。何慮何思兮，朋從無害。文字不立兮，破除障礙。語言道斷兮出釋典，無意識界出心經。毋勞毋搖兮，慎外閉內。廣成子語。無見無聞兮，垂簾塞兑。垂簾，謂目下垂；塞兑，謂閉口也。出道書。夫何必鑿破混沌兮，徒多知之爲敗。見莊子。抑知事有終始兮，理貴圓融。好古敏求兮，開萬古之儒宗。德無常師兮，成至聖之時中。非韋編三絕兮，歎十翼之何從。易之「大象」「小象」「上繫」「下繫」「上彖傳」「下彖傳」「文言」「說卦」「序卦」「雜卦」，統名「十翼」，皆孔子所作。佛捨身爲全偈兮釋典，佛先語「諸行無常，是生滅法」。後遇仙人指示曰：「此是半偈，爾須捨身，方爲說全。」佛即欲捨身，仙人急止曰：「生滅滅已，寂滅爲樂。」偈始全，貴宗說之兼通。宗悟性，說窮經教，兼通者，如儒家德行問學兼優也。豬子也須驗過兮釋典「有人抬豬子過佛前。佛曰：『是什麼？』對曰：『豬子也不識？』佛曰：『也須驗過。』」，信卍字之藏胸。老子求爲柱下史兮，取墳典之崇隆。明白乃四達兮，學日益而何封。見道德經。考人爲三才之一兮，安可妄自菲薄也。非稽古而通今兮，將頑鈍無參酌也。非多見廣聞兮，將狹隘不寬綽也。蓋經書所以載道兮，非章句之虛託也。典籍寓有微言兮，非臆說之穿鑿也。天地人物有真宰兮，如闔闢之有槖籥也。陰陽水火有精義兮，如門户之有鎖鑰也。窮大經與大法兮，知名教有至樂也。窮密宗與玄藏兮，知別傳非虛廓也。學古博而融會兮，如貫物之有索也。觀物久而自得兮，如鳶魚之飛躍也。涉世深而有悟兮，如久病之知藥也。訪師精而默證兮，如酣睡之方覺也。或千萬遍而熟讀兮參同契云：「千周燦彬彬兮，萬遍將可覩；神明或告人兮，心靈忽自悟。」，脫然如胸塊之撲落也昔有禪師，夜聞友人枕子墜地，胸中脫然撲落，乃大悟。或一二語而堅持兮，豁然如鼻孔之摸著也。如釋家參話頭，每用一二語，堅持不懈，久必大悟；摸著鼻孔句，出釋典，喻有把握也。庶幾左右逢源兮，是必從博返約也。然使知而不克行兮，又執藥以成病。如骨董積難以銷融兮骨董積，見二曲集，喻執著文字語言，泥古不化，如人腹患痞積病也，反身心之不淨。多聞成過誤兮楞嚴經云：「欲漏不先除，多聞成過誤。」，適自戕夫慧命。競物論之不齊兮，供口舌之巧佞。惟得一以畢萬兮，悟最上之大乘。損之而又損兮見道德經，默自了而自證。將見事理無礙兮本華嚴宗，自性命之各正。自度而度世兮，乃不背夫儒釋道之三聖。窮理正爲性命起見，非博取學問虛名也。

原註　易繫辭曰：「窮理盡性以至於命。」窮理即窮性命之理，非逐物也。或問：「窮理盡性，原是一串事，何必分別？陽明知行並進，知而不行，算不得真知。」答曰：「陽明之言，原爲學者鞭辟入裏起見，知自是知，行自是行。古人謂『知之非艱，行之維艱』，固已可證。子徒執守文成，獨不讀學、庸乎？窮理，在大學中，比諸格物致知；盡性，比諸正心、誠意、修身；至於命，則齊家、治國、平天下之事也。在中庸上，窮理，比諸學問思辨；盡性，比諸篤行；至於命，則參贊化育之事也矣。」或唯唯而退。爰識之。

載民國二十五年（一九三六年）六月一日揚善半月刊第三卷第二十三期（總第七十一期）

盡性歌第七

稽萬物各有性兮，惟人最靈。性受命於天兮，上帝是承。雖至神而至妙兮，究無象而無名。固完完全全兮，復當當而停停。明如重鏡之交影兮出華嚴，喻性體無不照也，澈如止水之澂清。定如山嶽之無搖動兮，慧如日月之恒升。夫豈假於安排兮，抑奚事夫勸懲。性無善無不善兮，凡何減而聖何增。

奈何知誘物化兮，稟拘欲蔽。識逐流而不停兮，心時馳而無憩。嗟情竇之日開兮，遂靈源之漸閉。譬牛山之有材兮，枝條敷而美麗。忽斧斤之戕賊兮，又牛羊之時聚。雖雨露之施潤兮，竟萌蘖而不繼。故天降三聖兮，知有教而無類。特立養鍊見之名兮儒曰「存心養性」，釋曰「明心見性」，道曰「修心鍊性」，乃苦心之度世。

瞻尼山之出麟兮，集諸聖之大成。爲天下之法度兮，作萬世之權衡。縱性道不可得聞兮，實光大而含宏。況學庸與大易兮，允成性之先程。子臣弟友之四端兮，知皆擴而充盈。意必固我之俱絕兮，夫何慮而何營。喜怒哀樂之未發兮，究何將而何迎。寂感胥兩忘兮，無臭無聲。體用非二道兮，惟一惟精。或直養而無害兮，或曲致而有誠。上句屬陸王一派，下句屬程朱一派。學者各得其所近兮，一沈潛而一高明；由窮理以至於命兮，乃無忝於所生。上段引用四書周易，俱就儒門盡性說。

溯西竺之如師子王兮「師」同「獅」，「師子王」見華嚴入法界品，救萬類之神醫出釋典。垂寶筏以度人兮，斬六賊之貪癡。洵堅苦而卓絕兮，極廣大而精微。施機鋒與棒喝兮，破一時之悟疑。修西方之極樂兮，開九品之蓮池。**攖寧按** 原作此處夾許多小字註解，作者本意恐人不懂，故略釋淨土大意。可想見光緒時代，淨土法門尚未普遍。今則不然，凡能讀本刊者，幾於無人不知西方淨土之說，用不着再加註解，故刪去之。守戒律之苦行兮，使不過夫範圍。演經教之法席兮，俾覺悟夫羣迷。持秘密之神咒兮，藏妙義於無知。佛家千經萬典，俱不外宗、教、律、淨、密五門，皆度世法。有權而有實兮，三乘咸宜。有頓而有漸兮，兩派非歧。平等無有高下兮見金剛經，何判賢愚。度四生六道兮胎、卵、濕、化爲四生，天道、人道、修羅道、畜生道、餓鬼道、地獄道爲六道，共證菩提。小之可容芥子兮，大之可納須彌。二句出釋典，即儒家「卷之則退藏於密，放之可彌六合」之意。法門無盡藏兮，允推我佛之慈悲。上段純引證釋典，俱就釋家盡性說。

仰柱下之猶龍兮，變化不測。作經垂訓兮，五千道德。慈儉不敢爲天下先兮，安民富國。首清靜以立教兮，知白守黑。觀竅觀妙兮，養神於谷。致虛守靜兮，以觀其復。知止不殆兮，知足不辱。絕聖棄知兮，少私寡慾。守中抱一兮，虛心實腹。損之又損兮，得亦無得。象帝之先兮，復歸於樸。定觀日用兮定觀、日用，乃兩經名，示常德之不忒。信博大真人兮，立天人之極則。莊子天下篇：「關尹、老聃，古之博大真人哉。」上段多引道德經，不及備註，俱就道門盡性說，以見三教聖人開出種種法門，無非教人盡性之方也。

彼三聖爲此一大事兮佛爲一大事因緣出現於世，各有傳薪「傳薪」出莊子。諸子百家兮，誰不問津。道不虛行兮，惟待其人。盡性非一端兮，必造其純。或頤養而自得兮易中盡性，或困苦而日新難中盡性。或靜坐而寂修兮靜處盡性，或動察於人倫動處盡性。或履險難而翼翼兮患難中盡性，或樂燕處而申申安樂中盡性。或酒肆淫房而調心兮濁處盡性。昔二祖日向淫房酒肆中行，有人責之曰：「和尚何得至此？」曰：「我自調心，何關彼事？」又三丰祖了道於麗春院，或巖居穴處而棲神清靜處盡性。或尊德性而易簡兮德性中盡，或道問學而精醇學問中盡。或自證而淵默兮盡己之性，或誨世而周諄盡人之性。或積誠而感物兮盡物之性，或明德而新民。或捨生而取義兮大節中盡性，或殺身以成仁。或衛生以全德兮別傳中盡性，本莊子，或借假而修真道家以命全性。或一了即百當兮盡性之易，或窮搜而苦詢盡性之難。或朝聞而夕可兮一盡即去，或住世而留形已盡仍留。要皆盡性之遺軌兮，一任後世之持循。

歌曰：「魚躍鳶飛妙莫加，水中月影鏡中花；趁時好覓還鄉路，緊束芒鞋自到家。」

又歌曰：「色色形形備此身，身中別有一真人；　真人漫向虛空住，打破虛空始出塵。」

亂曰：「日可冷，月可熱。佛遺經教：「日可令冷，月可令熱，佛說四諦，不可令異。」又永嘉證道歌：「日可冷，月可熱，衆魔不能壞真說。」山可量，海可測。火可形容風可觀，惟此非空復非色。浩浩如天無比倫，無能窮盡性功德。末寫性當盡而究無盡時，愈見量量之大。中峯本禪師，擬寒山詩百首，有「遍造業因緣，都成性功德」。

原註　儒、釋、道三家，作用不同，成功則一，實無二致。昧者强生分別，明者自可貫通。歌中將三家或分說，或合說，不落言詮，不立門户。鄙人望道未見，自愧於此事尚未盡得半分，何敢搬弄陳言，以取誣聖欺世之罪。惟半生博涉羣書，參訪宗匠，已歷三十餘年。因竭一得之愚，以就正於海内諸君子，竊願有以教之，幸甚禱甚。

攖寧按　在調和三教一派中，此君真堪稱健將，其文章已到爐火純青之候。後有作者，亦難乎爲繼矣。余自愧未能學步，故將其十首長歌依次抄出，投登本刊，與衆共見。表彰前人，即所以勸勉後人，且令讀者知余本非好持偏激之論調者。惟此等文章，譬如藥中之茯苓、甘草，恐不能適合於現代之病症，故余常用附子、大黄以療之。人或疑余藥性猛烈而有微言，蓋未嘗識余用意之所在也。果附子、大黄能痊愈者，是謂萬幸，否則第二步難保不用巴豆、芫花矣，豈不更加駭怪乎？聊記於此，以質諸賢者。

載民國二十五年（一九三六年）六月十六日揚善半月刊第三卷第二十四期（總第七十二期）

了命歌第八

命理至難又至易，玄機秘密由師示。命要師傳。派從黃老溯淵源，訣隱丹經多譬喻。傳與賢者天無私參同契云：「天道無適莫兮，常傳與賢者。」，自古迄今統常繼。道德黃庭非等閒，神仙尤重參同契。朱晦翁詩云：「神仙不作參同契，火候工夫那得知。」陰符藥鏡簡而賅，誰知蘊括無窮意。指玄悟真玄要篇，篇中字字藏精義。口訣縱不載陳編，究竟印證無遺棄。無遺棄，妙而玄，層層節節要師傳。盲修瞎鍊身何益？妄作招風命莫延。心要虛，財勿慳，廣修陰德感蒼天。苦訪堅參終不懈，山窮水盡自逢源。緣一到，盡敷宣，萬典千經一貫穿。得訣歸來勤下手，功成果滿始輕肩。

派有二，元分三，冒譴先談北與南。南宗栽接北清淨，至道惟從兩派參。北派祖，啟重陽，真修苦行躲無常。後賢者述天仙理天仙正理，風火慧命皆津梁風火經、慧命經。劉真更作十二種道書十二種，依法修行度世航。果遇明師親指點，三年五載入仙鄉。大小周天兼卯酉，玉金二液細商量。調採鍊封知止火，還丹溫養壽無疆。最簡捷，至精詳，當知大道有康莊。丹財容易無毀謗，只要心堅志氣强。

若是年衰鉛汞少，急須妙法講陰陽。講陰陽，密而顯，功夫虔叩明師闡。道書五種與金丹即金丹真傳，都爲此家添妙典。倘非念念合清虛，還防步步逢危險。先天氣本重虛無，體隔神交絶沾染。後來採戰諸邪宗，徒增罪障遭魔譴。鼎爐琴劍有真傳，護侶黄婆要良善。數事缺一不成功，布置艱難法易簡。多少僞法世流傳，似是而非害不淺。縱然延得幾歲年，帶水拖泥成就鮮。

既鍊丹，休迷昧，貴從理上窮精粹。第一關在淨心田，心田乾淨道可冀。絲毫念起喪天真，地獄門中隨逐去。心若死，念若純，立竿見影作真人。救老扶衰如反掌，超生脱死出風塵。定賓主，辨浮沉，兩弦金水寓傳薪。日月交光愈顯耀，汞鉛配合要調勻。紫陽得自海蟾祖，此是南宗授受因。

陸長庚，李長乙，東揚西蜀兩派立。陸潛虛開東派，李涵虛開西派。靈根夙慧遇純陽陸、李二人，俱吕祖降授，祖集仙詩全錄輯陸校刊吕祖全集，李校刊三丰全集。仍是陰陽二品丹派雖分別東西，仍是南宗的旨，方圓史著傳奇筆陸著方壺外史，李著圓嶠内史，二家著述宏富，於丹經中，可稱獨樹一幟。

列綱領，詳門户，不過略引迷途路。一切妙理興歧途，契論經歌業大備。只須熟讀更精研，何俟庸流語重贅。執北闢南欠貫通，宗南闢北亦膠固。我非臆説逞浮誇，三十餘載工夫費。敢捏虛詞誑世人，萬劫沈淪迷異類。倘逢烈士與賢才，爲君再講句中句。

原註 命理玄微，各種丹經，莫不漏逗，毋庸重贅。縱使言之鑿鑿，終不免抄襲之嫌。歌中不言爲何了命，但將各家了命學問，一一指明，使人不迷向往。中間點綴數句精義，仍不偏枯。至南北二宗，每每是此非彼。昧者未得師傳，又視爲一家言，執著己見，至老不悟，皆偏也。特作此以補前賢所未及。辭雖淺近，明達君子，或有取焉。

攖寧按 「性由自悟，命假師傳」這兩句話，恐怕已成爲鐵案，不能搖動了。設若命功也同性理一樣，凡是有智慧之人，皆能自悟，則此篇劈頭二句，即已說錯，以後更屬蛇足矣。況且作者的智慧，未必遜人，何故不能自悟，偏要講究師傳？須知悟者是空理，傳者是實事。二者相遇，往往要起衝突。到了結果，仍是空理遷就事實，事實決不肯遷就空理。譬如無人相、無我相、無衆生相、無壽者相，這是我們悟到的空理；餓要吃、冷要着、困要眠、病要藥，這是我們身受的事實。前面的空理，我們已經徹悟了，後面的事實，爲什麼我們仍舊不能脫離這個定律。因此可見，事實勝過空理。徒恃開悟，決不足以打破人生之定律，雖極說生老病死是苦，而畢竟無法可以免除生老病死。嗚呼！惟仙道高矣遠矣。

載民國二十五年（一九三六年）七月十六日揚善半月刊第四卷第二期（總第七十四期）

辨命歌第九

伏羲實爲傳道祖，卦圖初洩先天旨。大哉孔子復宣敷，盡性至命首窮理。毋勞毋搖乃長生，廣成授受黃帝語。黃帝訪廣成子於崆峒山而問道，廣成子曰：「毋勞爾神，毋搖爾精，毋使爾思慮營營，乃可以長生。」訪道崆峒事不虛，載諸史鑑誰疑毀。峨嵋重去訪天皇，陰符經著傳於世。爰有奇器萬象生見陰符經，盜機逆用勝靈素靈樞、素問，亦黃帝所著。然彼重治病，此則修鍊成仙。後人誤認作兵書，不值大方家一噱。毋滑而魂中夜存，遠遊篇裏曾洩露。屈子遠遊篇：「毋滑而魂兮，於中夜存；虛以待之兮，無爲之先。」此段已洩道妙。

休云儒釋不言命，性了即了徒黏滯。尼山救世重倫常，故爾罕言同仁利。三絕韋編本共聞，雅言却在詩書禮。一見老子讚猶龍，莫窮神妙極心許。微言隱易寓中庸，至宋失傳已久矣。濂洛關閩俱大儒，最佩純公及邵子。周濂溪，學者私謚曰「純」。純公繪出太極圖，圖說精微誰澈底。無極之真即是性，妙合而凝惟二五。周子太極圖說：「無極之真，二五之精，妙合無凝。」二五以內有命功，形全精復同天體。「精」字本「二五」來。莊子：「形全精復，與天爲一。」又考邵子冬至吟，一陽來復參真諦。邵子冬至吟：「一陽初動處，萬物未生時。」天根月窟往來頻，闔闢變通悉明著。邵子天根月窟吟有「天根月窟閒來往，三十六宮都是春」之句。又易繫辭：「闔户謂之坤；闢户謂之乾；

一闔一闢謂之變；　往來不窮謂之通。」

文公妙悟在晚年，頓化支離爲簡易。陸子詩有：「易簡工夫終久大，支離事業竟浮沉。」朱子聞之失色，晚年與象山書，自言無復舊日支離之病。西山老友媿同參釋、道二家同志友曰「同參」，篋中但放參同契朱子晚年，喜讀參同契，與蔡季通日夕考訂，竟夕不寐，曰：「眼中見得了了，但無下手處。」又云：「今始識頭緒，未得其作料孔穴。」明年季通卒，又得策數之法，恨不得與之辨正。越二年，朱子亦逝世矣。自恃聰明不訪師，安知作料在何處？特著一篇調息箴，戲言千有二百歲。「千二百歲」，乃調息箴末句。又日盤桓向武夷，時與白仙爲一氣。白玉蟾，道號紫清，隱於武夷，朱子與之友善。將欲脱屣從仙遊，但恐逆天非實際。朱子感興詩：「刀圭一入口，白日生羽翰；我欲往從之，脱屣應非難；但恐逆天理，偷生詎能安？」逆天豈可作神仙？一生精力沉章句。文公自是聖賢人，到底未明仙佛意。既知儒道本同源，況復年華已遲暮。紫清終不及一言，知在聖門爲大器。以上四句，乃推測白仙爲何不引文公入道之意。非敢放肆詆名賢，要識殊途無二致。

今爲阿弟重重宣，再將周易詳詳示。大道本不外陰陽，上下二經觀首尾。乾坤離坎與咸恒，都寓水火與男女。乾坤顛倒翻名泰，水火交融成既濟。正位凝命非凝性鼎之「大象」曰：「木上有火，鼎，君子以正位凝命，何以不言凝性。」，立鼎安爐風火馭「馭」字本「列子馭風」及道家「以神馭氣」而來。各正兩字載乾元，順理一言說卦識。乾卦「各正性命」，說卦「將以順性命之理」，皆是性命並講。可知專講「性」字，不足以稱大道。水流濕兮火就燥，雲從龍兮風從虎。同聲相應氣相求，施功各從其類起。參同契：「同類易施功，非種難爲巧。」三家相見別無他，二氣感應以相與。咸卦彖辭。奈何學者會不通，徒執近思爲祖武。執守近思錄者，理障必牢不可破。**攖寧按** 今時人只知阿彌陀，不知近思錄，理障雖可免，佛障却難除。

中庸談道首造端，鳶魚飛躍妙無比。及其至也聖莫知，我何人哉敢懸擬。高明博厚配地天，變化施行法雲雨。易：「乾道變化。」又曰：「雲行雨施，天下平也。」中庸大易要師傳，不在語言文字裏。向讀孟子善信章，工夫逐節有次第。已將終始示分明，豈是一蹴所能至。善信充實此三言，築基功用儼全具。有欲觀竅精甚真切「可欲」句，有情下種信爲貴切「有諸己」句。道德經：「常有欲以觀其竅。」又云：「其精甚真，其中有信。」莊子：「夫道有情有信。」指元篇：「此中真有信，信至君必驚。」氣化漏盡已先通，百日功靈乾體固。充實似道家鍊精化氣一層。光輝大化逐漸臻，鍊氣化神又其次。日月雙明了大還，比諸光大究無異。大還丹時，有日月合璧之象，比諸「光輝」句恰合。大周氣化有六通，聖胎温養各因地。六祖壇經：「有情來下種，因地果還生。」各因地者，言各有各家境界之意，古人謂因地制宜是也。十月大周天內，温養道胎時，血化白膏，不食不寐，有六通景象，比諸「大而化之」句，又恰合。以下則鍊神還虛事矣。化而至於不可知，脱胎了當天仙位。還虛粉碎又虛空，作用不同功豈貳。莫嗤穿鑿聖人言，一經道破有真味。**陳攖寧增批** 孟子盡心章云：「浩生不害問曰：『樂正子何人也？』孟子曰：『善人也，信人也。』『何謂善？何謂信？』曰：『可欲之謂善，有諸己之謂信，充實之謂美，充實而有光輝之謂大，大而化之之謂聖，聖而不可知之之謂神。樂正子，二之中，四之下也。』」孟子所謂善、信、充實、光輝、美、大、聖、神，乃指人格而言，不是講築基等工夫。作者牽强附會，大可不必。宋朝以後，做道書的人，都犯了這個毛病，到今日萬不可再被他們矇混過去。

佛門廣大信無邊，百千妙法無不備。勸人熟讀華楞嚴（華嚴經、楞嚴經），中藏事理殊精細。莫執佛號與話頭，便道其餘無賸義。教外別傳玄又玄，慧根淺薄難概施。也修舍利轉法輪，也言慧命說服食。也如馬陰變藏相，也徵龍女獻珠瑞。也道六景忽震動，也證六通有由自。形成出胎三界超，實與道家同三昧。**陳攖寧增批**　這些話，佛教徒完全不承認。

玄機秘密要精研，非是等閒人可度。拈花微笑果何爲，覩星悟道是何事。初祖達磨本早成，還須面壁少林寺。（了命以後，還虛一着。）一葦渡江隻履歸，誰解西來又西去。花開五葉盡雙修，五六祖身今尚在。（五祖肉身今存黃梅，六祖肉身尚存曹溪。）信道金剛不壞身，七祖而今孰敢繼。（呂純陽真人詩云：「爲師開說西來意，七祖如今未有人。」）

可歎儒釋兩後昆，禪障理障少精粹。別有會心處處通，借問各條是不是。阿兄未肯爭閒氣，一片癡情憐叔季。願弟平心靜氣參，莫把天機當遊戲。若猶見粗不見精，各遵所聞行各志。種豆得豆瓜得瓜，惜取光陰勿猶豫。光陰迅速不復回，石火電光看忽逝。了命一歌本說完，笑余辨命枉重贅。時維九月隱申江，菊開滿地黃金布。（「申江」二句，暗切金水。）

本地風光，無意偶得，幾欲拈花微笑。

余寄了命歌，與諸弟參玩。有謂專就道門說，不若諸歌能融會三教者；有謂儒釋不言命，性了命即了，了命乃道門一家言者。聚訟紛紛，復拈筆作此歌，以醒悟之。一時興會所至，不覺意義層屈，韻語現成。惟元機秘密，一洩無遺，未免干冒天譴。且恐拘儒見之，仍斥爲穿鑿之談。而性靈流露，不能自已，遂有所不計也。

壬寅九月方内散人自識於上海之寄廬

攖寧按 性與命，本來是一物，不可分作兩橛。就其靈機而言，謂之性；就其生機而言，謂之命。所謂「一體二用」也。吾人之身體，譬如一盞燈，燈中之油就是命，燈中之光即是性。假使有燈而無油，此燈必不能發光，可知離命即不足以見性；若徒知保存燈中之油，而不善於發揮其光明以應用，仍舊常常處於黑暗境界，則亦何貴於有此燈乎？由是可知，性命二者，乃互相爲用，而不可分離也。雖然，人究竟名爲人，不可叫作性，亦不可叫作命；燈究竟名爲燈，不可叫作油，亦不可叫作光，其理固相等耳。

或問：「初學之人，性與命孰重？」答曰：「命爲重。譬如暗室之中，本有一盞燈，燈中油量充足，奈室中之人，不得其法，不能令此燈發光，雖有燈，而依然不勉黑暗之苦。忽來一人，教伊點燈之法，一舉手間，頓覺滿室生輝，從此踏進光明之路。

設若室中本來無燈，或雖有燈而無油，或雖有油而油量不足，縱能了解用燈之法，亦不能大放光明。由是可知，性無命則不立，離命即不足以見性，有命而性自在其中矣。故曰：『命爲重也。』」

又按　儒、釋、道、仙，四家宗旨不同，此公偏要融和爲一，竭力未必討好，何苦乃爾？儒家見解，認爲人生是經常的，所以宗旨在維持現狀，而不準矜奇標異，因此人生永無進化之可言；釋家見解，認爲人生是幻妄的，所以宗旨在專求正覺這是佛教的本旨，其餘都是枝葉，而抹煞現實之人生，因此學理與事實，常相衝突，難以協調；道家見解，認爲人生是自然的，所以宗旨在極端放任，而標榜清靜無爲，以致末流陷於萎靡不振，頹廢自甘；仙家見解，認爲人生是缺憾的，所以宗旨在改革現狀，推翻定律，打破環境，戰勝自然，以致思想與行爲，往往驚世而駭俗。非但儒、釋、道三家不能融和，即道家與仙家，表面上似乎同隸一種旗幟之下，然二者宗旨，亦難以强同。

夫士各有志，原不必人人共趨一路。但宗旨不能不決定，言論不能不徹底，門徑不能不辨別，旗幟不能不鮮明。否則仙佛聖賢，混作一堆，老、莊、鍾、呂，粘成一片，令後之學者，何所適從乎？余本不反對儒、釋、道三教之宗旨，但不願聽神仙學術埋沒於彼三教之内，失其獨立之資格，終至受彼等教義之束縛，而不能自由發展。以故處處將其界限劃分明白，俾我中華特產卓絕千古的神仙學術，不至遭陋儒之毀謗、凡僧之藐視、羽流之監冒、方士之作僞、乩壇之亂真。自漢明帝以來，一千八百七十餘年，佛教徒所給與仙學界惡嘲謾駡之醜聲名，於兹刷盡；自金世宗以來，七百七十餘年，北七真所給與仙學界三教同源之假面具，一旦揭開。豈不快哉！豈不壯哉！

載民國二十五年（一九三六年）八月一日揚善半月刊第四卷第三期（總第七十五期）

還虛歌第十 原名鍊虛歌，乃中和集李清庵舊作，今借用稍改。

爲仙爲佛與爲儒，三教單傳一個虛。亘古亘今超越者，悉由虛裏做工夫。學仙虛靜爲丹旨，學佛還虛徹首尾。問余學聖又何如？虛中無我明天理。虛室生白妙無窮，乾坤虛運氣圓融。陰陽造化虛推盪，人若潛虛盡變通。還丹妙在虛無谷，下手致虛守靜篤。虛極又虛元氣凝，靜中又靜陽來復。虛心實腹道之基，不昧虛靈採藥時。虛己應機真日用，太虛同體丈夫兒。鍊心虛寂無爲作，進火以虛爲橐籥。抽添加減總由虛，粉碎虛空成大覺。究竟道冲而用之，解紛剉鋭要兼持。和光混俗忘人我，象帝之先只自知。無畫以前焉有卦，乾乾非上坤非下。中間一點至清虛，八面玲瓏無縫罅。四邊固密剔渾淪，道是中虛玄牝門。若向不虛虛内用，自然開闔應乾坤。開闔多時禁出入，悠悠九載面牆壁。

還如父母未生前，虛明寂定忘天日。虛中迸出一輪來，霹靂一聲天谷開。圓陀陀地同天體，淨倮倮形脱聖脱。聖胎一出神無匹，步虛從此歸無極。至矣無臭復無聲，渾然不知還不識。虛至無虛絶百非，無無天地悉皆歸。返虛真入寥天一，此是三家上上機。

還虛一節，徹始徹終。各丹經但言大略，從無專著歌詠，發揮透切，而淋漓盡致者。蓋古人以爲末後一著，不欲詳言故也。嘗擬作歌，以補此義，擱筆躊躇者再。忽遇友人送中和集，内恰好有鍊虛歌一篇。細心玩味，覺貫通三教，得未曾有，字字精妙，實獲我心。足見前賢嘉惠後學，無微不至。是歌儘可借用，不煩再作矣。

昔劉祖海蟾，隱於白龍洞，吕祖曾贈長古歌行。後劉真順理，復隱於此，張祖紫陽即借此歌爲衣鉢，點竄字句以贈之。故吕張兩集互見，古人原有此例。兹特題明作者姓名，非敢掠美也。

原歌「潛虛」「虛無」「虛靈」字樣，重見叠出，稍嫌礙眼。又間點綴竹齋處，亦覺無甚味。中間談虛，尚就着工夫講。末後自宜專歸到大還虛一路去，方爲合拍。爰不辭僭妄，重經删易，閲者諒之。

方内自識

載民國二十五年（一九三六年）八月十五日揚善半月刊第四卷第四期（總第七十六期）

圓嶠真逸詩（七律）

攖寧子　錄

湖上頌軒皇

湖上諸山，發源黃山，爲黃帝修真處。武林省會，是黃山南支結穴。南北兩峯，得三天子之靈氣焉。

軒皇鑄鼎鍊丹砂，一角天都大帝家；山勢南來雲海遠，潮聲西上越江斜。龍飛鳳舞開都會，燕語鶯啼驗物華；地脈由知得靈氣，春城兒女總如花。

載民國二十五年（一九三六年）五月十六日揚善半月刊第三卷第二十二期（總第七十期）

江上頌虞舜

重華命侍臣以道德經及駐景丸授蒼梧女道士王妙想，王後上昇。玆山以舜修道之所，故曰「道州營道縣」見集仙錄。會稽有虞舜巡狩臺見圖經，亦爲地官見神仙通鑒。

重華原是古神仙，側陋親承太上傳；東覲曾過登岱路，南巡正憶省方年。靈源九派流丹液，名嶽三宮隔紫煙； 秘笈解參王妙想，幾人白日更昇天。

載民國二十五年（一九三六年）五月十六日揚善半月刊第三卷第二十二期（總第七十期）

江上頌神禹

大禹治水至巫山，爲上古鬼神龍蟒之宅。杳冥晝晦，迷惑失道，雲華夫人命侍女授禹以敕召鬼神之書。禹詢於童律，知爲金母之女，西華少陰，凝氣成真。爰拜而問道。蒙夫人出丹玉之笈，開上清寶文相授，禹因此遂能治水成功。天錫玄圭，號紫庭真人。見墉城集仙錄、禹穴紀。禹陵在會稽，杭州以禹杭得名，道家亦奉禹爲水官。

瞿唐龍蟒阻通津，親向巫山禮上真； 少室誕靈忘癸甲，長淮息浪鎮庚辰。 雲雷鼎上圖魑魅，嶽瀆經中奠鬼神； 隔岸晴霞見祠廟，梅梁花開十分春。

載民國二十五年（一九三六年）五月十六日揚善半月刊第三卷第二十二期（總第七十期）

江上詠范少伯

范蠡，字少伯，計然弟子，佐勾踐滅吳霸越，泛五湖而去，自稱「陶朱公」。跡其生平，始則奉勾踐夫婦臣朋於吳，以子胥之忠諫而不能害。大功甫成，脱屣遠去。知幾其神，蠡也有之。神仙通鑒謂爲歧伯後身，有以夫。註到陰符第幾篇，還家壯士錦衣鮮；陶朱計定傾吴日，黄老功成霸越年。一舸載來人似玉，五湖歸去月如煙；三高祠宇今猶在，誰更鎔金鑄浪仙？

載民國二十五年（一九三六年）六月一日揚善半月刊第三卷第二十三期（總第七十一期）

通仙觀詠張道陵

張道陵，乃留侯後裔。父翳，客吴之天目山，母林氏夢神人自北斗魁星中降，以蘅薇香草授之，遂感而孕。生於沛，七歲遇河上公授道德經。及長博綜五經，爲大儒。往來吴越，從學者千餘人。計功名無益於身心，乃鍊長生之道。居陽羡山中，訪曹洞玄於西洞庭。舉直言極諫科，拜巴郡江州令。詔舉賢良方正，不起。居北邙，得丹書篆文，遇陰長生識之。入吴遇魏伯陽，丹道愈明。初居陽平山，娶雍氏，生二子三女。入蜀治蛇虎，得王長、趙昇爲徒。太上降之，授以盟威正籙，治八部鬼神，與會盟於青城山黄帝壇下。妖癘衰息，乃立二十四治，使十二神女入陽山井中，教獵者以汲泉煮鹽之法。後與眷屬居餘汗龍虎山。乘白鶴隨老君至成都，地湧玉局而坐，重演正一盟威之旨，授正一真人之號。以籙劍册印授長子衡，與雍夫人乘黑龍紫車上昇。今臨安神仙觀，餘杭通仙觀，陽羨張公洞，是其地也。

劍印森嚴統百靈，驅除妖癘掌雷霆； 須知正乙盟威品，即是文昌大洞經。 井偃魚龍千廩白，山環龍虎萬峯青； 真人位業天仙福，北斗光中第幾星？

載民國二十五年（一九三六年）六月一日揚善半月刊第三卷第二十三期（總第七十一期）

靈隱詠鍾離雲房

南天竺寺，今下天竺寺也，晉僧慧理開山，方丈曰「佛國山」。「法堂」二字，乃雲房鍾離權書，甚奇古。見武林舊事。

神仙鍾離權，不知何時人，間出接物。五代之世，頻遊人間。嘗草其所爲詩，字畫飄然，有淩雲之氣。又云生於漢，從周孝侯征齊萬年，兵敗入山，遇許堅及王元甫，傳道，入崆峒，自稱「都散漢」，善書。見列仙傳、宣和書譜、雲麓漫抄、夷堅志。 著靈寶畢法、破迷歌以傳洞賓。 靈隱山門榜曰「絕騰覺場」，仙翁葛洪所書見靈隱寺志，又云宋之問書。

山堂青積漢時煙，都尉泉亭合共傳； 名將從來工翰墨，書家多半屬神仙。 蒼龍東闕蕭何體，靈鷲西湖慧理禪； 莫詡延清舊題字，雲房還在稚川前。

載民國二十五年（一九三六年）八月一日揚善半月刊第四卷第三期（總第七十五期）

江上詠東方曼倩

東方朔，字曼倩，平原厭次人。漢武帝時，仕至大中大夫，史記、漢書有傳。其靈跡見漢武内傳、十洲記。列仙傳云：「東方朔，楚人也，武帝時，拜爲郎。宣帝初，棄郎去，以避亂政。後見於會稽賣藥。」謝靈運會吟云：「范蠡出江湖，梅福入城市；東方就旅逸，梁鴻去桑梓。」正詠其事。旅，客也；逸，放也。樂府解題曰：「會吟，其致與吳趨同，『會』謂『會稽』。」

執戟曾經侍武皇，茂陵回首感蒼茫；遠從徐福求三島，笑看侏儒飽一囊。謝客詩中懷旅逸，夏侯贊裏憶賢良；韓康賣藥誰親見，倘有神仙不死方。

載民國二十五年（一九三六年）八月一日揚善半月刊第四卷第三期（總第七十五期）

江上詠梅子真

子真，名福，九江人，爲南昌尉，居家常以讀書養性爲事。元始中，王莽專政，上書言王氏太甚，不報。一朝棄妻子，去九江。至今傳以爲仙。其後有人見福者，於會稽，變姓名，爲吳市門卒。

銅人淚濕故宮花，新室亡劉事可嗟；吳市尚傳門卒里，富春何處女兒家？嚴子陵婦，乃梅福之女。朱翁樵徑迷春雨，伍相簫聲隔暮霞；倘過泉亭都尉治，粟山城郭感棲鴉。

載民國二十五年（一九三六年）八月十六日揚善半月刊第四卷第四期（總第七十六期）

江上詠嚴子陵

子陵釣富春江上，今桐廬也。光武願得相助爲理，往來洛陽，則江上有羊裘之跡也。又雲笈七籤道教相承錄載：「第十四代，劉政授嚴光。」又載：「左元放授嚴光女季佗，神仙眷屬，猶使人緬想高致。」

七里清瀧接富春，高臺終古鬱嶙峋；隱居自合偕仙女，天子居然重故人。江上科頭臥雲月，夜中伸足動星辰；扁舟賸有羊裘在，依舊煙波理釣綸。

載民國二十五年（一九三六年）八月十六日揚善半月刊第四卷第四期（總第七十六期）

仙姥墩詠王方平

王遠，字方平，東海人。博學五經，明天文圖讖河洛之要，孝桓帝徵之不起。居太守陳躭家三十餘年，一旦化去。仙姥墩在清波門外。姥善釀酒，方平嘗就沽飲，授藥一丸，以償酒價。姥因此仙去，人於洞庭見之。方平又嘗降吴門蔡經家，見麻姑擲米成丹砂。方井在秦亭山下，相傳方平曾飲此泉也。

蘇臺曾見擲丹砂，更喜西湖酒可賒；方井泉清留舊跡，洞庭人去渺天涯。書摹魯國仙壇記，春在餘杭阿姥家；我有金貂思貰醉，青山何處碧桃花。

載民國二十五年（一九三六年）八月十六日揚善半月刊第四卷第四期（總第七十六期）

臨平詠姚翁仲

姚俊，字翁仲，錢塘人，仕至交趾太守。漢末，入增城山學道，遇東郭幼平，教行九鍊精氣輔星在心之道。官東華宮中節度。此恐是成道以後之仙階。若謂是人間官吏，則與「仕至交趾太守」句不合。苗裔至今在錢塘臨平，其墳壇歷然，時聞角鼓之響，皆知爲姚司命塚。東郭幼平，秦時隱增城山得道者也。

當年訪道入增城，東郭先生一卷經；仙籙頭銜雲篆碧，墓門鼓角晚山青。金華宗旨參新訣，銅柱關山問舊銘；今日皋亭西畔過，夕陽衰草滿迴汀。

載民國二十五年（一九三六年）九月一日揚善半月刊第四卷第五期（總第七十七期）

江上詠魏伯陽

魏伯陽，上虞人，號雲牙子。性好道術，師事陰、徐二真人。與弟子三人，入山作神丹。丹成，與犬食，犬即死。自食之，入口亦死。一弟子曰：「吾師非常人也，服此而死，得無意耶？」取丹服之，亦死。餘二弟子相謂曰：「所以得丹者，求長生也，今焉用此？」乃共出山求棺。伯陽即起，將所服丹納弟子及白犬口中，皆起。遂皆仙去。

一卷參同萬古傳，已將道妙洩先天；陰徐師表承前輩，鍾呂淵源啟後賢。消息潛通周易理，闡揚宜證悟真篇；閨丹爐火都研究，我是金床馬自然。

寧按　魏伯陽在仙道中之身分，頗不易讚歎，此詩恰到好處，的是能手。

載民國二十五年（一九三六年）九月一日揚善半月刊第四卷第五期（總第七十七期）

龍泓洞詠葛孝先

葛元，字孝先，誦清淨經而得道。**寧按**　清淨經晚出，葛仙時代，恐無此書。有道德經序，稱「太極左仙公」。以丹書付弟子鄭隱，隱以授元從孫洪，即葛稚川也。見晉書葛洪傳。

葛翁鍊丹之所，今名「葛塢」，在靈隱，吳方士葛孝先所居。見元豐九域志及輿地志。

孝先從左元放授九丹金液仙經。吳大帝欲加榮位，意不欲住，腹痛而臥，須臾死，尸失所在。又去遊會稽，號「葛仙公」。以其鍊丹秘術授弟子隱，洪就隱學，悉得其傳。

龍泓洞在飛來峯，一名「巖石室」，一名「通天洞」。晏殊類要云：「吳赤烏二年，葛仙翁於此得道。」以年代度之，在稚川前，當是孝先耳。

南屏山有幽居洞，相傳葛仙翁修鍊之所，或亦是孝先之遺跡也。

回龍橋畔臥犀泉，青壁芙蓉好洞天；學道偶居靈鷲麓，登真猶憶赤烏年。蒼茫舊宅懷句曲，轉輾丹經付稚川；極目初陽臺畔路，神仙畢竟有家傳。

陳攖寧增批　此詩首二句指靈隱寺山門前之飛來峯並石橋而言。初陽臺在葛嶺上。

載民國二十五年（一九三六年）九月一日揚善半月刊第四卷第五期（總第七十七期）

江上詠介元則

介象，字元則，會稽人，學通五經。後學道，入東山，善禁氣之術。吳王徵至武昌，稱爲介君。詔令立宅，從學隱形術。後託病，賜以美梨，食之便死。晡時至建業，以梨付苑吏，吏種之，以表聞，與立廟。祭時，有白鶴來集座上。

夕陽何處介君祠，江水江雲我所思；黃鶴樓邊曾立宅，赤烏碑上合題詩。前緣或者知于吉，同輩惟應數左慈；贏得香梨宮苑在，瀛洲玉雨賞花時。

攖寧按 本詩第五句費解，又「或者」二字用於詩中，亦覺乏味，若改爲「前車覆轍憐于吉，同輩神通讓左慈」似較妥。

載民國二十五年（一九三六年）九月十六日揚善半月刊第四卷第六期（總第七十八期）

鳳凰山郭公泉詠郭文舉

文舉，名文，河内軹人。洛陽陷，入餘杭大滌山中。倚木於樹，苫覆其上，居十餘年。猛獸害人，獨不害文。區種菽麥，採竹葉木實，貿鹽以自供。食有餘穀，輒恤窮匱。嘗有猛獸，張口向文，視之有横骨，乃以手探去之。嘗使負鹽入市，縶之郵亭。日暮虎饑而嗥，今之嗥亭，是其遺跡。王導迎置西園，朝士咸共觀之，頹然箕踞，旁若無人。温嶠嘗問曰：「饑而思食，壯而思室，人之情也，先生獨無情乎？」文曰：「思由憶生，不憶故無情。」又問曰：「先生獨處窮山，若疾病遭命，爲烏鳶所食，顧不酷乎？」文曰：「埋藏者亦爲螻蟻所食，亦何異乎？」又問曰：「猛獸害人，顧獨不畏耶？」文曰：「人無害獸之心，則獸亦不害人。」居西園七年，未嘗出入。一旦忽求還山，不聽，逃歸臨安山中。及蘇峻反，破餘杭，而臨安獨全。人皆異之，以爲知機。見晉書隱逸傳。

泉出巖竇間，相傳爲文舉所鑿，多不盈掬，久旱不竭。明僧明秀，更名「許僧泉」。方豪篆名鐫壁。

秣陵曾訪讀書臺，又見清泉此地開；蘊藻紋深橫舊石，葫蘆水冷浸寒苔。梵天古寺見錢塘縣誌。

鰻何在，元蓋孤雲鶴未回；失笑文人輕篆壁，當年不爲許僧來。

攖寧按 河内與軹，皆屬今河南省。洛陽陷，乃晉懷帝永嘉五年，匈奴劉聰遣劉曜等攻陷洛陽，虜懷帝去，強迫帝著青衣行酒時也。丁兹國破家亡之日，稍有人心，能無悲憤？郭君遯跡窮荒，實抱不得已之苦志。而彼三朝元老諸賢，方且宴安江左，自詡風流，竟以飲食男女之凡情，謬測志士仁人之衷曲，亦可怪矣。

載民國二十五年（一九三六年）九月十六日揚善半月刊第四卷第六期（總第七十八期）

葛嶺詠葛稚川

葛洪，字稚川，句容人。少時尋書問義，尤好神仙導養法。從祖元，得仙，以丹術授弟子鄭隱。洪乃就隱學，悉得其法。後師鮑元，元以女妻洪。洪傳元業，兼綜醫術。見晉書本傳。

稚川隱西湖山，以仙著。初聞郭文舉在大滌，造請焉。修真著書，號抱朴子。葛嶺在寶石山西，亦名葛塢，相傳是洪鍊丹處。湖上諸山，多洪隱跡。居靈隱山，丹竈猶存。見二寺記。天竺山下，有葛洪鍊丹井。見輿地記。定山慈惠院，太康間，葛稚川捨宅爲寺。見臨安志。太平廣記載三生石事，有葛洪川。許渾有題天竺寺葛洪井詩。雷峯小蓬萊，相傳洪棲鍊於此。靈隱寺額，相傳洪書。

曾從句漏乞丹砂，飽看羅浮萬樹花；是處深山堪避世，一車行具此移家。松陰古井澄寒水，雲裏高臺麗曉霞；我與神仙多宿契，靈樞也學種蘭芽。

載民國二十五年（一九三六年）九月十六日揚善半月刊第四卷第六期（總第七十八期）

稽留峯詠許遠遊

許邁，字叔元，小名映，改名遠遊，東華署爲地仙。見真靈位業圖。邁，句容人，少恬靜，不慕仕進。南海太守鮑靚，隱跡潛遁，邁往候之，採其至要。謂餘杭懸霤山，近延陵之茆山，是洞庭西門，潛通五嶽，陳安世、茆季偉常所遊處。於是立精舍於懸霤，而往來茅嶺之洞室。永和二年，移入臨安西山，登巖茹芝，有終焉之志。著詩十二首，論神仙之事。見晉書本傳。許邁建思真堂於靈隱山。見陸羽二寺記。靈隱稽留峯，即遠遊嘉遯之所。邁自餘杭懸霤，移入靈隱。見西湖遊覽志。

潛通五嶽採真回，懸霤深山精舍開；南海解尋高隱去，東華曾署地仙來。三生石上中秋月，千歲巖前太古苔；舊是先生嘉遯處，茹芝園綺共徘徊。

載民國二十五年（一九三六年）九月十六日揚善半月刊第四卷第六期（總第七十八期）

江上詠王逸少

逸少東歸會稽，誓墓不出。錢塘山水，精華未發，非止山陰道上，千巖競秀，萬壑爭流也。神仙通鑒稱爲「書宗先生」。新齊諧言：「天上寫紫清煙語，品書以索幼安爲第一，逸少爲第十。」蹟其換鵝之作黄庭、道德，流傳人間。與道士管霄霞往還，煙霞之志深矣。

又上輕航渡浙西，雲門山寺入耶溪；黄庭書罷鵝爭浴，蘭諸花開鳥亂啼。巖壑肯將經濟換，煙霞許共室家攜；如何誓墓歸來日，不住錢塘住會稽。

載民國二十五年（一九三六年）十月一日揚善半月刊第四卷第七期（總第七十九期）

錢塘詠許黃民

黃民，字元文。家有上清真經，魏夫人授弟子楊羲，傳黃民祖穆、父翽，先後隱化。永興初，京畿亂，黃民奉經入剡，爲東闡馬朗所供養。元嘉六年，將移居錢塘，封其真經一厨付朗，分持經傳及雜記自隨。及至錢塘杜道鞠家，少時而終。穆，一名謐，字思亢，許邁之弟也。婦陶科斗，女弟娥皇。中男聯，字元暉，小名虎牙。小男名翽，字道翔，小名玉斧，婦黃敬儀，即娥皇女。孫黃民，女道育、瓊輝，並得度世。詳見真誥。蓋其時佛法未盛，人多奉道，潤以文藻，大有神仙眷屬之意。如許氏者，亦其著也。

香嬰深護篆煙浮，珍重經文弈世留；終闕隱書傳世系，華陽真誥溯靈修。牙籤軸富緗新籙，雲笈籤多下幾籌；玉珮金璫仙眷屬，攀星還擬禮辰樓。

載民國二十五年（一九三六年）十月一日揚善半月刊第四卷第七期（總第七十九期）

瑪瑙寺詠杜子恭

晉書：「孫恩，父泰，字敬遠，師事錢塘杜子恭。子恭有秘術，嘗就人借瓜刀，其主求之，子恭曰：『當即相還耳。』刀主行至嘉興，有魚躍入舟中，破魚腹而得刀。其神效往往如此。南齊山陰孔靈產，過錢塘北郭，輒於舟中遙拜杜子恭墓。」

宋書沈約自序：「杜炅，字子恭，通靈有道術。約先世有沈警者，敬事子恭。按墓在錢塘縣北，南齊時所謂錢塘北郭，猶水經注靈隱山下錢塘故縣。江經其南，則北郭亦近湖之地也。俗傳瑪瑙寺左有杜子恭墓。」

倪璠神州古史考曰：「杜子恭者，神方驗於晉史，家墓載在齊書，蓋黃公道術之流，葛洪神仙之比也。」

黃公道術葛翁篇，魚腹瓜刀事偶然；何處鶴棲曾寄跡，有人蟬蛻說登仙。暮雲樓閣西泠樹，落日帆檣北郭船；瑪瑙寺前埋骨處，紛紛遙拜墓門前。

寧按 首韻「篇」字不妥。

載民國二十五年（一九三六年）十月一日揚善半月刊第四卷第七期（總第七十九期）

錢塘北郭詠孔靈產

靈產，名默，會稽山陰人。泰始中，罷晉安太守，有隱遁之懷。於禹井立館，事道精篤。東出過錢塘北郭，於舟中遙拜杜子恭墓，並從許黃民求楊許真書，令郡吏王興繕寫。見真誥及雲笈七籤。子稚圭，即撰北山移文諷周彥倫者。晉安歸棹晚煙遲，北郭曾經禮導師；豈有丹經傳鄭隱，可無仙館立楊羲。陰陰桑柘尋遺宅，鬱鬱松楸訪舊碑；省識家風知慕道，兒曹解賦北山移。

載民國二十五年（一九三六年）十月一日揚善半月刊第四卷第七期（總第七十九期）

孤山詠陸修靜

修靜，烏程人，事母至孝。晉衰，不仕，奉母入金蓋山。故多梅，增植之。歲足代耕，榜所居曰：「梅花館」。凌義渠謂：「和靖植梅有祖，其先生歟？」母病思鱸，釣於溪，獲二尾，烹其一，龍子也。翁乞其一，還之。後過鏡湖，舟覆，一少年負之出，蓋以報云。母没後，作道士裝，周遊湓浦廬山，閒與淵明、慧遠結白蓮社。嘗至秣陵，居鍾山茱萸館。爲劉宋客而不臣，卒謚「簡寂」。廬山簡寂觀，是其遺址。法籙稱「靈寶天師」。

種梅人去渺天涯，金蓋山前有舊家；香雪林中調鶴地，晚霞溪上釣龍槎。秣陵月落煙横黛，廬嶽雲深瀑謝花；誰是高蹤繼蓮社，虎溪三笑最風華。

載民國二十五年（一九三六年）十月一日揚善半月刊第四卷第七期（總第七十九期）

曹橋詠潘尊師

杭州曹橋福業觀，有潘尊師，虛襟大度，行功濟人。有少年詣之，避難六十日，臨別，授正一九州社令籙階。自後靈官傳報，四海之內，無不知之，厭其喧聒，却之不可，乃食肉啗蒜以却之。一日少年來曰：「汝犯真靈，罪當冥考。」別授一術，廣行陰功，用贖前過。後來言者，皆諸天方外之事，歲餘尸解。

九天龍虎守雲都，金籙分明總玉樞；掌上觀紋千里見，耳根郵報萬靈趨。神君帳裏傳丹訣，力士壇前秉赤符；何處曹橋舊仙觀，春城煙樹夕陽孤。

載民國二十五年（一九三六年）十月一日揚善半月刊第四卷第七期（總第七十九期）

山中詠陶貞白師

貞白先生，南史有傳。謝瀹先作陶先生小傳，甚簡。華陽隱居先生本起錄，則從子翊所撰也。云庚午年啟假東行浙越，尋求靈異，至會稽大洪山，謁居士婁慧明；至餘姚太平山，謁居士杜京產；至始寧㟶山，謁法師鍾義山；至始豐天台山，謁諸僧標，及諸處宿舊道士，並得真人遺跡十餘卷。東陽長山，吳興天目，無不經歷。見雲笈七籤。則湖上諸山，當有先生遊迹矣。廣陵通元壇，余從問道，師所主也。

笑謝浮名署隱居，華陽彷彿似華胥；松吹夜月鶗笙杳，碑墮空江鶴夢虛。曾與褚劉敦古誼，親承楊許有真書；名山都是經行處，石室金庭問舊廬。

載民國二十五年（一九三六年）十月十六日揚善半月刊第四卷第八期（總第八十期）

肅儀亭詠孫思邈

思邈，京兆華原人。七歲就學，日誦千言。及長，好談莊老百家之説。周宣帝時，隱太白山學道。洞曉天文推步，精究醫藥，務行陰德。嘗救小蛇，涇陽龍子也，得入水府，授龍宮禁方三十首，因著千金方三十卷。龍宮方，散其内。又著脈經。唐太宗、高宗朝，授以侯爵，固辭。永徽三年尸解。見續仙錄。肅儀亭，在上天竺，有無竭泉，一名孫公泉，相傳爲思邈洗藥處。

高臥空山不計年，肅儀亭畔甃苔圓；偶攜處士烹茶具，來試仙人洗藥泉。鷲嶺應留遺迹在，龍宮曾有禁方傳；隱居絕似陶貞白，管領華陽好洞天。

載民國二十五年（一九三六年）十月十六日揚善半月刊第四卷第八期（總第八十期）

武林詠司馬子微

子微，名承禎，河內人。博學能文，工篆隸，少事中嶽體元先生潘思正，傳其符籙，及辟穀、導引、服餌之術。隱天台玉霄峯，自號白雲子。則天、睿宗、元宗，屢加徵召，有寶琴花帔之賜。寫三體道德經，撰修真秘旨、論五嶽真人。因建真君祠，詔於王屋山自選形勝以居。弟子甚眾。女真焦靜真，靈識精思，至方丈山，遇二仙女謂曰：「子欲爲真官，可謁東華青童道君。」意指子微也。蜀女真謝自然，泛海將詣蓬萊求師。至一山，遇一道士言：「天台山司馬承禎，名在丹臺，身居赤城，真良師也。」乃回求受度，白日飛昇。見雲笈七籤。李太白大鵬遇希有鳥賦，爲子微作也。

赤城王屋總名山，都有仙居杳靄間；五嶽真形留帝闕，九重前席謝天顏。悔橋終古寒飛瀑，捷徑當年冷閉關；玉女雙修俱絕世，寶琴霞帔禮星鬘。

陳攖寧增批 司馬悔橋在天台山；捷徑，指終南山而言，亦子微之語。

載民國二十五年（一九三六年）十月十六日揚善半月刊第四卷第八期（總第八十期）

江上詠賀季真

季真，名知章，四明人，官秘書監。李白遊長安，知章遇之，呼爲「謫仙人」，解金龜換酒。晚乞歸四明，自號「四明狂客」，乞賜鑒湖一曲。又神仙傳：「知章以天寶末，入四明山中，餌藥上昇。」見胡稚威懷仙堂記。

貰酒金貂尚有無，山公騎馬兩鬟扶；謫仙樂府新詩卷，狂客生涯舊酒徒。二頃水田謀鶴俸，十年歸計戀漁租；如何只放稽山棹，不乞西湖乞鑒湖。

載民國二十五年（一九三六年）十月十六日揚善半月刊第四卷第八期（總第八十期）

江上詠葉法善

法善，字道元，處州松陽人。父慧明，祖重，四世修道。七歲溺松陽江，三年復還。父母問故，曰：「青童引我朝太上。」師青城山趙元陽，受遁甲。入蒙山，神人授書。詣嵩高山，嶽神授劍，遂居卯酉山，投符起石。遊括蒼山，遇三神人告曰：「子本太極左仙卿，以校錄不勤，謫人世，宜立功濟世佐國，當復舊任。」授以正一三五之法。自是四海六合，名山洞天，咸所周歷，誅蕩精怪，掃馘妖邪。叔靜能薦之，拜上卿，辭，乞爲道士。以黑符誅瓜州白魚，以丹符救東海龍。發蕃使凶函知張果前生爲混沌時白蝙蝠精。攝李北海魂使書碑，與明皇涼州觀燈入月宮聽紫雲迴曲。靈異之跡，不可勝紀。錢塘江有巨蜃爲害，淪溺舟楫，投符使神人斬之，除害殄凶，功德尤遐被也。明皇詩云：「清溪道士人不識，上天下天鶴一隻；洞門深鎖白雲閒，滴露研朱點周易。」賜法善也。卒年百有七十歲，贈金紫光祿大夫，謚「有道先生」。

寧按 葉法善當唐高宗及中宗兩朝，屢受知遇，常奉召入禁。至睿宗時，拜鴻臚卿，封越國公。開元中卒。法善在日，嘗乞刺史李邕爲其祖作碑文。文成，並求書，邕不許。一夕，邕夢法善再求書，應之。書未竟，鐘鳴夢覺，至「丁」字下，數點而止。法善刻碑畢，持墨本往謝。邕驚曰：「始吾以爲夢，乃真耶！」世稱此碑爲「追魂碑」，又稱「丁丁碑」。

又按 唐明皇受方士施術，同遊月宮，聽仙樂，問其曲名，曰紫雲迴。帝默記其聲歸，遂製霓裳羽衣曲。此段故事，或謂施術者是羅公遠，或謂是申天師，或謂是葉法善，各種記載不同，未知孰是。大約當日確有此事，故能流傳久遠，至今無人不知。料其所施之術，或類似於近世之催眠術耳。

清溪道士葉尊師，身歷三朝作羽儀；東海清泉龍叟報，西園醇酒麴生知。涼州夜市金錢富，月殿新聲玉篴遲； 滴露研朱點周易，九天雲鶴聽吟詩。

載民國二十五年（一九三六年）十一月十六日揚善半月刊第四卷第十期（總第八十二期）

真聖觀詠呂祖洞賓

萬曆錢塘縣志載：「觀中蕉花盛開，有道士趙肖先居之。一日有羽客來訪，適趙他出。客題詩蕉葉曰：『午夜君山玩月回，西鄰小圃碧蓮開； 天香風露蒼華冷，名籍因由問汝來。』又曰：『白雪紅鉛立聖胎，美金花要十分開； 好同子往瀛洲看，雲在青霄鶴未來。』相傳以爲呂祖寄託也。揭傒斯有真聖觀蕉花訪仙人題詩處詩。真聖觀，今圓妙觀，在吴山麓。」

寧按 揭傒斯，乃元朝人，官至侍講學士，能文，尤長於詩。

蕉花原是美金花，有客來尋羽士家； 仙跡曾勞駐黄鶴，朗吟應復倚青蛇。春深瀛海看雲氣，夜靜君山玩月華； 我欲西鄰營小圃，綠天庵畔種靈芽。

寧按 陸西星所編呂祖詩，與此處所載者不同，當從陸編爲是。

載民國二十五年（一九三六年）十一月十六日揚善半月刊第四卷第十期（總第八十二期）

錢塘詠施肩吾

肩吾，字希聖，睦州人，唐元和中進士。隱洪州西山，矢志不仕。有詩曰：「氣本延年藥，心爲使氣神；能知行氣主，便是得仙人。」呂祖遊睦，見其趨向煙霞，授以還丹大道。見修真傳道集序。有春日錢塘雜興詩。

西山高隱慕仙家，碧洞青蘿覽歲華；鶴夢冷棲松際月，猿聲寒嘯嶺邊霞。蠶娘門外籠桑葉，酒姥溪頭種藕花；採藥空林招野客，也同句漏乞丹砂。

載民國二十五年（一九三六年）十一月十六日揚善半月刊第四卷第十期（總第八十二期）

西湖詠張志和

志和，山陰人，號元真子，擢進士。善畫，飲酒三斗不醉。肅宗嘗賜奴婢二人，志和配爲夫婦，曰漁童、樵青。守真養氣，臥雪不寒，入水不濡。天下名山水，皆所遊覽。與顏魯公善。魯公守湖州，與陸鴻漸、徐士衡、李成矩，唱和漁父詞二十五首。魯公東遊平望，志和酒酣爲水戲，鋪席水上，獨坐飲酌嘯詠。有雲鶴隨覆其上，揮手以謝，上昇而去。見續仙傳。

圓波吹雪鮆魚肥，漠漠晴煙濕翠微； 隱逸生涯新釣艇，神仙蹤跡舊漁磯。 晚山何處青鸞去，春水依然白鷺飛； 我亦武陵源外住，桃花亂點綠蓑衣。

載民國二十五年（一九三六年）十二月一日揚善半月刊第四卷第十一期（總第八十三期）

三生石詠牧童

唐李源與僧圓觀友善，相約遊峨眉。至南浦，見婦人錦襠負甕而汲。觀曰：「此婦孕三歲矣。吾不來，故不得乳。今既見，無可逃者。後十三年中秋夜，當與公相見於杭州天竺寺。」遂亡。源後自洛適杭，中秋月夜，於葛洪井畔，見有牧童菱角騎牛而歌曰：「三生石上舊精魂，賞月臨風不要論； 慚愧情人遠相訪，此身雖異性長存。」又歌曰：「身前身後事茫茫，欲話因緣空斷腸； 吳越溪山尋已遍，恰回煙棹上瞿唐。」歌竟，拂袖入煙霞而去。觀此，則牧童不昧前因，抑已仙矣。石在蓮花峯下。

寧按　圓觀，在他書上亦作「圓澤」。大約此僧能入定出陰神，故能預知投胎何處。第二世之牧童，仍舊是一個陰神作怪，決不是真仙面目，雖然記得前生之事，亦無足貴。試觀歌中所謂「舊精魂」「性長存」「空斷腸」這些語氣，那裏像神仙家的口吻。所以呂純陽祖師云：「只修性，不修命，此是修行第一病； 只修祖性不修丹，萬劫陰靈難入聖。」又張紫陽真人云：「饒君頓悟真如性，未免抛身又入身。」皆指此輩而言。有大志者，可以猛醒矣。世間一般空談心性之徒，不必説陽神絕無希望，僅此出陰神工夫，亦未曾夢見，居然狂詞瞽説，毀謗神仙，真可謂蜉蝣撼大樹而已。

解從身後説身前，知爾今生已得仙；影踏疏林秋有跡，路尋幽澗夜無煙。錦襠遠夢人千里，菱角長歌月一天；何處青山最堪憶，蓮花峯下葛洪川。

載民國二十五年（一九三六年）十二月一日揚善半月刊第四卷第十一期（總第八十三期）

鶴林道院詠殷七七

七七，名文祥，又名道筌。周寶於長安識之，及寶移鎮浙西，七七忽至賣藥。寶驚，召之，師敬益甚。每醉歌曰：「解醞逡巡酒，能開頃刻花；琴彈碧玉調，爐養白硃砂。」試之皆驗。嘗於鶴林寺感仙女九日開杜鵑花，後於甘露寺爲眾推落北崖，咸謂「墮江花」矣。後有人於江西見之。見續仙傳。

回首長安舊要賒，春山採藥踏煙霞；壺中造化逡巡酒，世外春秋頃刻花。九日笙歌圍絳樹，一房爐火鍊丹砂；鶴林女子知何處，倘是仙人萼綠華。

載民國二十五年（一九三六年）十二月一日揚善半月刊第四卷第十一期（總第八十三期）

武林詠夏侯隱者

不知何許人，遊茆山、天台間，攜布囊竹杖而行，或露宿草間樹下。人窺覘之，但見雲氣，不見其身。登山渡水，閉目善睡而不差跌，人號「睡仙」。昔常熟蔣文肅得不寐之疾，夢隱者教以「未睡目，先睡心」，行之良驗，因於道觀塑像奉之。布囊聊作睡鄉原是黑甜鄉，行止皆甜味更長；華頂當年曾寄跡，琴河有客解焚香。遊仙枕，竹杖權爲夢蝶床；我本希夷老孫子，華胥應許聽宫商。

載民國二十五年（一九三六年）十二月十六日揚善半月刊第四卷第十二期（總第八十四期）

龍泓洞詠丁翰之

唐丁飛舉，字翰之。隱居錢塘深山，有憩館在龍泓洞。善養生，能鼓琴，綸巾布裘，貌古而意淡。年八十六，齒髮不衰，升高望遠，不異平地。時時書細字，作文記事，皆有楷法意義。夜半山靜，取琴奏雅弄一二。少睡，寡言笑。與人相接，禮簡情至。人或問其養生之道，對曰：「治心修身之外，復有何物？」陸龜蒙嘗詣洞訪之，爲作丁隱君歌云：「華陽道士南遊歸，手中半捲青蘿衣；自言逋客持贈我，乃是錢塘丁翰之。連江大抵多奇岫，獨話君家最奇秀；盤供天竺春筍肥，琴倚洞庭秋石瘦。草堂暗引龍泓溜，老樹根株若蹲獸；霜濃菓熟未容收，往往兒童雜猿狖。去歲猖狂有黃寇，官軍駭散無人鬭；滿城奔迸翰之閒，只把枯松寒圭竇。前度相逢正賣文，一錢不值虛云云；今年利作採山斧，可以抛身麇鹿羣。丁隱君，丁隱君，昂然切莫別名氏，即日更尋丁隱君。」見笠澤叢書。序云：「雷平山道士葛參寥話與翰之熟，至今齒髮不衰，氣力益壯。」當即詩中所云華陽道士也。觀此，隱君其殆有道者歟。

何處錢塘丁隱君，散人麇鹿亦爲羣；盤中玉版登春早，壁上冰弦響夜分。龍泓溜聲喧急雨，猿啼清嘯落停雲；華陽道士如相遇，手捲青蘿話夕曛。

載民國二十五年（一九三六年）十二月十六日揚善半月刊第四卷第十二期（總第八十四期）

憩館懷葛參寥

事見前丁翰之傳。觀詩序，則參寥與翰之爲方外友，均有道。味詩意，則參寥訪翰之於所居，翰之贈以青蘿衣，歸遇魯望，因作詩也。

衣捲青蘿染翠苔，相逢齒髮未全衰；記從甫里先生語，曾訪龍泓處士來。句曲洞天原福地，稚川家世本仙才；華陽我亦淵源在，松下吹笙日幾回。

載民國二十五年（一九三六年）十二月十六日揚善半月刊第四卷第十二期（總第八十四期）

青衣泉詠童子

泉在寶蓮山三茆觀内。唐開成中，道士韓道古，見青衣童子於洞口，故名。泉上有唐人題名。

何處青衣此一童，當年靈跡羽人宫；山花灼灼歌雙髻，秋水明明翦兩瞳。樓閣高寒金地外，澗泉深閟玉天中；當年親訪題名處，閒話淮南憶八公。

載民國二十五年（一九三六年）十二月十六日揚善半月刊第四卷第十二期（總第八十四期）

錢塘詠陳嵩伯 即藍采和

洪州處士陳陶，字嵩伯，聲、詩、曆、象無不精究，世居嶺表。嚴宇鎮豫章，以陶操行高潔，欲撓之，遣妓蓮花侍焉。陶賦詩云「已向昇天得門户，錦衾深媿卓文君」，謝之。後人移其事爲圖南也。昇元中，至南昌，築室西山。宋齊邱不爲薦辟。陶有句云：「中原莫道無麟鳳，自是皇家結網疏。」開寶中，嘗見一叟與老媪，貨藥於市，獲錢則市酒對飲。既醉，行舞而歌曰：「藍采和，藍采和，塵世紛紛事更多；爭如賣藥沽酒飲，歸去深崖拍手歌。」或疑爲陶夫婦。嘗有西湖對酒歌云：「風天應悲西陵愁，使君紅旗弄濤頭；東海神魚騎未得，江天大笑閒悠悠。嵯峨吳山莫誇碧，阿陽經年一宵白；南朝彩鳳爲君生，古獄愁蛇待恩澤。三請羽書來何遲，十二玉樓胡蜨飛；炎荒翡翠九門去，遼東白鶴無歸期。鴟夷公子休悲悄，六鰲如鏡天始曉；尊前事去月團圓，琥珀無情憶蘇小。」蓋爲錢氏作也。

吾家仙侶世間多，又見當年藍采和；彩鳳南州招未下，神魚東海問如何。山中境靜簪花去，湖上春閒採藥過；太息生平晚聞道，雙修偕隱兩蹉跎。

寧按　藍采和姓陳，作者亦姓陳，故此詩首句云云。寧忝屬同志而又同宗，二十餘歲幸已聞道，不能算晚，乃雙修偕隱之舉，至今仍未能實行。作者聞道之年，已逾知命，即余今日之年齡也。作者尚且太息，余豈不更將痛哭乎？須知此事有時節因緣，蓋未可以强求也。

載民國二十六年（一九三七年）一月一日揚善半月刊第四卷第十三期（總第八十五期）

握髮殿詠閭邱方遠

方遠，字大方，舒州宿松人，精通詩書。學易於廬山陳元晤，問大丹於香林左元澤，師事仙都劉處靖，受法籙於天台葉藏質，詮太平經爲三十篇。景祐中，錢塘彭城王錢鏐，深慕方遠道德，禮謁於餘杭大滌洞，築室宇以安之。昭宗屢徵不就，賜號「元同先生」。弟子二百餘人。天復二年坐化。後有人於仙都山、廬山見之，云歸隱潛山天柱源也。見續仙傳。握髮，即錢王殿名。

遍訪名山禮導師，偶停元鶴採華芝；洞天只合先生住，丹法惟應弟子知。何處西泠留異跡，他年南嶽說歸期；君王親問空同道，春雨靈旗拂故祠。

載民國二十六年（一九三七年）一月一日揚善半月刊第四卷第十三期（總第八十五期）

西湖詠杜光庭

光庭，字賓至，縉雲人，或曰長安人。唐咸通中，應九經舉，不第，遂入天台山學道。潘尊師薦之，從唐僖宗幸興元，遂留蜀，事蜀王建，爲諫議大夫，封蔡國公，賜號廣成先生。後主立，受道籙於苑中，以光庭爲傳真天師，崇真館大學士。未幾，解官，隱青城山，號登瀛子。年八十一卒，顏貌如生，人以爲尸解。有文集三十卷、洞天福地記、錄異記、廣成義、東瀛子、青城山記、武夷山記、墉城集仙錄諸書，凡數十種。又撰西湖古跡事實二卷。見續文獻通考及陳氏世善堂書目。

臣甫麻鞋入蜀行，晚辭紫閣隱青城；洞天福地繙新籙，碧水丹山理舊盟。孤嘯嶺猿磨墨去，梳翎澗鶴報書成；才人竟作神仙老，惆悵當年下第名。

寧按 杜光庭乃道教名人之一，讀者不可不知。

載民國二十六年（一九三七年）一月一日揚善半月刊第四卷第十三期（總第八十五期）

孤山詠林和靖

和靖，名逋，字君復，隱居孤山，種梅豢鶴自適，二十年不入城市。真宗賜粟帛，詔長吏歲時勞問。既没，仁宗賜謚「和靖先生」。有詩集。墓在孤山後，爲楊璉真伽所發，棺中惟一玉簪，蓋仙人羽化之流，身後若蟬蜕也。今祠墓爲林少穆、許玉年諸人所修。所居有放鶴亭、巢居閣，並補梅招鶴焉。

碧蘿幽徑古祠開，再拜咸平處士來；梅鶴偶然爲眷屬，湖山依舊起樓臺。寒巖霜老棲紅葉，春墅煙深罨綠苔；身後惟餘玉簪在，巢居高閣是蓬萊。

載民國二十六年（一九三七年）一月一日揚善半月刊第四卷第十三期（總第八十五期）

萬松嶺詠徐冲晦

徐復，字復之，建州人。學易，絕意進取。慶曆初召見，賜號「冲晦處士」。見宋史隱逸傳。錢塘兩處士，和靖居孤山，冲晦居萬松嶺，夾湖相望。嘗謂孫忉曰：「子孫世世不得離錢塘，以永無兵燹也。」見北窗炙輠。徽宗朝有徐奭，亦賜號「冲晦」。

萬松山翠接平岡，高士當年有舊坊；康節吟窩虛夜月，君平卜肆冷斜陽。隔湖鶴影投孤嶼，繞室鶯聲憶草堂；聞道西泠兩冲晦，隱居清節重錢塘。

載民國二十六年（一九三七年）二月十六日揚善半月刊第四卷第十六期（總第八十八期）

後湖詠蘇養直

養直，名庠，楚北人，居後湖，號後湖居士。後湖左界白隄，右接西村，南挹巢居，北繞葛塢。以在孤山之後，故曰「後湖」也。嘗以「屬玉雙飛水滿塘」一詞，見賞於東坡。晚居廬山，遇羅浮黄真人，與丹服之，髮再黑，一目復瞭。一日宴客，云：「黄真人至。」遂立化。

六橋煙雨靄平蕪，更有詩翁說姓蘇；穲稏荒田徵鶴税，鸕鷀小艇問漁租。兩頭簫管開吟譙，四面樓臺入畫圖；我亦寶雲山下住，西湖今是美人湖。

載民國二十六年（一九三七年）二月十六日揚善半月刊第四卷第十六期（總第八十八期）

月輪寺詠張君房

君房，字允方，安陸人，景德中進士，官度支員外。祥符中，自御史臺謫官海寧，適真宗崇尚道教，盡以秘閣道書付杭州，俾戚綸、陳堯臣校正。綸等同王欽若，薦君房主其事。編次得四千五百六十五卷進之，復攝其精要萬餘條，爲雲笈七籤。蓋道家之言，以天寶君說洞真爲上乘，靈寶君說洞元爲中乘，神寶君說洞神爲下乘。又太元、太平、太清三部爲輔經。又正一法文，遍陳三乘，別爲一部。統稱「三洞真文」。總爲七部，故君房取以爲名也。道藏精華，大略具於是矣。見四庫全書提要。又著乘異記、麗情集、科名分定錄、潮說、脞說。知杭州錢塘，多刊作大字版，印行於世。仕至集賢校理，年八十餘卒。見默記。月輪寺在月輪山，即六和塔院。江月松風集云：「古錢塘令張君房，曾宿月輪寺。」

蓬萊小謫近東溟，岱嶽泥金正勒銘；誰薦陽冰書碧落，爭看逸少寫黃庭。葛洪自著神仙傳，尹喜親傳道德經；欲起高樓貯雲笈，麗情一集說嫱娙。

載民國二十六年（一九三七年）二月十六日揚善半月刊第四卷第十六期（總第八十八期）

錢塘詠沈子舟

子舟，名若濟。遠祖當吳越錢氏時爲謀主，遂爲錢塘人。子舟十許歲，出家爲道士，道藏、釋典，無不賅洽，尤長於醫。王漢之師建康，館之洞陽館，俾鍊大藥。徽宗再召，賜號「洞元大師」。後服丹尸解。

節度開門亦自雄，軍諮曾有舊家風；道通雲笈珠林外，名在靈樞素問中。汴水承恩青瑣闥，攝山採藥紫芝翁；金丹先證神仙果，不待君王德壽宮。

載民國二十六年（一九三七年）二月十六日揚善半月刊第四卷第十六期（總第八十八期）

山中詠越處女

杭州古越地，猿公試劍，或即在湖上諸山。處女即玄女，劍仙之祖也。

攖寧按　吳越春秋所載一段故事如下：「范蠡曰：『臣聞越有處女，國人稱之，請王問手戰之道。』女將北見王，道逢老人，自稱袁公，曰：『聞子善爲劍，願觀之。』女曰：『惟公所試。』公即挽箖箊竹，以枯槁末折墜地，女接取其末，袁公操其本而刺處女，女因舉杖擊猿公。公飛上樹，化爲白猿。」據以上事跡而論，亦不過像近代國術中之擊刺術、刀劍槍棍一類的工夫而已，謂爲劍仙之祖，頗覺附會。且處女亦未必即是玄女之化身。

非有師承自得之，術經天授始稱奇；但看虹影浮蓮蕊，已聽猿聲嘯竹枝。貫斗芒寒飛練急，處囊光歛掣鐘遲；分明佳俠嬋娟子，紅線歸來夜月知。

寧按　中條玄女派的劍術，是由鍊氣入手，與越處女之擊刺術武工夫，大不相同。作者牽强附會，似乎未曾得着門徑。掣，音「弗」，斫斷也。

載民國二十六年（一九三七年）三月十六日揚善半月刊第四卷第十八期（總第九十期）

妙庭觀詠董雙成

雙成爲西王母十六侍真之一。妙庭觀在富春觀山，雙成修道之處。

雙成遺跡舊金庭，門外煙巒晚更青；月底修蕭秦弄玉，波間鼓瑟楚湘靈。夢回翠水應相識，奏到雲璈或解聽；如此仙山好樓閣，商量只合住嫱娙。

寧按　集仙傳云：「西王母所居宮闕，在龜山、崑崙之圃，閬風之苑，左帶瑶池，右環翠水。」雲璈，乃樂器之名；嫱娙，謂身長玉立之美人。

載民國二十六年（一九三七年）三月十六日揚善半月刊第四卷第十八期（總第九十期）

江上詠樊雲翹

雲翹，劉綱妻也。鄞四明山爲雲翹所居，故曰「樊榭」。夫婦皆有仙術。綱官彭城，與雲翹遊戲較術，綱常不勝。唐太和中，泛舟鄂渚，秀才裴航遇之，賦詩答航。航至藍橋，遂偕雲英仙眷焉。貞元中，於君山斬白黿，救人無算。嘗於駐鶴壇降乩，稱「君山神姑」。

雲英未必勝雲翹，樊榭金庭隔綵橋；　仙侶荷鋤同採藥，侍兒捧硯正垂髫。　彭城遊戲衙齋靜，鄂渚煙波驛路遥；　我誦丹經思學道，願隨鸞鶴上青霄。

載民國二十六年（一九三七年）三月十六日揚善半月刊第四卷第十八期（總第九十期）

葛嶺詠鮑姑

姑名潛光，鮑靚女，葛洪妻。洪所至移家，曾居葛嶺，則錦隝雲庵，當有鴻案鹿車遺跡。

神仙眷屬屢移居，葛嶺何人紀鮑姑；　石屋應留家具在，碧奩曾照曉妝無。　金庭窗牖開樊榭，甲帳樓臺話繡襦；　飛遍羅浮綠蝴蝶，玉梅花下點春蕪。

載民國二十六年（一九三七年）三月十六日揚善半月刊第四卷第十八期（總第九十期）

江上詠嚴李佗

雲笈七籤道教相承錄載，左元放授嚴光女李佗。嚴家少婦梅家女，家世神仙女亦仙；仙又傳仙真慧業，女還生女小嬋娟。一肩荷鍤樵雲路，雙髻簪花採藥年；七里桐江春水碧，畫眉啼斷竹林煙。

寧按 嚴子陵之妻，乃梅福之女。梅福本已成仙，則嚴子陵婦當然算是神仙世家。所生之嚴李佗，名分上可稱梅福之外孫女。既已沾染外祖父之仙氣，且又得真仙左慈之傳，其程度必更加超拔矣。

載民國二十六年（一九三七年）三月十六日揚善半月刊第四卷第十八期（總第九十期）

吴山詠孫寒華

吴人孫奚女也。師杜契，受玄白之要**陳攖寧增批** 乃雙修法，顏容日少，周旋吴越諸山十餘年，乃得仙道而去。見墉城集仙錄。真誥云：「孫賁女，於茆山得道冲舉，因名其山曰『華姥山』。或云吴大帝孫女也。」

紫髯帝女字寒華，華姥峯頭問舊家；微子殷勤求服霧，真妃宛轉受餐霞。赤烏碑圮埋青石，朱鳥窗深掩絳紗；留得閉房遺錄在，碧城誰與論黃芽。

寧按　紫髯帝謂孫權。徵子即張徵子，漢昭帝時人，師東海淳文期，受服霧氣之道。真妃即紫清上宮九華真妃，姓安，名鬱嬪，字靈簫。

載民國二十六年（一九三七年）三月十六日揚善半月刊第四卷第十八期（總第九十期）

江上詠謝自然

蜀女真謝自然，泛海將詣蓬萊求師，至一山，遇一道士言：「天台山司馬子微，名在丹臺，身居赤城，真良師也。」乃回，求受度，白日上昇。見雲笈七籤。昌黎詩謗爲「童騃」，口孽哉。

蜀道修真謝自然，當年寒女此神仙；終歸桐柏昇香地，曾上蓬萊採藥船。白帝彩雲原縹緲，金庭明月最嬋娟；昌黎謗道回心否，雪擁藍關馬不前。

載民國二十六年（一九三七年）三月十六日揚善半月刊第四卷第十八期（總第九十期）

宋故宮詠皇甫履道

履道，名坦，遇妙通真人得丹秘。紹興中，治顯仁太后目疾，又爲仙韶甄娘治躄，布氣即釋踴而行。常相湖北帥李道女鳳娘爲天下母，後孝宗聘爲恭王妃，即光宗后也。將還廬山，留一扇於禁中，曰：「有發寒熱者，以此扇之。」未幾，宫中多患瘧，用之皆驗。還山築室，御書清虛庵額。道流咸集，苦水遠，使人荷鋤劚地，應手泉湧，德壽聞之，御書「神泉」二大字。見神仙通鑒、廬山志。

紫佩青囊出禁中，更留羅扇顯靈蹤；神方何似孫思邈，仙術真如杜子恭。三殿月輪生欲滿，六宫花影散來重；相看拂袖還山去，鸞鶴飛翔到處從。

載民國二十六年(一九三七年)五月十六日揚善半月刊第四卷第二十二期(總第九十四期)

飛仙里詠李芟

乾道中，濟南李芟，字廷國，寓臨安。嘗詣淨慈寺，過長橋，於竹徑迷路，見青衣道士分與燒筍食之，身遂輕舉，不復飲食。後遊茅山，尋又入蜀，隱青城山，仙去。後人慕之，名其里曰「飛仙里」。見列仙傳、容齋隨筆、神仙通鑑。

南屏山畔竹林遥，一杵鐘聲客過橋；玉版禪師原有味，青衣道士偶相招。巖花露重紅欹笠，磵樹雲深翠濕瓢；句曲林巒大峩月，仙蹤何處問歸樵。

載民國二十六年(一九三七年)五月十六日揚善半月刊第四卷第二十二期(總第九十四期)

黄犢嶺詠邱真人

嶺在臨平山前，相傳真人乘黄犢，採藥於此。生曲竹，人取爲杖。故老相傳，邱隱士羽化，棄杖於地，其竹皆曲。

何年高隱碧峯隈，黄犢傳聞採藥回；雲外一襟披笠去，雨中雙髻荷鋤來。翠眠芳草横青嶂，紅謝疏花點綠苔；欲訪仙翁舊行跡，林香山翠盡徘徊。

載民國二十六年（一九三七年）五月十六日揚善半月刊第四卷第二十二期（總第九十四期）

瑞石山詠張紫陽

三洞羣仙錄載：「天台張伯端，字平叔。受道法於吕祖弟子劉海蟾，以傳石杏林，杏林傳薛道光，道光傳陳泥丸，泥丸傳白玉蟾，是爲南宗五祖。嘗於毘陵紅梅閣，著悟真篇八十一首，去爲白玉蟾著金丹四百字。居瑞石山，是宋吴傑集慶堂遺阯。平叔號『紫陽』，故弟子徐宏道以『紫陽』名庵。後范應虛作玉虛、望江二樓，范淶撰紫陽仙跡記。」世宗憲皇帝謂，紫陽悟真篇不著宗門一語，外集不雜玄門一語，深入理域，究明宗旨。雍正十三年，敕封「大慈圓通禪仙紫陽真人」。

求仙容易悟禪難，集慶虛堂積翠盤； 靈跡長留三洞籙，新詩妙證九還丹。 禮星元鶴窺寒殿，檄雨蒼龍下古壇； 瑞石亭前碑石在，軒皇輦路指層巒。

攖寧按 此詩第一句所云「求仙容易悟禪難」，與事實不符。即以現代而論，在宗門下由參禪而徹悟者，未嘗無人，而真正神仙却不易得見。應改爲「悟禪容易作仙難」，方與事實相合。

載民國二十六年（一九三七年）六月一日揚善半月刊第四卷第二十三期（總第九十五期）

大德觀詠王重陽

名嚞，號害風，南宋人，北宗七派邱、劉、譚、馬、郝、王、孫皆其弟子。元世祖時，敕封「重陽真人開化輔極帝君」。大德觀有斬妖臺、洗劍池諸跡。

一角高臺面列墉，琳宮寒壓翠芙蓉； 山形依舊翔靈鳳，仙派應知出火龍。 洗劍池荒秋水涸，鍊丹竈冷暮雲封； 金蓮七葉同時放，我亦淵源溯北宗。

陳攖寧增批 北派道譜有金蓮正宗記，記北七真故事。作者乃閔小艮之弟子，閔乃龍門派第十一代，故此詩末句云云。

載民國二十六年（一九三七年）六月一日揚善半月刊第四卷第二十三期（總第九十五期）

三一閣詠白玉蟾

白玉蟾，本姓葛，名長庚，號海瓊子，又號蠙庵、武夷散人、神霄散吏、紫清真人，博洽儒書，工書畫，善畫梅。嘗於黎母山得洞元雷法，祈禳輒有異應。晚事陳泥丸，得聞天仙之道，作修仙辨惑論，以明天仙、水仙、地仙之次第。又因張紫陽爲著金丹四百字，作書以謝。深明三教同源、性命雙修之旨。嘉定中，召對稱旨，命主太乙宮，遂結精舍於此。有辟劍池、得月樓諸跡，庵在包家山下，山川壇右。

寧按　作者素負博雅之名，出言應有來歷，不料此處亦未能免俗，而有「三教同源」之說，請問佛教徒肯承認否？

黎母山中禮導師，洞元雷法護蛟螭；葛元家學能傳道，李白仙才解賦詩。搗藥禽歸寒夜碓，掃花人去冷春祠；只今三一庵前路，月裏新蜍話桂枝。

載民國二十六年（一九三七年）六月十六日揚善半月刊第四卷第二十四期（總第九十六期）

虎跑泉詠黃大癡

黃公望，字子久，本姓陸，世家常熟，繼永嘉黃氏，遂徙富春，善畫工詩，有大癡山人集。居西湖赤山之箕筲泉，後於虎跑石上乘雲仙去。按紫桃軒雜綴載，黃子久年九十餘，碧瞳丹頰，一日過虎跑泉，與數客立石上，忽四山雲霧湧溢，遂不見，咸以爲仙去。初疑躭畫者飾之，今繙道藏金文玉笈，經子久編錄非一，以金蓬頭爲師，莫日鼎、冷啟敬、張三丰爲友，生有夙慧，其仙去也宜哉。

扁舟載酒傍花還，畫派荊關伯仲間；舊隱煙波尚湖水，卜居巖壑富春山。秋林霜染紅千樹，夜澗寒澄碧一灣；真個乘雲竟仙去，筲箕泉上草堂閒。

載民國二十六年（一九三七年）七月一日揚善半月刊第五卷第一期（總第九十七期）

三仙閣詠張三丰

三丰，名君寶，字全一，一名玄玄，遼人。神仙通鑑云：「丁令威後身，當與張思廉同是分光也。」生有異質，嘗與人議論三教等書，若決江河。初寓安陸縣太平宮，後入武當山修鍊，往來天柱、紫霄諸峯，世稱「張邋遢」。洪武、永樂先後訪求，皆不出，特飭正一張碧雲，於武當建宮以俟。天順中，贈爲「通微顯化真人」。嘗於廣陵賦瓊花詩云：「瓊枝玉樹屬仙家，未識人間有此花；清致不沾凡雨露，高標猶帶古煙霞。歷年既久何嘗老，舉世無雙莫浪誇；便欲載回天上去，擬從博望借靈槎。」蓋自況也。所著玄譚集，合釋氏外景、道家内景而一之，尤以任督二脈爲命功之綱領，大旨主於先修性，後修命，而闢爐鼎閨丹之說。或以旌陽、道光、翠虛、玉蟾諸真所闢採戰之張三峯當之。不知彼年代既前，名字又異，另是一人，世人多誤爲一也。雖所作無根樹詞，屢言花酒神仙，意主接樹添油，仍是雙修氣交之法，特沿參同、悟真之習，爲旁門藉口耳。三仙閣在吴山三茆觀側，内雕一像，一坐，一立，一臥。相傳三丰避永樂徵召，隱跡於此。尚有御札存閣中。

省識三仙是一仙，尚餘高閣此山巔；　遠辭玉闕羅公遠，高臥金床馬自然。　龍法滇池雲漠漠，鵑啼鐘阜月娟娟；　當年御札空相訪，寂寞長陵蔓草煙。

載民國二十六年（一九三七年）七月一日揚善半月刊第五卷第一期（總第九十七期）

紫陽庵詠丁野鶴

元丁野鶴，錢塘人，棄家爲全真道人，居吴山之紫陽庵，師徐洞陽，有觀燈化鶴之異。一日召妻王守素入山，付偈云「嬾散六十三，妙用無人識；　順逆兩俱忘，虛堂鎮長寂」，抱膝而逝。守素亦束髮爲女冠。明道士范致虛，建亭祀其遺蜕。見武林紀事、紫陽道院志、輟耕錄、端石山志。

斜日明霞接畫闌，隔江山色翠千盤；夢中華表歸仙驥，悟後塵緣謝采鸞。青嶂雲深芒屩濕，碧天風峭羽衣寒；荒庵終古留遺蛻，瑶草松花滿石壇。

載民國二十六年（一九三七年）七月一日揚善半月刊第五卷第一期（總第九十七期）

金溪草堂詠虞伯生

伯生，名集，字邵庵，臨三人，允文五世孫，累官奎章閣學士，封仁壽郡公，謚「文靖」，有道園集。少遊錢塘，居金溪草堂。金沙港亦名金溪也。伯生和全真馮尊師蘇武慢詞二十闋，仙遊山彭致中，取而刻之爲鳴鶴餘音，伯生自序之。馮，燕趙書生，遊汴，遇異人，得仙學，賦蘇武慢二十篇，前十篇道遺世之榮，後十篇論修仙之事。伯生得其傳，故以七十二家符篆授張伯雨也。

合澗春淙下夕陽，兩峯雲影聚溪光；松風碧捲鄰家閣，杏雨紅低隔苑牆。港漾金沙秋水靜，橋橫玉帶暮煙涼；商量羅帕填詞日，應憶西泠舊草堂。

載民國二十六年（一九三七年）七月一日揚善半月刊第五卷第一期（總第九十七期）

吳山詠冷啟敬

冷謙，字啟敬，武陵人。元中統初，與劉秉忠，從沙門海雲遊。無書不讀，精易，尤深邵學，及百家方術靡不洞習。習畫，學趙子昂、李思訓，以善繪名。後遇異人於淮陽，授中黄大丹、平叔悟真之旨，年百餘歲，隱居。曉音律，善鼓琴。洪武初，授協律郎。仙跡甚著，有入藏取金、畫壁登舟之異。劉基爲賦泉石歌。

精通樂律按紅牙，遊戲仙山踏落花；官庫有錢聊貰醉，畫舟在壁便攜家。臥苔蒼石鏘寒雪，隔竹流泉響翠霞；太息橫琴人不見，碧雲無際月生華。

載民國二十六年（一九三七年）七月十六日揚善半月刊第五卷第二期（總第九十八期）

江上詠伍冲虛

伍名守陽，字端陽，吉安人。宗師守虛之兄，入廬山，事曹老師、李泥丸，鍊外丹，垂成而飛者五十七次。得五雷法，丹成，將服之，泥丸曰：「五臟未堅，服恐不利。」乃點石濟世。吉王師事之，恐禍及，遁至天台。遇趙復陽，命至王屋。訪王崑陽，受三大戒，返服還丹，質凡咸化。自號冲虛子，著天仙正理、仙佛合宗。

仙佛何人識合宗，冲虛妙理最圓融；鍊丹未是登真訣，點石方成濟世功。王屋松雲瑤島近，匡廬雪瀑石梁空；豫章帝子譚經處，回首斜陽有故宮。

節錄伍冲虛萬古修仙歌中之一段

此歌可以證明伍冲虛鍊外丹事。——攖寧錄。

鉛砂凡體入池煎，黑盡白現成金木。面上片片紅桃花，心中顆顆碎金粟。真鉛真汞是此真，物白物黄皆此物。次次丹頭實所依，鼎鼎薰蒸化天祿。超之脱之即真鉛，暗進明進如酒麴。壬子春來一試焉，般般已驗符親囑。雖堪點得住世金，怎敢妄爲滿天福。

載民國二十六年（一九三七年）七月十六日揚善半月刊第五卷第二期（總第九十八期）

宗陽宮詠王崑陽

崑陽，原名平，山西潞安人。幼有道士顧之曰：「樵陽再生矣。」至王屋山，遇趙復陽，命名「常月」，授以三大戒。常說戒於京師白雲觀、秣陵碧苑及杭之宗陽宮。弟子千餘人，成道者不可屈指。道家有戒始邱祖，以三大戒授世則始崑陽。所傳碧苑壇經與六祖壇經相伯仲，洵仙佛之航梯也。爲龍門第七代律師，住世一百五十九歲。

七代單傳衍北宗，真銓賴有闡揚功；龍門共仰靈光殿，鶴駕曾棲德壽宮。命學端須參性學，元風原不異儒風；一編碧苑壇經在，三戒明明日正中。

載民國二十六年（一九三七年）八月一日揚善半月刊第五卷第三期（總第九十九期）

武林詠沈太和

沈名常敬，字一齋，桐鄉人。常習靈匼於金蓋，揣六韜壬奇於武林，習長生久視於元蓋洞天。從平陽子得太上宗旨，遂隱茆山。爲龍門第七代宗師，住世一百三十一歲。

偶將壬遁習韜鈐，賣卦橋亭市隱兼；康節行窩閒掃地，君平卜肆靜垂簾。思從元蓋求丹訣，曾爲靈匼下玉籤；終向華陽遂高躅，一樽何必遜陶潛。

載民國二十六年（一九三七年）八月一日揚善半月刊第五卷第三期（總第九十九期）

西湖詠陸麗京

麗京，名圻，字講山，「西泠十子」之一。著威鳳堂集、冥報錄，以「莊史案」被累，既免，棄家遠遊不歸。洪昉思答人問講山蹤跡詩云：「君問西泠陸講山，飄然瓶鉢竟忘還；乘雲恰似孤飛鶴，來往天台雁宕間。」後仙去。

君問西泠陸講山，朱霞天半杳難攀；逸情自與冥鴻遠，孤影真如瘦鶴閒。桐塢墓前傷逝去，楓江劫後幸生還；煙雲何處神仙跡，只在天台雁宕間。

載民國二十六年（一九三七年）八月一日揚善半月刊第五卷第三期（總第九十九期）

大德觀詠黃隱真

本名守圓，易名守元，自號赤陽子，原名珏，號隱真，烏程人，世居震澤，明諸生。幼孤，傭工自給。出遊，得書註於董香光。至武林，日賣字以沽飲。訪上陽於大德觀，得筆籙壬、奇諸書，潛習於天目。甲申，易羽衣。至茆山，太和宗師書「守圓」二字以待之。返湖，隱於碧巖。偕陶靖庵入梅花島，繼偕入京，受大戒於崑陽。至杭，居大德，周太朗來求戒。越十四年，靖庵以如意芝杖寄，以付太朗，留讖而逝。爲龍門第八代律師。葬天官山。

滄桑劫後事全非，焚却儒衣換羽衣；大德觀中留隱跡，上陽子後悟真機。林中仙鶴翔華表，島上梅花入翠微；宗律何人承一貫，棲霞嶺畔白雲飛。

載民國二十九年（一九四〇年）七月一日仙道月報第十九期

西湖詠姚耕煙

姚名太寧，石門人。年十三，見賞於冲虛子。從征狪猺，陪宴土司，飛矢入營，斃侍卒，危坐如常。隱西湖，自號耕煙子。會冲虛子來浙師事之，盡得其傳。謝凝素造問長生訣，爲書令訪冲虛，送至江干，立逝，七日不仆，居民爲葬之六和塔。凝素至楚，遇之龜山，示與冲虛相見期，忽不見。

河魁玉帳坐談兵，飛矢當筵了不驚；蘋葉微波浮曉艇，桃花細雨約春耕。郎官湖畔擬重見，羅刹江頭記送行；曾向月輪山下過，墓門長聽夜潮聲。

載民國二十九年（一九四〇年）七月一日仙道月報第十九期

孤山詠謝凝素

謝名太虛，武進人。嘗寓毘陵紅梅閣，月夜聞羣仙環佩聲。得白玉蟾註道德經，伍冲虛爲之解釋。嘗居孤山，謁王崑陽於宗陽宫。後返金蓋梅花島，陶靖庵比之「白鶴」，黄赤陽稱爲「梅仙」。嘗著金仙證論及慧命經二書，今爲僧柳華陽所刻。**寧按** 世人皆知二書爲柳華陽所作，獨此處謂是謝作柳刻。惜余無暇考證，姑存其説而已。

紅梅閣畔棲元處，金蓋山中種樹年；放鶴有亭來偶爾，冥鴻無跡去翩然。訣從道德真經得，書任華陽釋子傳；欲向巢居問和靖，生前生後總神仙。相傳謝爲和靖後身。

載民國二十九年（一九四〇年）七月一日仙道月報第十九期

金鼓洞詠周太朗

周名陽明，字元真，震澤人，明諸生。隨父官京師，謁白雲觀，禮七真，願出家。遇黃赤陽王崑陽曰：「師在江南，宗教將於汝一貫。」至茆山，事孫玉陽，從事宗教。於大德觀，受大戒。至金鼓，掛瓢三日，洞主僧慧登，以山施之，始結茆，今鶴林道院也。為龍門第九代律師。弟子千餘人，得宗旨者，高東籬、戴停雲、方凝陽、金靜靈、孟逸陽。東籬，則沈太虛之師也。

鶴林道院開山處，此地青山合姓周；金闕選仙如選佛，玉天同證亦同修。掛瓢洞口雲初曉，倚仗巖前月始秋；我媿龍門演宗派，年年笻笠想從遊。

載民國二十九年（一九四〇年）七月一日仙道月報第十九期

金鼓洞詠高東籬

東籬，名清昱，漢軍，任臺灣觀察。年八十，入山，師周太朗，為龍門第十代弟子。在天台山桐柏宮，主講金鼓洞鶴林道院講席。年一百四十歲羽化。沈太虛、閔小艮，其弟子也。

八十還丹未覺遲，先生纔是入山時；曾從梅島師修靜，亦似桃源問義熙。桐柏雲深龍聽瀑，蓬萊畫靜鶴窺棋；磻溪宗派淵源在，一角雲窩我所思。

載民國二十九年（一九四〇年）七月一日仙道月報第十九期

鶴林道院詠沈太虛

太虛，名一炳，吴興諸生。生而有文在手，曰：「太虛主宰。」事高東籬爲弟子，得太上李泥丸之傳。泥丸爲太虛七至金蓋，或云即李八百也。太虛嘗言：「修真之士，一以道德爲主。有道德者有神通，無道德者無神通。」深契天仙心傳「混化」之旨。祈雨禳疫，不事科儀，惟以誠感。生化皆於吴興開化院，歿時紅光燭霄漢，先期分形，遍别所知，並降靈於蜀，示至真經。逸事甚多，詳見金蓋心燈。

金蓋雲巢有舊壇，親承丹訣李泥丸；太虛主宰文長桂，道德神通論不刊。桐柏宫中曾駐鶴，梅花島上記驂鸞；天仙自有心傳訣，玉女前頭羽帔寒。胡剛剛者，君於雲間所度女仙也，即至真經中太虛玉女胡真人。**攖寧按** 雲間即松江。

載民國二十九年（一九四〇年）七月一日仙道月報第十九期

翠淥園詠閔小艮師

師名苕旉，字補之，吴興諸生。九歲慕道，與沈太虛同事高東籬爲弟子，而實受道法於太虛，兄事實師事也。嘗官滇，至雞足山，以崑陽三大戒、易梵音斗咒、西竺心宗於黃守中。守中名野闍闥婆，中印度人，元時入中國者。師於陰陽爐鼎之道，靡不宣究，晚乃一歸清靜，性命雙修，尤以性功爲主。所刊書隱樓叢書以三尼醫世說述及天仙心傳爲最勝。所至禽獸互乳，草樹交芬，善氣所敷，動植胥化，得中和位育之道焉。

攖寧按　金蓋山閔派所傳三尼醫世之說，理論甚爲圓滿。惟對於三尼之名號，私衷竊有所未安。余僅知孔子爲仲尼，釋迦牟尼，是二「尼」也。至於呼老子爲「青尼」者，實不知其何所本。凡世間各種學說與理論，自無妨獨出心裁，特創己見。若夫古人名號，概有歷史關係，似宜考據精詳，勿隨意附會爲是。以「青尼」呼老子，已可怪矣，更以「文尼」稱呂祖，尤屬無稽。三「尼」尚嫌其少，又添一「尼」，變爲四「尼」，「尼」何如此之多耶？請問青尼、文尼之「尼」字究竟作何解釋？

金蓋分明演一燈，三尼醫世說三乘；身爲爐鼎心爲藥，佛即神仙道即僧。命蒂固於花蕚歛，性光定到月華澄；年來親待瑤壇席，雲笈真詮了自謄。

載民國二十九年（一九四〇年）七月一日仙道月報第十九期

懷仙閣詠盧子鶴

子鶴不知何許人，曰「圓嶠真逸」，道名也；　曰「香苑覺民」，釋名也；　曰「鬱洲旅逸」，世名也。與摩鉢前生同玉局校錄，今爲神霄、玉府兩宮掌籍簽書紫薇内翰。受人元旨於呼猿洞主，受天仙心法於金蓋先生，於龍門爲第十二輩。著三教真詮、人元秘旨、法苑卮言、青郭内經、西泠五集、華胥七編。全家奉道，受籙者九人。懷仙閣在西湖翠渌園。或云此其前世姓名，或云託名，若李北海之伏靈芝、黄仙鶴，月泉吟社之連文鳳也。　**攖寧按**　此首詩並小序，乃作者自道。

前世應爲無是公，今生且作信天翁；　家居東菜西魚地，人在南花北夢中。　山翠破雲浮枕簟，月華澄水漾簾櫳；　全家道氣濃如許，各有靈光炳太空。

圓嶠真逸，陳姓，字頤道，浙江錢塘籍，清道光時人。當時頗有才名，曾受知於阮雲壇。年迫六十始學道，爲閔小艮之弟子。生平著作甚富，不下百卷。本刊選登各詩，都於仙道有歷史關係。其泛泛人物者，或非仙而附會爲仙者，皆不錄。

攖寧子識

載民國二十九年（一九四〇年）七月一日仙道月報第十九期

其他文章卷

廬山小天池乩壇實錄緣起

陳攖寧

乩仙之事，不知始自何時，而遜清二百六十年間爲最盛。專家記錄，多不勝書。民國紀元，於今十稔，前朝舊習，大事變更，惟鸞壇之設，幾乎遍滿國中。非徒未衰，反加盛焉。士大夫之明也，市井小民之狡也，武人之强悍也，政客之縱横也，一旦遇乩仙，則明者晦，狡者伏，强悍者無所施其勇，縱横者無所用其謀。聚老幼男婦智愚賢不肖於一堂，香雲繚繞，裙屐蹁躚，齊獻赤心，罔涉邪趣。嗚呼！是何神力以至於斯也？

攖寧不敏，嘗求其故矣。初與上海白雲觀某道士約，同鍊普通乩壇之符咒。道士習之最勤，幾廢寢食，歷六十日，小有效驗，未能如意。余乃屏去符咒，專事潔志凝神而誠求之。爲時既久，漸覺手端有物來憑。於是隨之而動，愈動愈速，滿盤飛舞，苦於不能成字。拙荆彝珠，及甥女和音，在滬寓皆善爲余助。半年後，乃圓轉自如。每遇良辰令節，家人輒具茶菓，焚香請仙以爲樂。風聲所播，親友咸知。

白嵐吴君，閲世既深，俗情彌淡，今歲攜眷結伴入廬山，作久居計。致書滬寓，邀余等來遊。既至談及海上乩仙之成績，皆嘖嘖稱異，亟思一試，急切不可耐。遂赴山溪旁掬麤砂數升，鋪木板上，横者柴枝，直者食箸，而乩頭畫砂者，則一紅骨簪耳。法器簡陋爲此，靈跡顯著如彼。心理學乎？催眠術乎？人作僞乎？神來憑乎？蓋亦仁者見仁，智者見智而已。誠如乩仙言，他日道場興，教化行，正式設壇，自屬意中事。然則此柴枝食箸，豈非大輅之椎輪也歟？

秋暮雲深，山居閒寂，遂依次編輯諸仙詩詞，並其答問，斐然成章，足資觀感。後若續錄，有待高賢。今贅數言，敬告讀者。

夫以乩仙爲可信，而問災問福、求利求名，雖偶有奇驗，而失敗者多。或以乩仙爲全不足信，而嬉笑怒駡，排斥無遺，雖暫快一時，而流弊滋甚。故迷信與不信二者，皆非能知乩仙者也。

宇宙間自有一種不解之玄理，極古今聖哲，亦難抉其奥而釋其疑。世界各大宗教，皆根此玄理而成。無論科學如何發達，而宗教偏超然獨立於科學範圍之外，憑神力以維繫人心。一神多神，門户雖異，宗旨皆同。苟世界人類一日不能明了世界構造、萬物生成之原理，則宗教神權一日不能消滅。破壞神權，不啻若破壞公共安寧之幸福，大亂即由此而生。乩仙也者，亦神權之保障，宗教之明燈。愚夫信仰，事宜固宜然。上士隨緣，勿持誹議，則天人感應之理，自可默契於無言矣。

載民國二十二年（一九三三年）七月十六日《揚善半月刊》第一卷第二期（總第二期）

天仙碧城女史降壇紀錄

陳攖寧

時爲癸亥年正月十七夜間九句鐘。

扶乩者：陳攖寧及吴彝珠。

問事者：蕪湖婦嬰醫院女醫生吴舜芝，上海人和醫院女醫生朱昌亞。

筆錄者：陳大樹。

參觀者：喬詹博女士。

壇址在上海民國路吴彝珠醫生寓内。

以前屢次請仙，皆因人多口雜，語無倫次，喧嘩異常，每致臨壇諸仙厭倦而去。此次得知碧城女史有本日惠臨之預報元宵夜九點鐘，請碧城女史未至，其從者斐然仙子降乩。余等叩碧城女史消息。乩云：「請君即刻從頭數，到此猶遲廿四時。」故推知本晚當至，遂籌備靜室，關防嚴密，不爲外人見。焚香煮茗，虔誠默俟，至亥初乩果動。所有問答之辭，並五首排律一首，敬錄如後。

世有好道之士，讀此當益堅其信仰矣。

斐然仙子先至，報告：「碧城女史降。」

乩云：「兩載闊別，勞久望。有何疑問，當詳言之。」

問：「各種宗教結果有別否？」

乩云：「有別。造因既異，結果自殊。」

問：「何教結果最好？」

乩云：「專就此世間而論，當推佛教爲最。」

問：「各教程度有高低否？」

乩云：「佛教如山中老僧；道教如世間高士；耶教如商賈；孔教如農夫。此其大較也。」

問：「各教主及各教信徒之成就者，是否同居一地？」

乩云：「各有所在，不同居一處。」

問：「彼此有往來否？」

乩云：「甚少往來。」

問：「世間各教信徒，常有反對外教之習氣，彼此不能調和，不知天上亦如此否？」

乩云：「皆是以救世爲本旨。因人說法，深淺隨機，何反對之有？」

問：「偶像有靈否？」

乩云：「因物見心，神依形立，理可知矣。」

問：「世人所居境界，各有不同。神仙亦然乎？」

乩云：「吾之所居，即異他土，彼亦如是。」

問：「世間人種各別，不知黄白二種之輪迴亦有界限否？」

乩云：「投胎無分種族。人畜且互相循環，又何論乎黄白種族？」

問：「耶穌教說，惟人有靈魂，畜類無靈魂。此言確否？」

乩云：「若無靈魂，彼等身體何故能動？彼等意思何故能表現？」

問：「植物如花艸樹木有靈魂否？」

乩云：「植物有靈氣無靈魂。」

問：「耶教言上帝造萬物，然否？」

乩云：「上帝雖有，亦如人間帝王，爲權力之最高者，但不能造萬物。」

問：「此上帝爲耶教獨有，或各教所共有？」

乩云：「各有宗主，不能一尊。吾等亦有吾等之上帝。」

舜芝問：「女史有何職務？所居之地，情景如何？」

彝珠又問：「可否賜詩一首，以形容仙境之妙，如前年所作者，甚爲盼禱。」

乩云：「令斐然代作。」

又云：「汝等今日所問，皆不得要領。」

眾皆謂：「我等程度太淺，所問各節，誠不中肯。惟望仙人方便開導，不拘一格，或以文言，或以詩詞，或以白話，皆甚願聞。」

乩云：「斐然侍者，奉命作詩，勉成數韻。詩曰：『帝命玄都史，天生女導師；慈悲行本願，談笑破羣疑。**攖寧按** 此四句已將碧城女史身分寫盡，莊雅之極。 頃刻辭辰陛，中途瞥曙曦。**按** 碧城女史每年當正月十五，必到某處赴朝會。十七、十八兩日之內，乃其散會時。屆時當仍返故居，其路程經過吾等所在住之世界，故偶爾便道枉駕。「頃刻辭辰陛」之意，乃剛散會未久。至「中途瞥曙曦」一句更奇，其降臨時正值亥時之初，若吾等見朝日，乃在寅卯二時，似乎伊等已於寅卯時起程，亥時方到此間。然細玩「頃刻」二字，則知起程未久，距亥初當甚近，此時焉得有曙曦可見？惟身在此地球之外，無所障蔽，方能見太陽耳。然既與地球無關，自不分早晚，則「曙」字亦無着落，必是已行近地球之西半球，正逢着朝日。因地球向東轉，伊等向西行，其速如電。故刹那間而東西易位，遂由西半球之晨，變爲東半球之夜矣。此等曲說，可謂以管窺天。是否有當，還以質之讀此詩者。 飈輪奔電走，一瞬萬星移。**按** 地上行走之快如火車，空中之快如飛機，雖見兩旁或脚底之景物移動極速，而天上之星，總不見其移動。此云「一瞬萬星移」，則其速率之限量已不可用數學計算矣。 大力回鸞馭，輕車降羽儀。前年正月十八夜，碧城女史曾言，伊等在空中，觀此世界如轉丸，非有大力者不能至。其侍者後去，幾乎迷路。 飄然黃海上，倏爾碧雲低。此乃其舊日路程。前年碧城女史詩中有句云：「繁星萬點窺黃海，圓月三更落彩雲。」

今又云：「飄然黃海上。」可知伊等必是由東向西，先落於東海，再向西而至上海也。蜃氣迎頭擘，鯨波倒底馳。此正在海上行。雖甚速，然比較在空中路程，已慢極矣。鑽塵勞慧炬，貼地卓靈旗。上句言已行到陸地，下句言停止不動。室雅何妨小，緣深肯久離。兩年懷舊跡，隔界感相思。此叙別情。彝鼎陳佳茗，珠璣乞好詞。憐卿真脫俗，愧我未能詩。此言吳彝珠求詩之事，並嵌入其名字。世不逢堯舜，人將採石芝。此二句嵌入吳舜芝之名。昌期嗟邈遠，亞土遍瘡痍。此言太平無日，亞洲擾亂。並於不經意中嵌入朱昌亞名字。水火風刀日，空成住壞時。此言災劫。第二句人不能解，隨請仙開示。乩云：「此言世界之變遷。」按：即佛家所謂「成住壞空」四劫是也。灰飛終墮劫，冰履敢忘危。此言世界終有劫灰發現之一日，甚危險也。下國誠千惡，吾鄉擅百宜。束上起下之句。花城霞擁赤，泉髓玉流脂。寶樹氛穠馥，晶衢路坦夷。和鳴丹翠雀，清淺白蓮池。以上六句言其景。香護今王座，虯蟠古聖碑。神君如鶴立，仙子盡蛾眉。冷艷光環頂，温馨露染肌。以上六句言其人。有身無二相，何處覓三尸。此言無兩性情欲之累。月滿容長駐，天荒道自支。通篇以此二句爲最有力量。上句言壽命無量，下句言天可壞，道不可壞。孜孜提後學，切切守前規。上進皆由己，還家更問誰。此勉勵余等也。精凝通妙悟，心洗即修持。此教人用功之要，勝於丹經萬萬。蓋丹經大都支離其說，不能扼要，而女子尤不適用。孰及此二句之簡括了當？』」

附啟　竹銘先生，前向余索廬山小天池乩壇實錄原稿，擬載入本刊之中，以餉讀者。奈事隔多年，原稿早已散亂遺失，無從尋覓。所幸滬寓乩壇稿本，尚有存者，今將陸續擇優刊登，以副張君之雅意。閱者須知，廬山乩壇與上海敝寓所設乩壇，乃同一性質，固無彼此之別也。

載民國二十二年（一九三三年）八月一日揚善半月刊第一卷第三期（總第三期）

天仙碧城女史降壇詩　攖寧敬錄

甲戌年正月十五夜

茗錄燈紅感昔遊，不知人世幾春秋；蜉蝣生滅輪何急，蠻觸雌雄戰未休。大地已成魔火窟，諸天方結玉華樓；慢云樂苦懸霄壤，一念能超萬劫頭。

載民國二十四年（一九三五年）三月一日揚善半月刊第二卷第十七期（總第四十一期）

玉華宮侍書仙子降壇詩　攖寧敬錄

乙亥年正月十四日

剛陪王母駕鳴鑾，戲向空明落彩翰；塵跡久拋雲雨夢，瑤臺不見雪霜寒。想輕情重分飛墮，天上人間異苦歡；爲惜前緣開後覺，早留真液度衰殘。

載民國二十四年（一九三五年）三月一日揚善半月刊第二卷第十七期（總第四十一期）

斐然仙子降壇詩

和前韻。　攖寧敬錄

乙亥年正月十五夜

羡他傳妙語，愧我掌文翰；嘉會聯神契，清歌動廣寒。星高原有路，景駐漫爲歡；悟徹還源理，花開永不殘。

載民國二十四年（一九三五年）三月一日揚善半月刊第二卷第十七期（總第四十一期）

人性善惡淺說

陳攖寧

昔者孟子主性善，荀子主性惡，各樹一幟，在理論上絕對不同，然皆能自圓其說。但後世儒者，大都崇孟而黜荀，以爲荀子謂「人性本惡」，即無異乎教人爲惡，斯不足以服荀子之心也。蓋孟子言性善，非聽其自善而已，乃欲吾人求得本性中一點天良，發揮而光大之，不使其理没於眾惡叢中而莫由自拔也；荀子言性惡，亦不是任其作惡而已，乃欲吾人警惕於性分内原藏有惡種子，凡一舉一動，不可絲毫放縱，必須盡力克制，則惡性日減而善性日增矣。故孟、荀二氏主張雖不同，而宗旨則同。孟子主先保存其善，而後惡自不生；荀子主先認識其惡，而後方能勉成其善。至其宗旨，皆不外乎勸人爲善，固殊途而同歸也。

或問：孟、荀之宗旨相同，既已明了，然孟、荀之學説，根本立於反對地位。如謂「性善説」爲是，則「性惡説」爲非；若「性惡説」爲是，則「性善説」爲非。二者如冰炭之不相容，將奈何？

答曰：二者皆是也。試觀世間諸人，不論中國、外國，不論黃種、白種，有生來性格和平慈愛、忠信廉潔者，亦有生來性情暴戾殘忍、狡詐貪污者。前者性善，後者性惡，皆是先天帶來的種子所造成。善者生來就善，既未曾受教育所感化；惡者生來就惡，亦未必由習染所傳變。可知人人本性中，既有善種子，即有惡種子，不盡屬善種子，亦不盡屬惡種子。故極善之人，或不免偶起少許之惡念，惟賴當機撲滅，即不至於蔓延；極惡之人，或亦有偶發一時之善心，惟賴助長扶持，即不至於消失。蓋人性是複雜的，而非單純的，所以現此矛盾之象。譬彼太極圖中，包含陰陽二氣，周流循環，猶之人有善惡二性也。一部易經，其宗旨都是扶陽而抑陰，親君子而遠小人，亦猶孟、荀二氏去惡揚善之苦衷也。當今之世，善人患少，惡人患多，凡讀書明達之士，務須體古哲之遺言，會易經之原理，振頹風而挽末俗，息邪說以正人心，將使性善者常保存其善，性惡者亦漸漸改而爲善，則大亂可已，治安可期。余於此有厚望焉。

著者按　本篇所用「性」字，是普通的解釋，如「性格」「性情」之類皆是，故有善惡可言。若儒家所謂「窮理盡性」、佛家所謂「明心見性」、道家所謂「性命雙修」，此等「性」字所代表的意義，皆至高至妙，超然象外，無善惡之可見，亦不能拿言語文字去形容他，必須學者親自做工夫，實地證驗，方可領悟。最奇怪者，就是現在所流行的新名詞，如「性別」「性交」「性學」「性史」「性教育」「性知識」「性的飢渴」「性的煩悶」

「性的追求」等等，數不勝數，皆是專指男女肉體之關係而言，弄得社會一般青年學子，腦筋中除了雌雄二具以外，更無所謂「性」。吾恐將來字典上「性」字的意義，要大加改革，從新註解一番，方合於今後人類所需用。閱者諸君以爲然否？

載民國二十三年（一九三四年）一月一日揚善半月刊第一卷第十三期（總第十三期）

如何修道

汪伯英　著　陳攖寧　按

修道門徑極多，但不知孰易孰難，孰優孰劣，孰爲方便，孰爲究竟。人各異說，莫衷一是。有云耶教爲尚，有云回教爲勝，有云佛教最高，有云道教最明，有云我但從孔子。各有見解，總不能互相和同，無分人我。因此門户界限甚深。

但據鄙人私見，耶回兩教經典，實少研究，不敢置論。至孔教遺訓，六經語、孟，諸子百家，都有記載，對於正心修身齊家治國之道，已無遺蘊。而天人性命之理，陰陽消長之機，於贊易之上，隱有發明，然非聰明睿智、不違如愚之徒，總難以悟入。故修養之士，不得其門。因此道教用易理演爲丹經，依法修持，可以超凡入聖，可以不死不生。然而服食導引、辟穀鍊丹種種方法，又異於老莊之說，大約多是有爲之法。學者如明其理而便其行，不妨兼習。否則孟浪從事，或致生弊。如服金石則發狂，學行氣則致疾，非必不可爲，蓋不得其法耳。故和平中正，人人可行，無過、不及之弊者，惟於敦倫盡分之外，存心養性，克己復禮，學佛家之禪定，道家之坐功，要能專氣致柔，清靜坐忘耳。

何謂專氣？即用志不分，乃凝於神之意。然而志氣專一，略不放鬆，久而久之，陽火燥烈，或致太過，故專氣必須致柔。致柔者，優遊涵養之意。參同契云：「真人潛深淵，浮游守規中。」亦即勿助勿忘，先存後忘之意也。蓋專氣屬陽，致柔屬陰；專氣譬武火，致柔譬文火；專氣爲勇猛，致柔爲寬緩。謂修道者必寬猛相濟、陰陽互用爲得耳。如是則一身精神氣血，能中和而無太過、不及之弊，自然由清靜而致於坐忘，由勉强而至於安樂。位天地，育萬物，宰陰陽，制五行，皆成自性中之事。有志君子，苟能實行，毋患不成。不過普通之人，大多爲境遇所困，俗緣所繫，未能放下一切。稍一靜坐，雜念游思，刹那不定。初坐則煩亂，坐久則昏沉，實爲學者所苦。故泰半有始無卒，退失初心，終致無成耳。

而今者，佛教淨土宗盛行，其法以念佛求生西方爲旨歸，使一句佛號，聲出於口而內應於心，隨學人忙閒而限定功課。雖時間不拘多少，晨朝十念亦可得生，而行住坐臥，總須語默不離念佛。如是念去，使之成習，雜念不能奪佛念，誠能免煩亂昏沉之弊。念之既久，自得一心不亂，現證三昧。蓋其情識已空，而靈光透露也。然而如此工夫，亦必須有篤志、有恒心者方能做到。若悠悠忽忽，一曝十寒，恐亦徒然也。

不過今日之宗淨土者，得現證三昧，實不多見。其他念佛人未證者，豈皆無用？則又不然。蓋現證者，如禪宗之已得明心見性，道家之已得竅竅光明，彷彿金已十成，鑛多銷盡。其他則如九成七成五成三成不等耳。然而佛家又每云一生譬如一年；臨終之時，譬如除夕；一生造業，譬如借債放債；臨命終時，譬如除夕結賬。結賬有餘，來年得意；結賬虧欠，來年拮據。而或者因有餘而生放蕩之心，則得意易過；因虧欠而厲夕惕之念，則拮據不常。一生亦然。故捨生投生，最重臨終一念。孔子亦云：「朝聞道則夕可以死。」蓋一念善生天上，一念惡落鬼趣；一念嗔爲蛇，一念暴爲虎；愛則娑婆，貪則餓鬼。千變萬化，不出唯心。故修淨土者，必請同志助念，使將終之人，耳聽佛聲，目覩佛像，心憶佛念，安寧靜定，不起世俗之慮。於是死時有種種瑞相，靈魂從頂門而出。豈非和氣致祥、輕清上浮乎？此亦理勢之宜然，非臆說也。

然而今之佛徒，每以此爲唯一無二之法，打倒一切宗教，非特道、耶、回不足道，即佛教中之禪、教、律、觀等，亦以爲不足學，則又未免太甚。蓋如來隨機設教，道祖方便度人，著書垂訓，因才而施。有宜於聲念；有宜於默念；有宜於作觀；有宜於參禪；有宜於精思存想；有宜於禮懺誦經；有宜於服食導引；有宜於運氣鍊丹。照法行持，或專或兼，加之積德累仁，布施離相，結果皆有登峯造極之日。譬如行路然，或宜於水；或宜於陸；或乘馬則險而速；或坐轎則穩而遲；或汽車雖快而須多金，宜於富者；或輪船雖慢而價較廉，宜於貧人。蓋人稟既萬有不齊，而因緣亦千端各異，豈可膠柱鼓琴、刻舟求劍乎？

但據鄙人之志，雖雅慕金液還丹，而時機未至，則以念佛修觀爲佐。故若忙若閒，或語或默，而行往坐臥，皆心不離佛。或者謂念佛往生，全憑信願，今吾子志在還丹，則與生西之願相左矣，雖有行持之功，安能與西方彌陀相感應乎？吾謂非若是也。雖志在還丹，而生西未嘗無信願。要知還丹無質，純是空靈活潑純陽之氣。蓋已精化氣、氣化神、神化虛之時，倘更鍊虛合道，則與道混而爲一。如是則三千世界，無非法身；毗盧遮那，無非自性。其大無外，其小無內，西方亦在性中，何待往生？即未能到此地位，則在人道尚可以生西，豈仙道反不能生西乎？且於鍊丹之時，其信願本未曾捨去，則與西方彌陀何以不相感應乎？

不過，一則但修性身，生前仍有老病之苦，死後生西，其能自主與否，尚不可知；一則陽神出現，老病已離，凡骨已換，而信願未捨，其生西之能自主，與死後者，孰難孰易，孰優孰劣，有識者必能辯矣。而近來佛教中有長壽、彌陀合修法，謂必須開頂門者，或亦即是此意。

但以念佛作鍊丹，佛家未有此說。道門中呂祖，曾有此示，偈云：「念佛虔誠即是丹，念珠百八轉循環；念成舍利超生死，念結菩提了聖凡。念意不隨流水去，念心常伴白雲閒；念開妙竅通靈慧，念偈今留與汝參。」而今當代高僧印光法師則曾深戒其徒，爲以念佛作鍊丹，譬如以無價寶珠換根糖吃。但據愚意，以丹爲赤色，赤色屬心，而鍊丹實即鍊心。鍊去人心，但存道心，故九轉還丹，又名九鼎鍊心。以念佛作鍊丹者，亦即以念佛爲鍊心，是心是佛，是心作佛之意，殆由一片赤心，一片丹心，而成爲一片佛心也。

鄙見如此，質之當代諸大善知識、諸道長前。幸祈不吝珠玉而賜教焉。感甚感甚。

攖寧按 汪君此篇大旨，是謂念佛與鍊丹雖法門不同，可以並行不悖，理論亦頗圓融。昔佛教中如龍樹菩薩一派，皆是兼修長生術者。蓋吾人靈魂寄託在肉體之中，譬如我們住居在房屋之內。現時所有的房子，固然簡陋，未能滿意，將來總須另覓高樓大廈，方稱心懷。設若不幸，新房子尚未造好，而舊房子已經破壞，難以住人，勢必要在露天過生活，其苦如何？不如暫且把舊房子修理好了，使其可以居住，一面再從容不迫的建設新房子，豈不大妙？是故永久執着肉體，以爲道在是者，自然錯誤；而急欲拋棄肉體，別求所謂道者，亦未必能有成就。請世間好道之士三思而行可也。

（載民國二十三年（一九三四年）八月十六日、九月一日、九月十六日揚善半月刊第二卷第四、五、六期（總第二十八、二十九、三十期）

勸孝歌

杭州墅湖施榮章　來稿　陳攖寧　刪改

孝爲百行先，詩書不勝錄。富貴與貧賤，俱可追芳躅。若不行孝道，人而不如畜。我今述俚言，爲汝效忠告。百骸未成人，十月懷母腹。渴飲母之血，饑食母之肉。兒身將要生，母身如坐獄。父爲母含悲，妻對夫啼哭。惟恐生產時，將爲鬼眷屬。一旦見兒面，母命幸再續。自是慈母心，日夜勤撫掬。母臥濕簟蓆，兒眠乾被褥。兒睡正安穩，母不敢伸縮。兒穢不嫌臭，兒病以身贖。髮亂與簪橫，不暇思沐浴。喜兒能步履，舉步慮顛覆。願兒飽飲食，省己恣所欲。乳哺經三年，血汗流百斛。歲月換劬勞，兒年十五六。氣性漸剛强，動止難拘束。衣食父經營，禮義父教育。專望子成人，延師課誦讀。慧敏恐傷神，愚怠憂碌碌。有過常掩護，有善先表暴。子出未歸來，倚門繼以燭。兒行十里程，親心千里逐。兒長欲成婚，爲訪閨中淑。媒聘費金錢，釵釧捐布粟。媳婦一入門，孝思遂衰薄。父母面可憎，妻子顏如玉。親責反睜眸，妻詈不爲辱。母披舊衣衫，妻着新羅縠。父母或鰥寡，爲兒守孤獨。父慮後母虐，鸞膠不敢續。母慮孤兒苦，孀幃忍寂寞。飢寒不自知，糕餅餵兒腹。健則與以飯，病則與以粥。漸漸養成人，受許多委曲。風燭忽垂危，兄弟爭財穀。不思創業艱，但恨遺產薄。忘却本與原，不念風與木。喪祭盡虛文，窀穸何時卜。慈烏尚反哺，羔羊猶跪足。人不孝其親，不如禽與畜。王祥臥寒冰，孟宗泣枯竹。蔡順拾桑椹，賊爲奉母粟。楊香拯父危，虎不敢肆毒。江革且行傭，仲平身自鬻。奈何今世人，不效古風俗。何不思此身，形體誰養育。父母即天地，罔極難報復。親恩說不盡，略舉粗與俗。聞歌憬然悟，免得悲莪蓼。勿以不孝首，枉戴人間屋；勿以不孝身，枉著人間服；勿以不孝口，枉食人間祿。天地雖廣大，不容忤逆族。及早悔前非，莫待天誅戮。

攖寧子曰　「孝」之一字，本於人類之情感，無所謂新舊，無所謂古今，其性質與「忠」字不同。「忠」字對君主而言，「孝」字對父母而言。人生在世，可以無君，而不可以無父母。無君自能立國，無父母則不能生人。總統制、委員制，雖可以代替君主執行政權，然父母生育子女之權，則無法可以代替。科學雖云萬能，至今尚造不出一個人來。古人「忠」「孝」並重，已是錯誤，今人「忠」「孝」俱非，更屬荒謬。因爲「孝」之一字，不隨國體、政體而變遷，無論你們信仰什麼主義，你們的身體總不會離開父母，自己從土裏跳出來。設若將來人類有一天能彀自己製造自己的肉體，不需要父母生育，到了那時，「孝」字當然消滅。如其未能，免開尊口。

原稿命意頗佳，惜辭句欠妥處及重複處甚多，今特加以修飾，刪改五分之一，較原作稍爲可觀。世間非孝青年，讀此庶幾猛醒？

載民國二十五年（一九三六年）二月一日揚善半月刊第三卷第十五期（總第六十三期）

寄玄照慶書

四川青城山古常道觀易心瑩　著　陳攖寧　增批

節錄論道教宗派。　**陳攖寧增批**　惜排印頗有錯誤。然此篇自有價值，不可埋沒。

前略。　蓋上起無始，下逮光宣，自道一即虛靈微妙有無玄空而開三境天尊，迨乎玉皇上帝及諸天神王大聖，資始宇宙，以迄開闢。三皇歷九九紀遞於軒轅，崆峒問道，經啟皇人，僦貸養生，道於呈顯。故黃帝立百官，起嘉遯於草野，而立乎朝堂之上。力牧、風后遞嬗，諸賢而官，史職傳於其學，是謂疇人之業也。

太一而下，隱淪相繼，和光混俗，歷世久遠，勝跡著於神州，大法播傳人間。宗玄崇聖，統攝三洞，列以十家，大分有三：曰經教，本之大洞度人龍蹻；曰修爲，本之老莊諸子；曰性命，本之參同契、入藥鏡，號曰仙宗，直超物外，復返虛無大道，是以神仙微妙清虛無爲，而世多涉於荒唐，糜亂真風，不可不察也。

金液宗者，講大丹，辨析金石質量，稟乎二氣之精，是乃化學之宗，不可易也。然誕者爲之，則燒點假術，砂汞鉛銀，以枉道邪宗而欺惑愚眾者夥，蓋亦多矣。

聚玄宗者，悟清淨、明造化之宗，知返還之機，觀其竅妙，固守本來，極使內外貞白，六合純一，患達生生之趣，用期至道。若乃枯坐寂滅，形同槁木，而心若死灰，不解其所道，適足誤也。

長淮宗者，論胎元，返先天，悟死生之大理，不由乎天而在於我也。若不調靈沖關，遷神轉境，則促齡穢躬，四體不仁，雖壽延千歲，不克超證靈通，遂墮於尸鬼之途耳。

葆和宗者，鍊真氣以揞有形，緜緜不絕，而壽永無極。若躐階躁進，强嘸鼓努，必攖暴虐之患、癰疽奇疾，而自蹈戕身之壑也。

調神宗者，辨養生，禁嗜慾，而固攝精氣，則駐顏不老。或者不察，以爲採戰之術，利己損人，信口雌黃，憎無學識，不經之甚矣。

南宮宗者，遁世密法，望氣知方，趨吉避凶，劍氣除邪，或以假形而蛻化隱景，則列仙不可勝數也。及放者爲之，則厭蠱術，魑魅行，狂惑四方，顛倒黎庶，而罪不容於世矣。

蒼益宗者，明榮養以滋補血液，調泰精神，採鍊百草靈藥，服食芝英，而長生久遊。倘毒飛不盡，雄薄偏歧，輕重易倫，法度乖違，則殺人性命，不可擅用也。

健利宗者，强身懌志，陶鎔虛邪，是以偃仰勞形，通暢關節，導引行氣，壯健精神，則至老而不衰，年耄而童顏。洵居處之奇功，而養生之至寶也，可不重乎？

科醮宗者，飛章消災，濟度祈福，而律己自修，奉行眾善，是皆由淺以及深，從凡而入聖，無不可也，在所於爲耳。

至若老子，上承黃炎，道冠諸子，窮極天人，通古今之變，棄柱史之爵，授經關令。李實孔師，則稽之正史，考之記傳。支分派別，蓋十有三焉其中又有岔派。猶龍六祖又分杜仲等七八人，見年譜、金丹大要，而終三丰或以李涵虛爲第七代。

至宋別倡道學一家。

孔門六傳，而至賈誼余於表中，續淮南、黃生、談遷父子、楊雄、王充，則道家之面目晦矣。

治道迄於曹參，史籍亦不再傳。

安期又教馬鳴生……淳于叔通，至於程曉。此道家正傳，不可不詳也。

三茅開宗秦漢，道近於古。至於楊許繼踵，家風不同，另於表册別焉。

武帝受經於王母，下迄葛洪，內外傳載之詳矣別授金闕少陽，又爲北宗肇祖矣。

太平運短，會際百六之厄，兩上神書，不爲時主之推尊，而身陷劫灰，殊可慨已。

玄學倡自何王，傳於七賢，向郭多負盛名。

豫章學出，諶母號稱孝悌，乃宗淨明之經經約二十八種，大半出於乩，宜宗鐵券、石函，然亦只取正文，疑多後人增竄，以僞雜真。

平叔受諸劉師，至陳始傳雷法，號曰南宗。或以他力借力聚訟誤矣。

金元王祖開北宗而遠度七真。又倡道律一家，宗智慧而攝乎大乘。正一受盟威之籙，都功印劍之訣。世傳子孫，自是一家。

若夫質進之階，各有等差，戒律初門本親路而自新，善行不虧，業盡功成之時，則仙童接引，或來世尊貴。

若受符甲禁咒，召感陽靈，震蕩災氣，益宏大造之功，而隱形遁變。行氣補腦有殊，服氣胎息各異，而舊經雜攝多門，貴慎辨也。

又補腦似飛晶一着，則毫釐之差，千里之謬，不可忽也。

此四者，命功之漸，咸當臻極其妙，方可一一有得。若彼清淨神定之功，丹砂太清之藥，感應靈通，拔尸解結，要以功成事遂，勿徒坐而論也。

且又九鼎大丹，鉛汞金晶，多藉於有形，雖資風火鼎革，媾變百千，仍以物質相從，不能粉碎入虛，非其至也。若仙宗之妙理，溟涬而無涯，濛◯而幽虛，是以渾淪萬化，故稱大道焉。

紬繹上下古今，綱維藏教，則無餘蘊矣。後略。

載民國二十六年（一九三七年）四月十五日揚善半月刊第四卷第二十期（總第九十二期）

道教分宗表

四川灌縣青城山古常道觀易心瑩大鍊師 著　陳攖寧 按

「道」之一字，涵義甚廣，難於訓詁。而周秦學者，皆以大路解之，謂爲萬物之所共適，非定義也。故史記稱道家「精神專一，動合無形」。揆之此理，實不相侔。至於法家學說，本質混淆，而於道家之素心素面，幾將不可復識矣。及夫東漢之間，沛國張陵作大丹序說，以爲道者猶覺悟也，自覺覺他，自悟悟他，較爲近理。不幸客教所據，未便褫奪耳。而唐之道士又以圓通、圓明釋之，病其空無實際，不可盡從也。今以莊書之「化理」二字「理」字於修爲一面，即君人南面之術，如素書所謂「理身，理家，理國，理天下」，暫作詮言，未知當意與否，俟更詳之。故經云「本此宗旨而施化於人羣者」也。其義有四：(一)主善爲師，即學爲好人；(二)修身勵業，即外功内果，或德行事功；(三)堅固信心，即圓滿志願，或達到標準；(四)引導人民思想，即濟度眾生，或廣度有情。

正宗十家 支宗十三家未具錄，說明在寄玄照慶書中。

(一)仙宗：　最上乘，別名道教，倡始者太一、廣成、天皇真人。

(甲)綱要。宗法有五等：　天、神、地、人、靈。廣之則三洞、四輔、十二部、二十四部、三十六部、七十二部之典籍，其要有二。

（乙）法門。㈠超世門：守戒、養志、鍊心、盡慮、湛寂、復命、知常、洞慧、微妙、虛無。㈡修爲門：國政、經濟、權謀、治策、縱橫、兵略。

（二）金液：上之上，別名神丹，倡始者女媧、黃帝。

（甲）綱要。宗法有二十四品、七十二家，其要有四。

（乙）法門：九鼎、太清、黃白、九光。

（三）聚玄：上之中，別名清淨、齊慧，倡始者右玄真人、清和黃氏。

（甲）綱要。宗法有五。

（乙）法門：遣欲、澄心、化氣、育神、契道。

（四）長淮：上之下，別名凝陽、胎息，倡始者狟神氏、中黃真人。

（甲）綱要。宗法有四。

（乙）法門：住氣、內觀、胎息、神定。

（五）葆和：中之上，別名辟穀，倡始者容成、鬼谷子、張良。

（甲）綱要。宗法有三。

（乙）法門：吐納、服氣、休糧。

(六)調神：中之中，別名房中，倡始者素女、黃帝。
(甲)綱要。宗法有百來事，其要有六。
(乙)法門：節慾保身、禁忌方法、攻治眾病、補救傷損、攝精固氣、還陽補腦。
(七)南宮：中之下，別名靈圖、符籙、天罡，倡始者一真、玄女、鬼臾區。
(甲)綱要。宗法有百餘事，其要有十一。
(乙)法門：陰陽、五行、六壬、奇門、神符、秘諱、密咒、罡令、禹步、假形、解化。
(八)蒼益：下之上，別名服餌、具茨，倡始者大隗、神農、僦貸季。
(甲)綱要。宗法有數百事，其要有五。
(乙)法門：飼穀、茹石、藥餌、芝菌、丹砂。
(九)健利：下之中，別名修攝，倡始者赤松、甯封、王子晉。
(甲)綱要。宗法有百餘事，或數十家，其要有四。
(乙)法門：按摩、嗽嚥、導引、行氣。
(十)科醮：下之下，別名天章，倡始者帝佶、夏禹、張宿、張陵、葛玄。
(甲)綱要。宗法之明真典格凡七等，籙百二十，科二千四百，律千二百，戒千二百，大章三百六十通，小章千二百通，朝天醮儀三百座，其要有十二。

(乙)法門：　雲篆、真文、劾召、蕩穢、禳災、解謝、懺罪、鍊度、濟幽、拜章、步斗、存思。

攖寧按　右列十宗，將道教宗派概括已盡，甚爲難得。原稿表格劃分，亦頗清晰，但在印刷所鉛字排版時，殊覺不便，只好另行排列，並除去原稿上之橫直線，庶幾與手民以便利耳，非欲擅改原稿也，請作者諒之。再者，各宗之內，自有本宗專門之經書典籍，有最要者，有次要者，如能酌其輕重緩急，每宗之內隸屬幾種書籍名目，則更覺完善矣。譬如佛教賢首宗有華嚴經、華嚴著述集要等等，天台宗有法華經、涅槃經、智度論、中觀論等等，淨土宗有阿彌陀經、無量壽經、往生論等等，三論宗有中論、十二門論、百論等等，法相宗有解深密經、唯識論、瑜珈論等等，禪宗有指月錄、五燈會元等等，皆是本宗所因以建立者。道教分宗之法，亦不妨照樣歸納。曩者湖南寶慶張化聲先生與寧通函有云：「今欲提倡仙學，必先整理道藏，編輯一部有系統的道藏目錄，有源流的道家歷史，使人按圖索驥，自由研究，此爲吾輩工作之第一步。」寧自愧無此精力，無此學識，不能勝任，今既有易君出，或可以滿足張君之宏願，請易君勉爲其難可也。

載民國二十六年（一九三七年）五月一日揚善半月刊第四卷第二十一期（總第九十三期）

讀化聲叙的感想

陳攖寧

前月蒙武昌佛學院張化聲先生寄贈我化聲叙一小册，拜讀一過，言言中肯，皆是今時一般佛教大居士所不敢言、不能言、不屑言、不願言者，而張先生居然大膽的痛快言之，科學的條理言之，謙虛的公平言之，忠實的懇切言之。雖化聲本人，及化聲本書，皆未得見，即此自叙一篇，已足知其大概矣。張先生現在所持宗旨，與僕等宗旨相同，有互相切磋之必要，兹特將化聲叙原文逐條披露於本刊，並附以按語，還以質之張先生，並與當代賢豪共商榷焉。

（一）原文　現在理解方面的佛法，有歐陽竟無先生，指示他的門人，索隱顯微，整理藏書，給同人一份偌大的家產。復有太虛上人，領導一派優秀分子，把佛學適應到世界新潮上去。浪漫如化聲，似乎無須饒舌。

攖寧按　佛學至今日，已發揮盡了，已莊嚴燦爛到無以復加了，不必再需要我們鑽進去出死力弘揚了。若仍舊追隨於諸位大居士、大法師之後，拾其殘餘，自命爲佛學家之一份子，未免太學時髦了。化聲先生卓見，我極端贊成。

(二)原文 「家庭」兩個字，建築在心理學之直覺上，與我們的意志和感情，固結纏綿，很難分開。「世界」與「社會」，那些名詞，起源於人類之概念，不過在利害上常與知識發生關係。把家庭性發揮到世界、社會上去，俾世界與社會成爲家庭化，那是好的。若要打倒家庭，而談甚麼世界主義、社會主義，我大膽批評他一句，非惟不知世界學、社會學，並且不知心理學。

攖寧按 家庭與社會，因爲組織法不同的緣故，所以就有差別相。然而在人類情感上講起來，本無不同處。推愛家之念以愛鄉，推愛鄉之念以愛國，推愛國之念以愛全世界人類，推愛全世界人類之念以愛全世界動物，由親而及疏，由近而及遠，由同類而及於異類，依次類推，自然合乎情理，容易做到。若謂必須打倒家庭，推翻國界，而後方能使世界大同。再進一步，擴而充之，可以說必須殺盡全世界人類，而後全世界動物方能享自由幸福。非但事實上辦不到，在理論上亦說不通。

載民國二十四年(一九三五年)一月一日揚善半月刊第二卷第十三期(總第三十七期)

家庭不是個個都快樂，當然也感受痛苦；不是個個都自由，當然也難免壓迫。

試問吾輩自從脫離家庭，或打倒家庭之後，不是已經跳入社會之圈，置身世界之海麽？其快樂何在？其自由何在？只覺得痛苦與壓迫，日日加重於吾身，至死未有已耳。

今時一般青年，有種口號，曰「奮鬬奮鬬」，豈知奮鬬工作尚未到底，閻王老子就請你去了。倘無入聖之階梯，超凡之學識，專在世界人類之中講奮鬬，其結果比一大羣蝨子，在褲襠中跳來跳去，何以異乎？

(三)原文　談到化聲的家庭教育，尤其寤寐難忘。化聲並無兄弟姊妹，家庭之愛，鍾於一身，出入顧復，不言可知。五六歲時，雲溪公教以字義音韻，及虛實用法，牙牙學語，已沐教育之曙光矣。

攖寧按　家庭教育，對於吾人一身之成敗，是很有關係的。余觀世上各種奸人、惡人、庸人、愚人等等，皆未曾受過家庭之良好教育。甚至於其父母就是奸惡庸愚之輩，其子孫當然不能例外。倘若家庭教育根本既壞，縱受社會教育，亦不能改變其壞習氣。此是事實，不是理想。試一調查各頑劣兒童之家庭，便知其故。

(四)原文　孩子時的化聲，便不好惹。父親要他讀書，他便提出條件，要父親講演小說。坊間所有之才子佳人、神仙高僧、妖魔鬼怪、巨盜大俠等等野乘，幾乎買盡。於上幾年，他的字認得多了，自己就可以看了。

攖寧按　孩子們看小說，最歡迎的是西遊記、封神榜、濟公傳一類的神怪小說，其次是水滸、彭公案、七俠五義一類的武俠小說，再其次方是三國演義、說唐、征東、征西、岳傳等歷史戰爭小說。最討厭的是紅樓夢、花月痕、儒林外史、品花寶鑒、官場現形記、九尾龜、繁華夢等類愛情社會小說。一個孩子是這樣，十百千萬個孩子也是這樣。因此可以曉得，人類的先天根性，就是布滿了神怪種子，兼帶點俠義的氣味。除此而外，什麼愛情呀，倫理呀，國家社會呀，道德學問呀，完全是不相干的事。我們不要笑他們知識幼稚，要曉得這纔是人類先天本來的根性。

載民國二十四年(一九三五年)一月十六日揚善半月刊第二卷第十四期(總第三十八期)

(五)原文　最不景氣，就是那時的學風，朱子集註外無書，八股試帖外無文。看了一部御批綱鑑，便是文通古今，學貫天人。素性不羈之化聲，若何能耐？

攖寧按　那時的學風雖壞，現在的學風更壞。試看各省市各學校，除了幾本教科書以外，請問尚有何書可讀？春假、暑假、寒假、星期例假、各種紀念假，一年已經去了半年，其餘半年的光陰，都消磨在幾本教科書之內。自踏進學校門檻以後，直到得着畢業文憑爲止，他們腦海中印象，不過幾本教科書的影子。畢業文憑到手以後，連幾本教科書也都束之高閣，更談不到再求深造了。

從前科舉時代，學生們既讀過朱子集註，當然不止一部四書而已，照例五經總要讀一讀。現在的學生，提起四書、五經，不要說讀過，恐怕見過面的也是很少。一部御批綱鑑，比較二十四史，自然極其微末，但內容尚有數十本之多。若拿現在的歷史教科書同他比較，可稱得起小巫見大巫了。我敢說，假使現在人們幼年時讀過孟子駁斥許行一篇文章，必不肯迷信□□萬能。若再讀過禮記中孔子大同學說，必不肯□□□□□□□□□□□□□□。可以見，四書、五經未嘗沒有用處，不是輕易能彀打倒的。

八股這樣東西，的確是無用，應該打倒。但是第一變廢八股而改策論，徒尚空談，終鮮實際，其無用亦等於八股。第二變廢策論而改學堂，震驚於歐美皮毛之科學，忘記了本國固有之文化，學生們在校內鬼混幾年，雖然博得一張畢業文憑，等到在社會上做起事來，其無用之程度，比較舊時代八股先生，未必有何高下。此等人可名之爲新八股先生。還有一般出洋回國道地舶來品，他們的聲價，當然比土貨要高過百倍，但其無用之程度，亦復不甚相遠。此等人可名之爲洋八股先生。

我並非對於八股有什麼戀愛，對於科學有什麼惡感，況且我也是學校中出身，也混得有兩張畢業文憑。當年校中考試，每次都不出前五名，功課一層，總可以說過得去。所恨者，就是自己在校內學來的功課，拿到社會上做事，完全不適用，必要另外換一副手段方可。至於畢業文憑，不過是個敲門磚，門敲開了，磚就要丟了。若仍舊把塊磚頭拿在手中，捨不得拋棄，大家要笑你是傻子了。當年科舉時代，不能不藉八股獵取功名，功名到手，八股就是廢物，因爲他也是敲門磚一類的東西。所以在我的眼光中看，秀才、舉人、進士，學士、碩士、博士，實在沒有分別。

載民國二十四年（一九三五年）二月一日揚善半月刊第二卷第十五期（總第三十九期）

（六）原文　迎之不見其首，隨之不見其後，其惟思想歟。幾點鐘可以飛渡太平洋，一口氣可以傳達全世界，數十年前之人，若有發此思想者，目光如豆之心理學家，必以爲與事實距離太遠，無可能性。但不知現在之航空以及無線電播音機，何以會有此成績？婦人生產，算甚麼事。若對於未習見、未習聞之小兒曰：「你媽媽肚子裏，將來要爬出幾個像你一樣的東西來。」他必定不信，或者且大罵。因爲這件事，離他的思想太遠之故。遠距離之思想，一旦見諸事實，未必不成驚天動地之舉。西人謂優等思想，發爲事實；劣等思想，被習俗倫理等壓抑下去，成爲夢想，或顛狂病。亦不盡然。

攖寧按 西人本承認思想爲事實之母，但其所以有優劣之分者，或又是根據科學去評判。我的見解，以爲思想不應該受科學所拘束。若不能跳出科學勢力圈以外自由活動者，不得名爲思想。

思想是精神一方面事，科學是物質一方面事此處所謂科學，是狹義的，不是廣義的。現代人類，尚不能彀把精神與物質中間的界限打通，所以思想與事實，常相矛盾。若果以人類爲主體者，必須要做到將自己精神來統馭物質，不可讓物質來征服我的精神，然後方有人生幸福之可言。否則終歸大亂而已。

(七)原文 中山先生自歐來日，留學生開會歡迎。化聲隨諸君子之後，上下議論，於歸宿處，得兩結論。一我國不宜再行產生帝王，二政局負責有人，十年皇帝夢，且付笑談中。於是死心踏地，開始求學。

攖寧按 兩個結論，是照當時的情狀而言，化聲君自己以爲是很對的，若理後細心研究一番，恐怕尚要發生問題。若說帝制定是不好，何以大英帝國、大日本帝國，居然稱霸？中國推翻帝制，已二十餘年，何以至今仍受彼等大帝國所威迫，幾於不能立國？可見得此事不是隨便能下結論的。雖然當時政局負責有人，但不知所謂負責者，有幾位巨頭？是否堪勝此大任？是否足以救民族於水火、措國家於富强？若曰「民族」「國家」等等，都是古代的名詞，現在是要講世界大同主義的。那末就要請問中國可有資格配說這一句話？

(八)原文 政治、哲學、地理、歷史，這種學說，有何不了？偏要隨木屐兒之後，啞吔喔野阿，豈非咄咄怪事？別國人來本國留學，受本國人一同待遇可矣，何必另行發布什麽取締規則？長安雖好，不是久戀之鄉，於是遂與三島話別。

攖寧按 化聲君以爲怪事，我不以爲怪。倘若不如此，如何能得文憑到手？沒有畢業文憑，回國來如何能弄到官做、騙到錢用？若認爲彼等是真心求學，有所不滿，彼等反以我爲怪事矣。留學生個個都像化聲君這樣血性，老早跑得精光。但事實上又如何？

載民國二十四年(一九三五年)三月一日揚善半月刊第二卷第十七期(總第四十一期)

(九)原文 科學的好處，固不待言，但他對象所含之形形色色，未免容易誘發人類的獸念。門户見深之科學家，復從而推波助瀾，處處要打倒哲學，推翻倫理，或更進一步，自己代表哲學，自己製造倫理。閻魔王失其制裁之能力，地獄的餓鬼自然鬧得不成世界。

攖寧按 科學不免誘發人類之獸欲，誠屬遺憾，然科學本身不任其咎，各種科學發明家亦不任其咎。譬如空中飛機之本意，原為便於交通，今乃用為戰爭之利器。於是乎，各國空軍實力之比較，都市防空技術之演習，風聲鶴唳，全球震驚，庸人自擾，飛機何罪乎？又如畫圖之本意，原為肖物象形，誰教彼等專繪男女之裸體乎？音樂之本意，原為養性怡情，誰教彼等一聞音樂即羣起摟抱而跳舞乎？內分泌藥品之本意，原為培補身中之虧損，誰教彼等自恃藥力而縱慾宣淫乎？化學工業之製造，原以供給人類生活之需求，今乃利用化學知識以製造毒氣矣。催眠術之研究，原以探索人類神秘之潛能，今乃利用催眠方法以作姦犯禁矣。諸如此類，數不勝數，是豈科學之咎哉？

(十)原文 酒後茶餘，呼盧排悶；花前月下，擁妓消愁。極心理之放誕，亦極人間之樂事。同人既以此自遣，化聲何妨即以此自殺？

攖寧按　「花酒」二字，神仙家另有別解。請看呂純陽敲爻歌云：「色是藥，酒是祿，酒色之中無拘束；只因花酒悟長生，飲酒戴花神鬼哭。」又云：「酒是良朋花是伴，花街柳巷覓真人。」又云：「仙花仙酒是仙鄉。」又云：「時人不達花中理，一訣天機值萬金。」張三丰無根樹云：「無根樹，花正清，花酒神仙古到今。煙花寨，酒肉林，不斷葷腥不犯淫。犯淫喪失長生寶，酒肉穿腸道在心。打開門，說與君，無酒無花道不成。」張紫陽悟真篇云：「須將死户爲生户，莫執生門號死門；若會殺機明反覆，始知害裏却生恩。」又云：「若能轉此生殺機，反掌之間災變福。」安知昔日化聲所認爲自殺之途，不是今日化聲求長生所必由之路耶？

（十一）原文　牽牛入屠場，道逢青草，咀嚼若有餘味，旁觀者代爲流淚。雖然，吾人之靈魂，每至萬分無聊，宛轉待斃之時，倏有一盞心燈，大放光明，接引之入於別一境界，以組成新生命。

攖寧按　古今來，仙佛種子所以能相續不斷者，賴有此一轉變。

載民國二十四年（一九三五年）六月一日揚善半月刊第二卷第二十三期（總第四十七期）

（十二）**原文** 「任他聰慧過顏閔，不遇明師莫強猜。」道家之言，千百門中，吐露一二門；千百段中，發表一二段。或節目易其程序，或字句變其先後，或泛論烏兔龍虎等法象，或廣演乾坤坎離等卦爻。撲朔迷離，莫測端倪。博如朱熹，渴好參同，不得其解，遑論餘子。雖然，一得口訣，便開鎖鑰，滿庫寶藏，任人取攜，萬卷丹經，悉我註脚。暢快生平，莫此爲甚。速死不成，得聞長生。仙師之恩，刻骨難忘。

攖寧按 朱文公集宋儒理學之大成，曾著周易本義並啟蒙二書，對於易經甚有心得，獨不能解釋魏伯陽之參同契，然又酷嗜此書。窮年累月，鑽研不已，費盡心力，僅成參同契考異一卷。今世所存參同契善本，除五代時彭曉註而外，當以考異本爲最古，故朱子之功亦不可沒。後人有詩曰：「神仙不作參同契，火候工夫那得知；千載晦翁拈一語，可憐無及魏君時。」此詩深惜朱子不能親受伯陽之傳，故難通秘旨。然當時正大有人在，奈朱子無緣，未與相值。

考宋神宗熙寧乙卯歲，張平叔作悟真篇，闡明金丹大道，爲繼參同契而後第一部偉著，前於朱子時不過數十年。再傳至翁葆光，宋孝宗乾道癸巳歲作悟真篇註，正與朱子同時。平叔張真人雖於宋神宗元豐五年化去，而徽宗政和間，復出現於世，尚書黃冕仲曾親眼見之。高宗紹興戊午歲，劉順理又見之。而朱子固未聞之也。又石杳林、薛道光二人，皆與朱子同時，亦不能遇合。或者因爲儒家面目，理學門庭，足以拒人於千里之外乎？

此等問題，暫且擱置。現在有一個問題，須當研究。參同契書中所有卦象，原出於易經，故名周易參同契。朱子既有本領解釋易經，何故對於參同契不敢作註？蓋易經所表現者，不外乎象、數、理。凡是聰慧之人，又肯用功多讀書者，總可以就自己所悟入之途徑，發揮幾句奧義，搬弄幾句玄言。說得對，固然是好；說得不對，亦無甚關係。若彼參同契者，乃千古丹經之王，重事實不重空論。註得不錯，自可利己利人；註若差謬，不僅誤人，而且誤己。朱子當日既未遇明師得口傳訣，當然不懂參同契是什麼作用，豈可望文生義，强爲解釋？此正是朱子誠篤不欺之美德，爲吾輩所應該倣法者。設如後世淺識之徒，强不知以爲知，武斷前賢，文飾己陋，瞎猜亂註，七扯八拉。弄得一部書中非驢非馬，欺人適以自欺，未免有愧於朱子也。

載民國二十四年（一九三五年）七月一日揚善半月刊第三卷第一期（總第四十九期）

佛家心性之理，可以自悟，仙家修鍊之術，决不能自悟。縱然得遇明師傳授口訣，尚要刻苦試驗，方可有幾分希望；縱然本人有志刻苦，尚要外緣具足，方可許你試驗；縱然外緣具足，尚要自己道力堅定，方可不被外緣所誘惑；縱然道力堅定，尚要學識精深，方可不致弄巧成拙。世上若有專講自悟之人，請他一心皈依佛門，好去參禪打坐，念佛往生，不必踏進神仙的門檻，因爲這種人沒有資格學神仙。

（十三）原文 人生必賴資生之具。有資必有求，有求必有爭，故「爭」「存」兩字，已成生物學家欽定之名詞。加以經濟一元論既出，舉凡人類思想、學術、政教、風俗等等，無不趣向於麵包問題。弱小民族聯合起來，打倒帝國主義，無產階級聯合起來，打倒資本主義，是聳動全世界人類來爭麵包也；無國界，無種界，無政治界，無知識界，耕者有其田，勞者有其食，是欲避免爭端，合全世界人類而生產麵包、分配麵包也。雖然，爭麵包固是一場殺機，分配、生產麵包，其能免於爭乎否耶？分配之途徑，未必無爭；生產之手續，未必無爭。即退一步言，分配同心，生產合力，麵包瞉用，而人類根性，飽煖思淫慾，又復拚命製造人類。此後起多數之人類，又復消費多數之麵包，幾何級數，相加無已，將有地球人滿之患，不開殺運，更循何道？社會學者，請語我來。

攖寧按 這個問題，永遠不會有解決之日。只有一種方法可以解決，即是全世界人類，男不婚，女不嫁，更不野合，老弱逐漸死亡，嬰孩從兹絕跡，敢保百年以後，天下太平。可惜這是一種理想，在事實上，萬萬辦不到。

(十四)原文 塵垢秕糠，猶將陶鑄堯舜，漆園老吏，斷不欺人，神仙學所有成績之最低限度，已足解決此問題而無餘。其道維何？即辟穀是。

攖寧按 辟穀之法雖佳，但非人人能用，故只可爲上智說法，中材以下，難知難行。若信辟穀足以解決普通人類爭食之問題，仍是一種理想。惟少數修仙學道之士，隱居深山窮谷，食物運輸，深感不便，儲蓄乾糧，常憂匱之，辟穀之方，正爲此輩而設。

(十五)原文 心色連持，刹那無住。新陳代謝，奚須火食？固體之物，牙齒咀嚼，研成細末，唾液酸化，由喉入胃，胃有酸汁，脾體蠕動，合成乳糜，是謂液化。或由滲透，或由揮發，穿腸胃壁，和合肺氣，分布全體，過低熱度，凝成精血，以是變化，資養生命。試觀穀食，必須飲水。鼻孔呼吸，一息不停。可知資生，非穀一物。取其精華，酸化成液，由液而氣，經過三態，已非故物。其餘沉澱，成爲老廢，大便排出。液中雜質，則出小便。生理學中，儘可研尋。

攖寧按 以上二段，首言食物資生之變化，繼言食物有固體、液體、氣體三種之不同。凡是讀過普通生理學者，皆能了解。惟首段原文有「心色連持，刹那無住」二句，乃佛典中專門術語。化聲先生研究佛學有年，此等話頭，自然摇筆即來。吾恐一般修道的人，及專習科學的人，對於此二句，難免要發生疑問，今特淺而言之。此二句就是說精神與物質，在相續不斷的運用中，無一刻停止，所以下面就接上新陳代謝等句，以證明其說有因。

載民國二十四年（一九三五年）七月十六日揚善半月刊第三卷第二期（總第五十期）

（十六）原文　然則三種物質，辟去一種，或辟兩種，吾人生命，能否保存，此一問題，極有價值。

攖寧按　所謂「三種物質」，就是指固體、液體、氣體三種而言；所謂「辟去一種」，就是說不吃米飯、麵包、肉食、蔬菜、果實等類，這些東西，都可以算是固體；所謂「辟去兩種」，就是說既不吃固體，又不吃液體（液體如乳汁、湯水之類），只要有空氣呼吸，就能維持吾人之生命，因爲空氣到處都有，用不着花錢去買。

彼植物者，自其根鬚並與根瘤，吸收溶液，由纖維質生長層中，提升枝幹；葉中毛孔，吸取炭酸，由葉綠素化學作用，吐養納炭。以是因緣，植物食料，僅氣與液，已廢固體。

其在動物，例如蜩蟬，吸風飲露，天然高潔； 節足一類，吸食血液； 蜜蜂蝴蝶，僅吃花汁； 寄生蛔蟲，消耗養液。凡此等類，其於器官亦有變更，因爲所食無固體物，不須咀嚼，故其口、舌、牙齒，或針狀形，中通以管，以便吸收，或由皮膚通過溶液。

原始動物阿米把類型，手、足、頭、目，一切皆無，僅有圓形，表似水母，中有一核，屈伸凸凹，以營活動。此核非他，即氣體是。

總觀上述，自植而動，辟去固食，僅液與氣，以營生活。然而原始動物，實無死理，松柏梓楠，蒼翠千年，昆蟲變態，死裏求生，寄生分裂，生殖無窮，何以吾人而不如物？

攖寧按　以上四段，首言植物營養，不需固體，繼言動物營養，亦不需固體，何以人類一定要吃固體的食物？ 愚意認爲，習慣使然，實無理由可講。假使人類專食液體，不食固體，亦未嘗不可生存。有許多病人，不能消化固體的食物，日只飲少許流質，他們也能生活。可知辟去固體的食物，對於營養上毫無問題。

爬蟲一類，冬入土穴，深固閉藏，不食外物，至次年春，驚蟄節內，始行出現。動物學家，名曰「冬眠」。

俄國邊地，有墨斯哥，其地人民，秋冬兩季，長眠不起，無須飲食。英國所出醫藥雜誌，稱此現象爲「陸益加」。

普通人類，日則三餐，猶嫌未飽。夜無一飯，並不飲水，清晨睡足，披衣而起，滿口津液，腹無饑態。雖無爬蟲及俄民之時間耐久，然而現象與其原理，則爲同一。此則辟去固體與液，純食氣體，亦足營生。

攖寧按　以上三段，首言爬蟲冬眠不食，次言俄民長眠不食，再言普通人類夜眠亦不食。在化聲先生之意，以爲如此便可將固體與液體二種食物一概辟去，純用兩個鼻孔吸受空氣，即足以維持吾人之生命。

雖然原文所舉三例，都是眠睡以後，方能不飲不食。譬如火車、輪船停止行駛，當然用不着大批燃料，等到一朝要開行時，就要增加足量的煤炭。吾人肉體正在睡眠時，五官四肢皆停止活動，完全入於休息狀態，譬如火車、輪船靠了碼頭一樣，所以此時無須飲食。等到一朝睡醒，要起身作事，要勞心勞力，有勞便有損，非極豐富之滋養料，不能填補人身上所銷耗之物質。僅持空氣，恐不足以應用。質之化聲先生以爲如何？

（十七）原文　萬物之靈，信非虛稱，非唯心理高瞻遠矚，即其生態，亦能表現有情全體。例如普通食備三種，其在嬰孩，三年哺乳，早辟固體。胎兒時期，若固若液，均非其食，僅營氣機，以促發育。蓋其臍帶連接胎盤，盤上絨毛細叢如髮，入母子宮，亦如樹根插入地中。母一呼吸，由此絨毛傳達胎盤，通過臍帶，以育胎兒，口舌與鼻並無工作。改變生理，適應環境，實生物學家之金科玉律。何況回復本來胎兒大道，世人對於此點絕無研尋，偶聞人言，即罵迷信，寸光鼠目，可笑可憐。

攖寧按　胎兒在母腹中，即是全體浸在胞漿水内，耳目、口鼻、四肢、髮膚，都爲水所包圍。水之外，即是胞衣。胞衣之外，即是子宮。子宮上有一層内膜，與胞衣緊貼相連。胞衣上有臍帶，接聯胎兒肚臍。故胎兒周身之血運循環，全恃臍帶之功用，以便與母身息息相通。因此胎兒肺部雖不呼吸，而赤血、紫血之變換往來，新陳代謝，無異與伊之母親共一個生命。可知胎兒身内所需要之養氣，乃由母血中間接的傳送而來，非由空氣中直接呼吸而得。及至出胎以後，大哭一聲，空氣自鼻孔而入，肺部遂有呼吸之動作。於是臍帶可以剪斷，不必再作功用矣。**陳攖寧增批**　各家丹經所言，胎兒在母腹中，母呼亦呼，母吸亦吸，乃似是而實非也。

講究修仙、學道、辟穀、服氣之工夫者，請於此段理論，特別注意。

載民國二十四年（一九三五年）八月一日揚善半月刊第三卷第三期（總第五十一期）

（十八）原文　神仙之術，無他巧妙，開關展竅，斯爲第一。及其方法，則在調息，短者使長，粗者使細，若存若亡，分布全身。莊子云：「緣督以爲經。」吾人脈絡，任督總持，二脈若通，百脈隨行。又云：「衆人之息以喉，真人之息以踵。」人身各部，唯足後跟，位最低下。息能至此，全身毛孔，開通無餘，成體呼吸。更加臍穴，恢復祖氣。磅礴太空，如母子宮。食息養育，我似胎兒。回視段食，猶如糞土。誰謂辟穀，無可能性。若第二步，體同虛空。第三步者，此虛空體，一拳打破，鳥雛脱殼，醯雞出甕。至此方知，殼與甕外，尚有天地。

攖寧按　開關展竅之法，有旁門，有正道。正道中又有勉强與自然之别。化聲先生所言調息法，即自然法中之一種。此法有利無弊，人人可行。

「緣督以爲經」句，見於莊子第三篇養生主篇中，下文「庖丁解牛」一段寓言，即是申明此義。雖其本旨亦在養生，然是否有合於神仙家黃河逆流之訣，尚未敢斷定。

「真人之息以踵」句，見於莊子第六篇大宗師篇中。踵，即足後跟也。或疑：「人身呼吸之空氣只可以到肺部，若到下丹田，已覺不易，到兩腿可謂絕無，若再要到兩足踵，豈非夢話？莊子慣作寓言，如何能認爲實事？」雖然，莊子明明説真人之息與衆人之息不同，若是衆人，其息固仍以喉而不以踵也。再者，莊子所謂真人之息，是指内呼吸而言，不是兩鼻孔的呼吸。若用鼻孔呼吸，依舊是個凡夫，不足稱爲真人。

又按　「段食」二字，是佛家名詞，道家向無此語。普通解釋「食」字的意義，皆指養生之物質從口而入者，方名爲食。道家擴而充之，遂指空氣自鼻而入者，亦名爲食。佛家所謂食者，範圍更廣：　一曰「段食」，即人類每日所必須之食料也；　二曰「觸食」，謂觸對於六識順情之境而資益身心者；　三曰「思食」，謂於順境而生希望，意思資潤，諸根增長者；　四曰「識食」，謂地獄眾生及無色界諸天，皆無「段食」「觸食」「思食」等三種，僅以識持體，故名「識食」。以上四種，因其皆能持有情身命全不壞斷，故名爲「食」。如此理論，是否精確不移，今亦無暇置辯，然其對於「食」字之本旨，可謂愈說愈遠。地獄及無色天，有與没有，尚是一個問題，食與不食，我們更無從證明。今姑就人類所居之世界加以研究。凡是動植物之長養，必須攝取其本身以外的物質，加入本身之内而組合之。雖有固體、液體、氣體之不同，其爲物質則一也。若廢去各種物質，專恃外界之感觸，或自己之思想，而謂即此遂足以維持其本身之生命，恐無此事。只有禁絕感觸，停止思想，專心在食氣上做工夫，方能神明而永壽也。

（十九）原文　道家由生理入手，一段一層，皆有印證，如人飲水，冷煖自知。如此妙法，願盡形壽，稽首受持。雖然，口口相傳，不依文字，老、莊、參同而外，理論太少。加以道藏全豹，方內難窺。坊間丹經，不及一年，讀盡無餘。文詞結習，真理要求，以是因緣，得窺佛學。

攖寧按 道家雖是由生理入手，但是要用方法改變常人之生理。所以他的目的是超人的，而非平凡的；他的學術是實驗的，而非空談的。此處所謂道家，即是神仙家，與普通之道家有別。

神仙家口訣不肯輕傳，又不肯在書上發表，就是因爲他是超人的，凡人聽了，定要驚駭；又因爲他是實驗的，你只要依他的法子去做，就可以得到同樣的效果，用不着許多理論。尚有其餘種種原因，已見拙著口訣鈎玄錄中，茲不贅說。

老、莊是道家，參同契是神仙家，本截然兩事。即專就老莊學說而論，莊子之見解，亦大異於老子。試觀莊子天下篇，可以知其概矣。蓋老子所講的是教相，莊子所揚的是宗風。於是同一道家，而有老子之道與莊子之道，譬如同一禪法，而有如來禪與祖師禪也。

老、莊的道理雖極其玄妙，老、莊的文字雖極其古奧，假使學者，費十餘年光陰，專研究這兩部書：第一步，校其版本之異同；第二步，考其訓詁之定例；第三步，析其名言之類別；第四步，會其義理之旨歸。如此研究下去，必有豁然貫通之一日。今世學者，對於老莊及周秦諸子，皆未能刻苦用功，動輒拾他人之餘唾，評判佛道之優劣，非但不知道，並不知佛，可笑可歎。

參同契稱爲「萬古丹經王」，歷代修鍊家對於此書，極其重視。而參同契之難解，實百倍於老、莊。東漢的文章，流傳到現在，約有一千八百年左右，本不易明了，况且滿紙都是隱語，就讓你費盡心力，把他的文章解釋清楚，仍舊絲毫摸不着頭腦。因爲他所講的是實事，不是空理，所用的又是許多代名詞。其學術直接黃帝之傳，更旁通於周易陰陽之說，亦有合於老氏玄牝之機。而與莊子之「齊生死」「一彭殤」者，其宗旨極端相反。學者不可不知。

坊間丹經，嫌其太少，而道藏全部，復嫌其太雜。太少不足以供研究，太雜亦不便於學人。儉而鮮通，博而寡要，蓋兩失之也。

唐宋以來，學道的人大半兼學佛，因爲他們都是虛懷若谷，並且希望得一個真實的比較，化聲先生亦不能例外。

學佛的人則多數不肯兼學道，因爲他們看不懂道書。同時在佛門中得着一知半解，遂自滿自足，又沾染些宗教的習氣，故不敢研究教外的學術。

載民國二十四年（一九三五年）八月十六日揚善半月刊第三卷第四期（總第五十二期）

(二十)原文　楊仁山先生刻經金陵，曹鏡初先生桴應星沙，長江流域，請經甚易。民國建元，三湘維新，譚畏公特開省議，化聲承乏會員，此行得經論百餘種。閱三四年，月霞法師，講華嚴於哈同花園，化聲與二三同志，買輪東下，至則法會已經解散，遂由有正書局運回經典又百餘種。法海無邊，偃鼠得以滿腹。

攖寧按　楊仁山居士，當初本是學仙者，因無人傳授，雖將坊間所有之道書丹經閱過不少，仍未得其解，後來遂改而學佛。於是讚歎佛門之廣大，極力提倡淨土宗，並將陰符、道德、冲虛、南華等書一概拿佛家的義理去融會貫通。當然不免有牽强處，但大部份尚能折中於至當，其見識比較尋常佛教徒，高低實有霄壤之別。

楊老先生曾對我談一故事。他說北魏曇鸞，初本學佛，後因有病，欲藉長生之術，延其壽命，以便於研究佛學之精蘊。遂從梁之陶弘景處得仙經十卷，擬往名山，依法修鍊。行至洛下，遇天竺三藏菩提留支，曇鸞因問佛經中長生不死之法，可有勝過此仙經者。菩提留支曰：「是何言耶？佛教中那有長生法？縱得長生，終輪迴於三有耳。」即以觀無量壽經與曇鸞曰：「此是大仙方。」鸞拜而受之，遂焚仙經，專修淨業。

我當時對楊老先生言，曇鸞這個人，有四大錯誤。

第一錯處，把仙道看得太低。他心中認爲神仙家只曉得長生，凡長生以外的道理，仍舊要在佛法中探討。他所以要學長生者，就是恐怕自己的壽命太短促，一朝大限臨頭，不能滿足他學佛法之志願，故要兼學長生。他對於神仙家並無真確之見地。其實佛家所具的理論，中國易經並老、莊書上早就說過，惟名詞不同而已，曇鸞何嘗領會到此？

第二錯處，不應該問及菩提留支。因爲長生不死之法，是中國神仙家所發明的，印度佛教徒如何能懂得？假使佛教中果有長生之法，釋迦牟尼何以只能活到八十歲左右？他們的始祖尚且不懂得這個法子，何況後來的一般佛教徒？其程度去釋迦牟尼蓋遠之又遠，豈非是問道於盲麽？

第三錯處，棄實求虛，心無主宰。長生是實，有目共覩；往生是虛，拿不出憑據。曇鸞忽而要學長生，忽而又學往生，忽而要受仙經，忽而又焚仙經。在迷信家看來，必定說他勇於改過，從善如流，一遇菩提留支，便爾大徹大悟；在我看來，可以說他本人毫無定力，完全隨他人之意思爲轉移，所謂「近朱者赤，近墨者黑」是也。今試問：當日曇鸞既稱有病，不能繼續研究佛經，料想其病，必非輕微，是否須延醫服藥？若一方面延醫服藥，求病之速愈，一方面又鄙視長生，豈非自相矛盾乎？若謂當日身體雖有病，並未醫治，乃是聽其自然，那末就應該老早生西方去了，如何尚能延長到六十七歲乎？若謂世間有一種病，本非死症，儘可帶病延年，用不着醫治，則是手邊原有却病之方、免死之術，只因菩提留支一語，遂棄之如遺，而對此衰朽多病之軀，偏又捨不得拋棄。既不屑從事長生之術，爲什麼尚要帶病延年？其將何以自解乎？若謂曇鸞所以不學長生，因爲怕墮入輪迴；曇鸞所以帶病延年，因爲要精修淨業。我們姑且不論長生是否必定墮入輪迴，以及淨業是否必定免除輪迴，這些都是空談，無從取證。就算是淨業成熟，即可以免除輪迴，設若不幸，蓮胎尚未結於西方，肉體早已埋於穢土，豈非又墮入輪迴乎？若謂臨終一念，即可往生，不必費許多歲月，則曇鸞初見菩提留支之日，信願真切，當無以復加，何不立刻往生極樂，尚要遲至六十七歲方能脱離此肉體乎？若謂肉體生死，本有定數，不能自由做主，只要靈魂能彀往生淨土，即算達到目的，不必計較肉體壽命之長短，則是把肉體與靈魂分作兩截，心之外有物，物之外有心，理論亦欠圓滿。

第四錯處，擅焚仙經，行爲乖謬，甚於秦始皇。當日始皇雖說是盡收天下書而焚之，然對於醫藥種植之書，尚要保留。因爲此二種書關係吾人之生命甚重。曇鸞從陶弘景學長生術，所得十卷仙經，姑不論其依法修鍊真能長生與否，起碼的效驗，也可以達到却病延年之地步。此書之價值，至少也與秦始皇所保留的醫藥書相等，或者竟駕於其上。現在普通的善書，封面常有「自己不看，轉送他人」字樣，仙經縱不好，比較善書還高一級。若說所得的仙經方法難免誤人，故爾焚之。請問曇鸞，得書到手，尚未依法試驗，如何能判其方法之優劣？若說凡是延長壽命的書籍，都是不好，毋須分別優劣，則世間所有的醫藥書籍，以及藥店中所售的草藥，農家所種的五穀，都與延長壽命有關，曇鸞何不悉舉而焚之乎？楊老先生聽我滔滔一頓辯論，默不作聲，半晌方曰：「仙佛各有獨到處，是非本不易說，學者亦各有因緣，難以勉强，只好各行其志而已。」余曰：「先生此言甚善。」遂告別。

今日思之，楊老先生之度量，確與其他佛教徒不同。雖然受着我許多嚕嗦，仍是平心靜氣。若換個別人，恐怕就要怒髮衝冠、面紅耳赤了。楊老先生的宗旨，雖與我極端相反，但是對於他人格上，亦有相當的敬仰。

載民國二十四年（一九三五年）九月一日揚善半月刊第三卷第五期（總第五十三期）

（二一）原文 由家庭教育而科學，由科學而神仙，由神仙而佛學，似乎捨此取彼，有甚麼歷史進化觀。然而化聲生平治學，最不同情於入主出奴門户見深之輩，忽儒忽佛，忽科學忽神仙，似乎東扯西拉，調和三教之流。然而化聲自問，其前後思想，實有一貫之處。諸君少閒，請談一二。

「朝聞道，夕死可矣。」孔子何嘗不了達生死？「夫子之文章可得而聞也，夫子之言性與天道不可得而聞也。」性與天道，諱莫如深。僅以詩書六藝之文，傳之其人，乃教育家爲學生之程度支配，無可如何，然而已足應用。佛道兩家，每以爲儒門淡薄，姑置不論。最討厭是賣洋貨的，嘗欲打倒孔家店，要中國人盡吃麵包，而拋棄白米飯；要中國人盡着木屐，而拋棄大布鞋。未卜是何心理？

櫻寧按 孔子不但能了達生死，孔子並且能預知死期。觀泰山其頹之歌，可以想見孔聖人悲憫之懷，溢於言表。唉，有什麼用處呢？度世有心，回天無術。天命既已告終，雖大聖人亦無法挽回，於是七十三歲的孔老夫子，遂與世長辭了。

不論古今什麼大宗教家、大哲學家、大豪傑、大聖賢，到了結果，也是同愚夫愚婦一樣，埋在土裏拉倒，總沒有法子能彀對付他們的肉體。就讓你心性工夫登峯造極，亦不過預知死期、坐脫立亡之類，總沒有法子能彀打破生滅之定律，總沒有法子能彀使肉體長存。於是乎把肉體與精神分作兩橛，遂高唱肉體雖毀精神不滅之論調：

肉體是虛幻的，精神是眞實的； 肉體是穢濁的，精神是潔淨的； 肉體是罪惡的，精神是善良的。 這些理論，若認爲一時之權巧方便，聊以解嘲則可。 若認爲宇宙間之眞理，就是如此，則未免爲古人所誤。

「儒門淡薄」之語，是張方平對王安石說的。 王安石云：「孔子去世百餘年而有孟子，其後絕而無人。」張方平曰：「豈無人耶？ 亦有過於孔孟者矣。 儒門淡薄，收拾不住，皆歸於釋氏矣。」

若以我個人歷程而論，初以儒門狹隘，收拾不住，則入於老莊； 復以老莊玄虛，收拾不住，則入於釋氏； 更以釋氏誇誕，收拾不住，遂入於神仙。 吾將以此爲歸宿矣！

又按 張方平所謂勝過孔孟之人，蓋指馬祖道一、汾陽無業、雪峯義存、巖頭全奯、丹霞天然、雲門文偃諸禪師而言。 這幾位古德，在佛教禪宗一宗，自有相當的聲望，但不足以代表中國全部的佛教，如何能與代表全民族的孔孟相比擬？ 何況硬要說他們過於孔孟，未免言大而誇。 當時王安石、張商英輩，皆爲斯言所折服，可謂淺識。

(二二)原文 飛機不坐，而乘肩輿； 電話不用，強作手勢。 化聲無似，何至乃爾？ 高深科學，雖不能望其項背，即其研究神仙術所應用之物理學、化學、動物學、植物學、生理學、發生學、生態學、胎生學、解剖學等等，試問是否普通科學？對於討論佛學，尤有兩條定律：一以科學證明佛學；二以佛學淨化科學。

攖寧按 將科學與佛學溝通，固是一種美談，但於科學本身，未必有何等利益。因爲每個科學都有其獨立的資格，決不倚賴佛學而增高其聲價。至於佛學雖可用科學證明，亦只限於極少數的部份，而佛學中大部份，仍舊不能與科學發生關係。譬如佛經中最喜講前世與來世之事，又喜言天堂與地獄之現象，又喜言西方極樂世界之莊嚴。這類的話，在佛書上賽過家常便飯，毫不稀奇。若要拿科學去證明，使大衆共見，真可謂難之又難。

神仙之術，首貴長生，惟講現實，極與科學相接近，有科學思想、科學知識之人，學仙最易入門。若普通之宗教家，以及哲學家，皆不足以學神仙。因爲宗教家不離迷信，哲學家專務空談，對於肉體之生老病死各問題，無法可以解決，亦只好棄而不管，就算是他們高明的手段。

(二一三)原文 佛道兩家之教主，無非應化神聖，凡外何能測其高深？即其門庭設施之粗跡，化聲亦不願多談。就一時所認識的而言，仙學簡而要，佛學博而精；仙學以生理變化心理，佛學以心理改革生理；　仙學以色身冥通法界，佛學以法界融化色心；　仙學在打破虛空，佛學在顯現真如；　仙學在白日飛昇，佛學在超出三界；　仙學應用真一之炁，是唯生的，佛學建立阿賴耶識，是唯心的。

攖寧按　化聲先生此論甚爲公平，毫無偏袒，可謂一語破的，片言扼要。當代一般宗教家、哲學家能認識到此者，誠不易多得。余對於化聲先生之論，尚有補充，今條舉於後。

（一）「仙學簡而要。」乃化聲先生已經入門之語。若彼門外漢涉獵道書者，亦正如文獻通考上所說「道家之術，雜而多端」，何嘗認爲簡要乎？

（二）「仙學以生理變化心理。」淺而言之，如吃麻醉藥者，則知覺全無；　吃安眠藥者，則昏迷不醒。此西藥之效也。吃黃連、龍膽草，則怒氣立平；　吃人參、枸杞子，則精神愉快。此中藥之效也。肉體感受痛苦，則意志不寧；　四大時刻調和，則心神安定。斯皆生理變化心理之實據。

（三）「仙學以色身冥通法界。」依真理而論，法界與色身，本無分別。法界即在色身之中，色身亦不出法界之外，既不可以大小論，又不可以精粗論。勉强設一譬喻，就如拿木桶裝一桶水，放在大海裏。桶中之水，與海中之水，其水之性質，雖是相同，而水之能力，則彼此大異。海水有無量無邊之作用，而桶水則絲毫不起作用。何以故？爲桶所限耳。將桶打破，則桶中之水即等於海中之水矣。桶水譬如色身，海水譬如法界，木桶譬如障礙物，但不可誤會色身是障礙，而起厭惡色身之見解。須知打破障礙之後，色身即是法界，離色身而覓法界，即與真理不合。

（四）「仙學在打破虛空。」打破虛空，或又曰粉碎虛空，皆是後來道書中的詞句，古代仙經不見有此。因爲古仙大半是從外丹入手，完全是物質方面事，對於虛空，不起交涉。對於肉體，亦無所作爲。後代修鍊家，畏外丹之繁雜，喜內鍊之簡易，改由肉體之精氣神下手，遂有鍊精化氣、鍊氣化神、鍊神還虛之說。後又以爲不足，再加上鍊虛合道一層。於是乎丹道與虛空遂發生關係。瑩蟾子鍊虛歌云：「爲仙爲佛與爲儒，三教單傳一個虛；亘古亘今超越者，悉由虛裏做工夫。學仙虛靜爲丹旨，學佛潛虛禪已矣；扣予學聖事如何，虛中無我明天理。道體虛空妙莫窮，乾坤虛運氣圓融；陰陽造化虛推蕩，人若潛虛盡變通。」和陽子虛中歌云：「我身自向虛中來，我身應向虛中去；來來去去在虛中，可於虛中種業樹。」以上皆主張以虛空爲歸宿者。其他讚美虛空之論調甚多，未及詳述。至於人名用「虛」字者，如張虛靖、陳虛白、伍冲虛、陸潛虛、李涵虛之類，數不勝數。同時復覺執著虛空，亦非玄妙，遂用「打破虛空」「粉碎虛空」之說，以調劑之，既不著相，亦不著空。伊等自以爲理論圓融，據我個人的參證，這些都是虛僞空談，毫無實際。盈天地間，充滿了物質，何嘗有一處是虛空的？不過因爲人類的眼睛看不見許多微細的物質，假名之爲虛空耳。冰一變爲水，水再變爲氣，氣再散則爲虛空。雖名爲虛空，而實非虛空，因爲冰水之質體仍在也。若認爲真是虛空無物，豈非大錯？

（五）「仙學在白日飛昇。」「白日飛昇」這個術語，由來已久。不必說知識階級普遍傳聞，就是那些村夫、野老、市儈、流氓，雖學問全無，而對於白日飛昇之說，總能領會其意，決不至於誤解。當然不是從書本子上得來的知識，必是古代神仙有此等事實表現，眾目共覩，方能流傳於民間如是久遠耳。

魏書釋老志已經有「白日昇天」及「長生住世」之說，可知古代神仙家是以此二者爲目的，若不達到此種目的，則不足以言成就。後世一般學道人士，畏難苟安，不求深造，上等的成就，不過坐脫立亡；中等的成就，不過預言死期；下等的成就，不過無疾而終。能出陽神者，就算是鳳毛麟角，「白日飛昇」四個字，簡直可以不必談了。

或問：「『陽神出現』與『白日飛昇』究竟有什麼分別？」答曰：「古人所謂『白日飛昇』者，就是連自己的肉體跳出這個地球之外，神形俱妙。後人所謂『出陽神』

者，因爲没有法子擺佈這個肉體，只好把自己肉體當作房屋看待，把自己靈魂當作房屋中的主人翁看待。靈魂暫時住在肉體之中，用工夫修鍊，一朝瓜熟蒂落，則靈魂可以獨立自由行動，與肉體脱離關係。靈魂輕清，飄然飛出此地球之外；肉體重濁，塊然抛棄於山谷之間。此即『出陽神』之説，在仙道中也算是大成。但可惜神雖妙而形不妙，比較古仙，有愧色矣。」

（六）「仙學應用真一之炁，是唯生的。」遍虚空界，都是物質，物質精微到了極處，本不可用言語形容，我們隨便替他取個名字，皆無不可。横豎只有這一件東西，把世界人類所造的千千萬萬抽象的名詞，加到這一件東西上面，他都不會拒絕。「真一之炁」不過是千萬名詞中間之一個名詞，是假造的，不是固定的。所以老子説：「有物混成，先天地生，吾不知其名，强名之曰道。」道尚且是强名，其餘的名字，就可想而知。説對都對，説不對都不對。所以我們今日修仙學道，要從方法上研究，從事實上認識，不要被那些玄言弄糊塗了。

歷代以來，學佛的人們，都被名詞所誤。尤其唯識宗，花頭經格外來得多，以畢生數十年最短之光陰，鑽在這許多名詞中間，永無出頭的日子。到了結果，佛仍舊是佛，我仍舊是我，倒不如老老實實，念幾句「阿彌陀」，尚有往生極樂的希望。

可是話又說回來了，我們若要做工夫，是名詞越少越好；我們若要做文章，是名詞越多越好。果能若網在綱，有條不紊，名詞雖多，亦無妨礙。

「是唯生的」這四個字批評，甚爲切當。設若世上有人不贊成仙家唯生的宗旨，我敢說這個人必定是唯死的。蓋生之反面就是死，不能生，唯有死耳。

載民國二十四年（一九三五年）九月十六日揚善半月刊第三卷第六期（總第五十四期）

（二一四）原文 佛學全系，本有五乘，稱量而談，常在菩薩。焦芽敗種，尚罵聲聞；何況卑劣，乃在人天。所以五戒十善，四禪四定，具體而微，似宜以人乘攝受儒術，天乘攝受道家，科學居人天之間，以超人而享天福，門戶打破，廣收機緣，世界有情，同登彼岸。

攖寧按 此條我不敢贊同，今且略釋名詞，然後再發議論。

五乘之義，各種佛書上所判，頗有異同。今據天台宗說：一人乘，二天乘，三聲聞緣覺乘，四菩薩乘，五佛乘。

焦芽敗種，乃大乘菩薩罵二乘之語。謂其如焦芽敗種，不能發無上道心也。

人天卑劣，即輕視人天之意，乃佛教中一種誇大之習慣，實不足爲訓。做人的道理尚未曾明白，做人的品格尚未曾具足，他們就要看不起人；昇天的路徑尚未曾認識，昇天的力量絲毫都沒有，他們就要看不起天，幼稚得可笑又可憐。□□□□□□□，□□□□□□□，□□□□□□□，□□□□，□□□□□□□□□□□□□□□。可以見得，無論做人或學道學佛，皆須有實在的力量，不是徒唱高調就算完事。

一般看不起人、看不起天的朋友，遇到天災人禍交迫而來，他們想逃避又逃避不了，想抵抗又抵抗不住，性命交關的時候，急得無可奈何，大家就念「阿彌陀佛」，束手待斃。幸而全中國像這一類的人，或不滿百分之一。若個個都如此樣，請問世界上尚有中華民族生存之餘地麽？

五戒是不殺、不盜、不邪淫、不妄語、不飲酒。

十善是不殺、不盜、不邪淫、不妄語、不兩舌、不惡口、不綺語、不貪欲、不嗔恚、不邪見。

四禪四定，謂用四禪定工夫，即可生於色界四禪天也。初禪三天、二禪三天、三禪三天、四禪九天，是爲色界十八天。

佛家教義，謂人類若能守十善戒，再能修四禪定，則死後必生於四禪天。

老子是道家代表，研究道家學說先要看老子道德經。道德經說到「天」字甚多，試列舉如下。

（一）無名天地之始。

（二）天地不仁，以萬物爲芻狗。

（三）天地之間，其猶橐籥乎。

（四）玄牝之門，是謂天地根。

（五）天長地久。天地所以能長且久者，以其不自生，故能長生。

（六）飄風不終朝，驟雨不終日，孰爲此者？天地。天地尚不能久，而況於人乎？

（七）有物混成，先天地生。

（八）天地相合，以降甘露。

（九）天得一以清，地得一以寧。

（十）道大，天大，地大，王亦大。

（十一）人法地，地法天，天法道，道法自然。

（十二）不窺牖，見天道。

（十三）王乃天，天乃道。

（十四）治人事天莫若嗇。

（十五）是謂用人之力，是謂配天，古之極。

（十六）天之所惡，孰知其故。

（十七）天之道，不爭而善勝，不言而善應，不召而自來，繟然而善謀，天網恢恢，疏而不失。

（十八）天之道，損有餘而補不足，人之道則不然，損不足以奉有餘。

（十九）天道無親，常與善人。

（二十）天之道，利而不害，聖人之道，爲而不爭。

以上所列舉者，約二十條。其中「天」與「地」並言者，約有九條，皆是指自然界的現象，乃吾人肉眼所可見者。天是虛空，而地是實體；天無範圍，而地有界限。除地球及日、月、星而外，皆名爲天。其他各條，皆指循環之定律、善惡之感應、盈虧之公理而言，儒家所謂天人相與之際也。蓋道家與儒家，同是以人爲本位，言天者必兼言人。離人而談天，賢者不爲也。

佛家所謂天者，如欲界六天、色界十八天，有方所，有國土，有人民，有宮殿，有飲食，有衣服，雖名爲天，仍是像我們所居的地球一樣，實在是地，而不是天。自從前代梵文翻譯家，將華文「天」字用到佛書上去，於是儒、道兩家之天，與釋家之天，遂糾纏不清。佛教徒原來看不起印度的天，因此連帶看不起中國的天。他們不知中國人思想所造成的中國天，與印度人思想所造成的印度天，名詞雖然一樣，義理迥不相同。

化聲先生研究老莊之學有年，當然能認識這個不同之點，如何可以把道家攝到佛教天乘中去？恐怕是言不由衷吧！若當真如此，豈非令老子悲啼彌勒笑麼？至於把儒術攝入佛教人乘的話，只要他們孔教徒甘心願意，我也犯不着多管閒事了。

(二五)原文 近來學術，光怪陸離，大放奇彩，實足自豪。科學倏興，橫絕宇宙。儒術精深，遠過漢宋。尤其佛化，突飛猛進，方興未艾。唯有道家，噤若寒蟬，黃老有靈，同聲一哭。

某書館者，編一文庫，古今中外，搜羅殆遍。於道家言，有兩三部。以其量論，二三十頁；若論其質，牛頭馬嘴，真個不對。此類鴻寶，請抄書手，一二十人，略加指示，一月之內，可成百冊。奈何嗜痂，成此癖性，牛溲馬勃，鼻息島國，梨棗何辜，受此奇辱？毀我黃鐘，誇人瓦缶，國際文化，體面何存？中華道術，自有師承，內聖外王，實無多讓。化聲再來，或者在此。然須條件，且待五年。

甲戌仲夏武昌佛學院世界圖書館化聲自叙

攖寧按 儒道兩家，同出一源，本無異議。佛教雖是外來的，但已經被中國人改造過了，比較印度原始佛教，大有分別，未嘗不可以說是中國自己發明的，僅僅借重釋迦牟尼一塊招牌而已。三教各有所長，誰也不能把誰打倒，久已成爲鼎足之勢。道家宗旨，向來是抱定利而不害，爲而不爭，決没有打倒别教的意思。我敢説别教要想把道教打倒，亦是徒勞無功。所憂者，道教中人才太少，難以維持，慢慢的煙銷火滅，不打而自倒。若没有整個的學術作爲骨幹，没有超拔的天才繼承絶學，僅僅靠幾處乩壇在那裏製造迷信，幾處道觀在那裏拜懺唸經，又何濟於事？現在全國中真心實力替道教摇旗吶喊的，就只有我一個人，化聲先生，你想可憐不可憐？

某書館本是營業性質，只求出版物能彀賣錢，就算達到目的，書之好壞，何必過問？況且國人素有崇拜洋貨之劣習，豈敢批評他的錯誤？日本是個佛教國，做道教的書，當然做不好，這也難怪，獨惜吾國人之盲從耳。我勸化聲先生不必待到五年之後，現在就可以動筆。否則，那班似是而非的道教書籍，越弄越多，道教名譽將一敗塗地，更不可收拾矣。

載民國二十四年（一九三五年）十月一日揚善半月刊第三卷第七期（總第五十五期）

人生唯一積極大問題答案

陳攖寧

一問：「天爲何要生我？」

答曰：「老天爺正在那裏做夢，我們不要驚動他。」

二問：「我爲何要做人？」

答曰：「因爲偶然高興，乘老天爺做夢未醒的時候，不妨到世界上來遊戲一番。」

三問：「人應該如何做？」

答曰：「黑臉是忠臣；白臉是奸臣；戴起平天冠，就是皇帝；拿着討飯碗，就是乞兒；披英雄氅的是草寇；穿八卦袍的是軍師；搖旗吶喊的是嘍囉；咬文嚼字是書生。咱老子高興怎麼做，就怎麼做，暫時同這班淘氣的孩子們厮混着尋尋開心。等到一朝玩得膩了，說聲失陪，頓然蹤跡不見。人應該這樣做。」

甲問：「天是何物？何以能生我、生人、生萬物？」

反答：「我是何物？何以能爲天所生？」

乙問：「今此身中，何者是我？」

反答：「此身以外，那一處不是我？」
丙問：「我生從何處來？」
反答：「我死歸何處去？」
丁問：「我生爲人，是自己作得主否？」
反答：「我死了變禽獸、變草木、變土石，是別人替我作主否？」
戊問：「死後靈性滅否？」
反答：「靈性是什麽東西？有幾何大小？吾人未死時，靈性藏在人身什麽地方？」
子問：「辛苦一生，所爲何事？」
反答：「假使我們不願意白白的辛苦過一生，那末應該如何辦法？」
丑問：「靈性若不滅，則最後應得何種結果？」
正答：「種瓜得瓜，種豆得豆，因果分明，不必問他人，還須問自己。」

攖寧曰　余觀存誠廬主所揭出日人藤田操氏三大問題，頗有研究之價值。存誠先生所附加七小問題，亦有深意存乎其間。可惜藤田操氏是個鈍根，窮思極想，究竟不能解決，只有出於自殺之一途。世俗眼光中看來，必定笑他愚笨得很，然而我要讚美他是一位有志之士。因爲畢生未曾遇着大善知識，所以弄得他没有辦法，假使當代有第二個達摩，那怕他不要學神光之斷臂？現在青年人爲愛情自殺，中年人爲經濟壓迫自殺，報紙上常有記載，比較藤田又何如耶？

存誠廬主，我不知爲何許人，總可以稱得起是一位先覺者。無奈當今之世，後覺的人，實在太少，所以他們把這許多大問題認爲無關輕重，不肯在報紙上登出，偏喜歡登載那些荒淫的文字。衆生相本來就是如此，又何足怪？

幸而揚善刊編輯者是一個明眼且能識得古董的人，如張化聲君駁覆某某居士書，如化聲自叙，如竺濳道人各篇述作，如劉仁航先生來函，如純一子仙佛科學之研究，如存誠廬主人生積極大問題，以及攖寧自己拋磚引玉的各種答問。這許多材料，聚集在極短的篇幅中，在作者原是各人發揮各人的意見，既不欲强人就己，亦不必捨己從人，似乎矛盾衝突是不能免的。然而合攏起來看，不但是没有衝突，並且能互相發明。這幾位大思想家，差不多走到一條路上來了，無形中像煞有個團體，我不能不佩服編輯者手腕之靈敏。

三大問題答案，表面上看起來有點滑稽，實際上是表明我自己真確的見地。但人人見地各有不同，切不可因爲我已經回答過了，閲者諸君就此默然而息，那倒辜負存誠先生一片苦心。最好是把各人自己的見地和盤託出，無論你們是用儒、釋、道三教義理，或是宗門機鋒，或是科學證據，或是憑個人的思想，獨標異幟，脫盡恒谿，皆一例歡迎。假使我們對於這幾個問題回答不出，那末我們的人生，真可謂毫無價值，「萬物之靈」四個字名稱，當之未免有愧。千祈猛醒，勿再沉迷。

載民國二十四年（一九三五年）十月十六日揚善半月刊第三卷第八期（總第五十六期）

到四元宇宙去

施毅軒 著　陳攖寧 按

我人處世，全被時間與空間所限制。自生而老而死，此時間之驅使；自滬而蘇而京，此空間之束縛也。苟能超出時間與空間，則可隔絕生死而永遠存在，除去障礙、無有來往矣。惜乎！時間與空間雖爲我人之公敵，然亦爲我人生存中所息息需求者也。

若論空間有三次元宇宙之原理，即前後、左右、上下是也。在一次元之線上任取一點，即有前後之别。譬如甲乙二人面對背立在一線上，則甲之後即爲乙之前。可見前後二項實爲相對者也。在二次元之面上，除前後外，另加左右二項。譬如二人並坐，則甲之右即乙之左。此左右之相對，與前後同也。在三次元之空間上，除前後左右外，另加上下二項。譬如甲立乙臥，則甲之頭部在乙之上，而乙之全身在甲頭之下。此上下二項，亦爲相對，與前後左右同也。**攖寧按** 此說可參考代數學之三乘方，幾何學之點、線、面、體。

空間既爲相對，有用則存，無用則廢。此存廢之别，全視環境而定。譬如在一次元線上，若甲乙二人面對面坐，則甲之前即乙之前，而甲之後非乙之後，此前後之不可固定明矣。故我人若離開地球，則前後左右上下之方向，均可視爲一體。蓋離開地球者，從地球方面論，空間已廢，障礙已除，來往可無有矣。**攖寧按** 雖離開地球，假使我們的肉體尚在，則上下前後左右依然如故，安能廢除？

至於時間，則有閔可斯奇之四次元宇宙論之爲相對，復有安因斯太之相對論，證之而不謬。在三次元宇宙論之，則以時間爲絕對。蓋過去爲過去，而未來是未來，過去斷不能作未來，而未來斷不能作過去，理之常焉。

殊不知自幼而老者，乃體細胞内所含之電子多寡而已。幼而壯，電子之增進；壯而衰，電子之減退。此物質之增減，遂有時間之不同。假定體細胞内電子之全量，永保而不滅，則雖有地球公轉太陽，月球迴繞地球，而時間之不同，不生效力。故若能解脱生死之境界，更無時間之可言矣。所以從四次元宇宙而立論，返昔爲今，自然可能。進一步詳論人身返還之理，修養之術，則長生不死，亦非謬論，且頗合於近世科學之原理也。

攖寧按 過去、現在、未來這三個不同的時間，蓋由於吾人之分別心而成立者，與地球公轉太陽及月球之迴繞地球，無涉也；與古代之銅壺滴漏及近代之鐘錶指針，無涉也。日月地球之轉動，只能造出年月日時；鐘錶輪條之捲舒，只能造出點刻分秒。假使吾人没有分別心，任其轉動而已，如何能判斷其爲某年某月某日某時？任其捲舒而已，如何能觀察其爲幾點幾刻幾分幾秒？其所以能判斷，所以能觀察者，全恃吾人之分別心。縱令日月銷沉，鐘錶毁盡，而分別之心不息，則過去、現在、未來三時間，依然如故也。第一念起，名爲現在；第二念起，則第一念已成過去，第二念遂爲現在；第三念待起而尚未起者，即是未來。不必測日月，不必看鐘錶，儼然有三種不同的時間存在，然則打破時間之説，豈非徒成戲論耶？

我友呂君純一，研究科學人也，精通玄理，對於長生學説，素有心得，仙佛經書，博覽無遺。既備天賦智慧，又得真師口訣，此次費盡腦力，註解金剛經一書，詳性命之學，述修錬之方。貫通中西學識，不涉迷信；闡發古今奥義，獨樹一幟。俾研究佛、老者，有所問津也。

錬成金剛不壞之身，永保固有電子之量，合於四次元宇宙之學理藉以避免時間之束縛，並引元始子爲萬物之始祖，一動一靜，而分爲陽電核與陰電子，此無極生太極之理，萬物皆然。因電子之公轉電核而成原子，由原子之結合而成分子，由分子之包涵在細胞内而成生物，由無數細胞之集合而成人體，此生理學與解剖學論之詳矣。然壯者電子之多，而衰者電子之寡，早經神經學生理化學之證實，可知電子之多寡，有關於生死。然電子尚爲物質，不離三次元宇宙之範圍，故先依法增加電子量，煅錬精精，自由凝集，神妙若電，形尚未化，固不足奇。再進以電子與電核凝合，而返爲元始子之無極，始與宇宙同體，太虛合一。是已脱離細胞，超出物質範圍，以達四次元之宇宙之境界。與時間隔絕，與空間分離，不分彼此，真我常存，無有往返，真性永在。如此，則不生不滅形神俱妙之法身成矣。

美哉！呂君之用心深矣。書成理徹，樂爲之序。

醫師施毅軒序於蘇州

攖寧按 金剛經屬於佛教般若宗，他的本旨，是破一切名相，獨顯真空之理，對於神仙家、金丹法門，毫不相干。純一子是由南派栽接法入手者，此法乃中國神仙家口口相傳之秘術，只有中國人能懂，只有在家人能實行。釋迦牟尼是印度人，他自己就不懂中國神仙家的法子。况且他又是一個出家人，就算他能懂，他決不能實行。因爲這種工夫，非出家人所能辦到。趙緣督的仙佛同源、伍冲虛的仙佛合宗、柳華陽的慧命經，已經被佛教徒駡爲外道、判爲邪教了，何况再將取坎填離之法，介紹到金剛經上去。現在呂君又蹈前人之覆轍，難免又要被佛教徒所訶斥。須知仙佛二家宗旨，是立在相反之地位上。仙講長生，佛講無生，斷斷乎不能合作，不能一貫，不能牽强附會。我們學仙的人，把仙教自己範圍以内的書籍宣傳也好，註解也好，流通也好，切切不可借用佛典中一個名詞，省得受佛教徒輕視，說我們没有獨立的資格，要倚靠别人家的門户。仙家借用佛家名詞，宋朝以後纔有，前人已經錯誤，今人不可再誤。區區苦心，望世間一般著道書的同志們原諒。

又按　南派栽接之法，在民國以前，無論什麽朝代，都可以實行。現在這個時候，若要提倡此種學説，恐怕有點行不通。一者年齡問題，二者人格問題，三者外護問題，四者經濟問題。設若有一項弄得不穩妥，就要變成法律問題。不知同志諸君曾注意及此否？我個人愚見，還是談北派清淨法爲妙，省得惹出許多麻煩。至於南派、北派之説，亦不過人云亦云而已，其中界限，頗不易分晰。譬如南派白玉蟾就是清淨法而非陰陽法。清朝以來，龍門派在家修鍊的人，也有用陰陽法者。可知，南北兩派是相對而非絶對的。

連載民國二十五年（一九三六年）一月一日、十六日揚善半月刊第三卷第十三、十四期（總第六十一、六十二期）

劉仁航先生與人論佛法書

劉仁航　著　陳攖寧　附白

一顛迦大和尚法眼：

偶讀尊詩，誠然得法華三昧後作也。雖然，昔人問禪師云「悟後如何」，答曰「山下作牛去」。蓋未悟以前，大抵作虎狼，惟悟後乃能爲衆生作大白牛也。

愚遊印度後，悟印度文化乃是牛化。佛云有牛王佛，見三千佛名經。而今甘地亦自命爲牛化。誠以牛乃菩薩道，自己食草耕田，而產出米麥以養衆生，又以身肉皮骨布施也。嗚呼！知恩報恩者，其印度文化乎？

今吾輩已悟妙法將如何，亦惟有速倡佛之報恩法門而已。報恩法雖多門，而莫急於救殺。今一九三六年大劫已至，速聯絡同志興法華觀音救苦去殺之法，以弘妙法何如？敬以質之一顛迦大師，有暇請枉駕一談。

法華會友劉仁航合十

通信處：上海辣斐德路馬浪路口永裕里十號。

攖寧今日偶過本刊編輯部，適見主持此事者，手中拿來稿兩張，蹙眉而視，並謂余曰：「原稿字跡太草，我們尚且有許多字不認識，何況印刷所中之學徒？」余取而觀之，乃靈華先生之書也。遂曰：「讓我來盡一點義務。」遂照原稿逐字爲之寫作正楷，並附愚見於左。

牛之勞苦耕田以養人者，非牛之本願也，乃被人穿其鼻，繫其頸，鞭其身，拽其尾，驅之走耳；牛之以身肉皮骨供人食用者，更非牛願意布施也，乃困於桎梏，昏於鐵錐，流血於尖刀，斫筋於利斧耳。吾人先用其力，後食其肉，剝其皮而又鋸其骨，田中之牛早已飲泣吞聲，俎上之牛更駭得魂飛天外。當是時也，方有人合掌膜拜而讚歎曰：「牛王佛乎，爾行菩薩道乎。肉以療我饑、皮以救我窮乎。吾與爾經濟提攜乎。爾與吾特別親善乎。爾今生既已做牛布施於我，更望爾來生世世變牛布施於我，非但爾一身如此，爾子爾孫，亦復如此。中華之牛王佛乎，爾何不大發慈悲，永久行菩薩道，以救濟東西洋之苦惱眾生乎？」嗚呼！此其所謂印度之文化也歟？

印度甘地，一方面雖持不抵抗主義，另一方面尚有他的不合作主義。圓融之中，未免露出稜角。今者吾人既高唱不抵抗矣，又復口親善而手提攜，儼然有唇齒相依、存榮與共之概。其氣度之溫和，賢於甘地遠矣。甘地且自命爲牛，吾人盍以羊易牛乎？蓋羊性之馴良，尤勝於牛也。牛乎？羊乎？印度之文化歟？中華之文化歟？

——顛迦大和尚悟麼？若悟，請到外國作羊去。

——載民國二十五年（一九三六年）一月十六日揚善半月刊第三卷第十四期（總第六十二期）

仙佛判決書

錢心　著　陳攖寧　按

我往日在校中是研究哲學的，對於仙佛二者之認識，似較普通人稍爲明了。今歎吾國佛教之盛如彼，而同時國家勢力之衰如此，特本我良心上之主張，作一判決書，請登入「社會論壇」與衆共見。全國知識階級，若再不回頭猛醒，難免步印度之後塵。彼等老朽腐化之佛教信徒專指男女居士而言，除却一排一排的跪在大殿上，祈禱和平而外，別無他法，只有束手待斃而已。他們年齡已經老了，死不足惜，請問我們這般青年是否應該學他們那個樣子等死呢？還是別求生路呢？處目前環境之下，竟不知做人要如何做法。雖說仙與佛都是渺茫無憑，但是把兩家的理論和宗旨，細細比較一番，吾寧願學仙，而不願學佛。試縷列如後，望全國賢哲有以教之。

(一)仙道是愛國的

佛法是亡國的

(二)仙道是强種保種的

佛法是弱種滅種的

(三)仙道是有抵抗精神的
佛法是一切不抵抗的
(四)仙道是積極的
佛法是消極的
(五)仙道是土產國貨
佛法是外來洋貨
(六)仙道是科學的
佛法是迷信的
(七)仙道是建設的
佛法是破壞的
(八)仙道是樂觀的
佛法是悲觀的
(九)仙道是要實證的
佛法是尚空談的
(十)仙道是男女平等的

佛法是重男輕女的

(十一)仙道是陰陽互根的

佛法是孤陰寡陽的

(十二)仙道是性命雙修的

佛法是不知有命的

(十三)仙道是要肉體長存服務社會的

佛法是要肉體速滅拋棄社會的

(十四)仙道是合乎人情的

佛法是不近人情的

(十五)仙道是唯生的

佛法是唯死的

編者按 本社接到錢君此稿後，敝同仁等曾經開過一次會議，討論此稿登出好，還是不登出好。

汪曰：「不登好。因爲揚善刊宗旨是三教一貫，五教平等。若依據錢君所言，似乎與『一貫』『平等』之宗旨衝突。」

張曰：「登出好。因爲吾國現在所處之情勢，萬分危險，須要大聲疾呼，方足以警醒國民之迷夢。難得錢君一片熱腸，不避嫌怨，我們豈可辜負他的美意？自然應該照登。」

許曰：「登不登，尚屬第二個問題。最要緊的就是審察來稿之理由是否充足。設若公開發表以後，被人家反駁回來，未免掃興。」

吳曰：「除佛教以外，尚有孔教、耶教、回教，今只說佛教的短處，別教一字不提，頗欠公允。」

大家議論莫決，遂將此稿並眾論，專函寄與陳君。陳君覆函贊成原稿登出。其言如後。

（一）本刊創辦時，雖揭櫫三教一貫、五教平等，然自從本刊發行以來，算到現在，已近三年之久，全國皆知，但除了幾位好道之士及國內慈善大家常有長篇短著寄與本刊發表而外，其餘若天主、耶、回等教，從未有片紙隻字寄來投稿。可見本刊對於耶、回二教毫無關係。名爲五教，其實只有儒、道、釋三教。是則五教平等，乃國家法律上之名詞，在本刊宗旨上，早已不生效力。至於三教一貫之說，本刊雖然提倡甚久，亦只能做到兩教一貫之地步。即孔老同源，儒家出於道家是也。若講到三教，則佛教徒每每妄自尊大,總要把印度產生的釋迦牟尼駕於老子、孔子之上。我們要和他們合作,他們屢次翻白眼睛,看不起儒道兩教,鄙視爲人天小乘。在佛教徒心目中,既然不屑和我們平等,請問如何能達到一貫之目的?所以「三教一貫」這句話,也是能說而不能行。故此奉勸本社同人,把「一貫」的念頭,趕快取消了罷。

(二)錢君投稿,爲何只說佛教的短處,不說儒教及耶、回二教呢?因爲錢君是根據三民主義判決的。孔子最重民生,孟子最重民權,況且儒家出於道家,道家始於黃帝,黃帝就是中華民族之代表者。拿三民主義的眼光來觀察,應該推崇儒教纔是,那有反對之理由?至於回教吧,與我們不生關係,用不着批評他。天主、耶穌吧,簡直無學理之可言,他們的新舊約聖經,知識階級看了腦筋就要發昏,若要批評,每苦於無從下筆。那些神甫牧師吧,雖然拚命的宣傳他們的教義,奈一般知識分子,絲毫無動於中,聽如聾,視如瞽,並不感受什麼影響。錢君當然未能例外,所以他就免得浪費筆墨。不能因此就認爲錢君專事批評佛教,而默許天主、耶、回。

(三)此稿錢君囑登於「社會論壇」一門,我以爲仍舊放在「學理研究」欄內,好讓讀者諸君發表意見。贊成錢君的我們固然歡迎;反對錢君的,只要他有文章寄來,本刊亦可照登。至於錢君來稿理由是否充足,我們可以不管,讓讀者自己去審查。

若怕有人反駁過來，難道錢君看見之後，就此默然而息，不會反駁過去麽？何必要我們替他着急。

（四）此稿對於揚善刊本旨，毫無衝突。因爲這是研究學理，不是毀壞個人名譽，更不涉及國家政治問題，亦不是說和尚們的陰私黑幕，僅僅對於在家人之迷信佛法萬能者，痛下針砭而已。彼佛教書籍中，亦常有駡仙道的文章，我們早已讀得生厭了，照我的愚見，此稿儘可登出，不必多所顧慮。

（五）我記得本刊初創時，曾經登出過各處乩壇上所寄來的稿件。我們雖然不能判斷這些乩筆文章是人的呢或是神做的，總而言之，對於三教一貫、五教平等的大原則，是不相違犯。後來有某居士寫信到本社，說這些乩壇文章，非驢非馬，有損佛法的尊嚴。因此本刊以後就不再登乩壇文字。

本刊既以「揚善」二字爲名，自然要登載勸善的文章。但勸人行善，是要普及教化，不可專對智識階級發言，亦不可專顧少數文學家的賞心悦目。故而本刊勸善文章總不免帶有幾分俚俗氣味。於是學界中人，又來函責備，說這些勸善文章，没有價值，不能列於作者之林，不能在全國雜誌界中佔一席之地位。因此本刊以後就把勸善的文章逐漸的減少了。後來一打聽，纔曉得來函的這位先生，雖然在學界中辦事，却也是個佛教信徒。他因爲本刊宗旨雖勸人爲善，而不勸人念佛，認爲這些勸善文章，都是不徹底，所以說没有價值。

再者，本刊以前尚有「性命玄機」「金丹要訣」二門，專載道家神仙家實行做工夫的法子，又被佛教徒駡爲「外道」「守屍鬼」「不免輪迴」「未出三界」「終落空亡」、「薩伽耶貪」這許多批評。因此本刊以後又把講工夫講口訣的文章逐漸的減少了。各處不明白此中情形的人，常有信來質問，爲何先登而後不登？今日乘此機會，將這個情形表白一番。並老老實實的奉告諸君，所以不登的緣故，大半是受了佛教徒的影響。難得錢心君今日忽然的跳出來打一個抱不平，這也可以說得是物極必反。

（六）我勸本刊讀者及本社同人，從今以後，須要研究仙道與佛法，究竟誰優誰劣，孰高孰低，某種適合於吾國之情勢，某種不合於現代之潮流。若未曾把這些先決問題，弄得明明白白，道也可以不必修了，仙也可以不必學了。

（七）錢君來稿，既專指居士界而言，我所說的「佛教徒」三字，也是專指居士。因爲現時中國的居士實在是比和尚多，所有迷信的事都是居士做的，和尚們並不迷信。若說和尚迷信，真真冤枉。

載民國二十五年（一九三六年）二月一日揚善半月刊第三卷第十五期（總第六十三期）

仙道有真實理由

中和子　著　陳攖寧　按

修仙學道，在今科學昌明時代，言之者未一二，而謗之者已千百矣。不目以爲迷信者幾希。夫果係迷信，何能數千年相傳至今？則其中自有真實理由在也。若以粗浮之心，欲認識玄契之奥者，未之有也。

今之科學家，不下肯心，視仙佛爲迷信，而佛教居士又專以拜佛念經爲唯一法門，而目仙道爲外道。嗚呼！何其愚乎。夫真正仙道，豈僅以拜佛念經爲唯一法門耶？

然則仙道惟何？曰：「仙道者，一陰一陽之道也。」此道自古以來，道家之黄帝、老子，儒家之周公、孔子，均不能偏廢。但有順逆之分，順之則人，逆之則仙。豈但「逆」之一字不容易得知，即「順」字或有未知者矣。所謂「身從何生，還從何死」按：人之死雖有意外不測，但此爲最多耳。古云：「生我之門死我户，幾個惺惺幾個悟；夜來鐵漢細思量，長生不死由人做。」陸子野曰：「子子孫孫因順去，逆來永壽歎誰知。」閲者至此如有所悟，當質諸高明。若以御女閨丹、三峯採戰目之，真乃自促其死耳。

總之，吾人得以生存世間，全仗精神氣血充足，否則殆矣。今也修仙學道，能將固有之精神氣血，保守不衰； 能將虧耗之精神氣血，恢復原狀。再採先天大藥制之，運以陰陽符火，十月胎完，嬰兒出現，脱胎神化，豈不仙乎？ 此理甚明，甚易知者，奈何今之科學家，目爲迷信； 佛教居士，視爲外道。嗚呼！ 冤哉枉也。孔子不得不哭麟，卞和不得不泣玉耳。

僕也，目擊仙道將絕，不忍坐視，敬將蓬窺管見，所得一二，投諸揚善，以期科學專家及佛教居士，參而指正。一朝有得，庶幾吾道不孤矣。

編者按 此稿來自本埠，但未署作者姓名，僅有「中和子」三字別號，亦無通信地點。連接三函，皆是如此。下次若蒙惠稿，請將真姓名及住址，附載於稿後爲荷。

攖寧子曰 本刊編輯部，將此稿並其他各件，轉帶到鄉間敝寓，遂得快讀一過。因此有不能已於言者。

作者須知，吾國今日，並無真正的科學家，如創造力學上運動三定律之牛頓，發明蒸汽機之瓦特，發明熱力學單位及電學上各種器械之克爾文，發見地球磁性之吉爾伯特，定立陰陽電名詞及發明避雷針之弗蘭克林，發明驗電、起電、蓄電各種器具及測定電勢差之弗打，測定電流實用單位之安培，創造電學上歐姆定律之歐姆，發明有線電報之摩斯，發明無線電報之馬可尼，發明電燈及留音機之愛迪生，發明電話之柏爾，發明空中飛機之萊特氏兄弟，發明愛克思光之欒金，發見微生物之雷温霍，確立細菌學基礎之巴司徒，以及進化論之達爾文，電子論之湯姆生，相對論之愛因斯坦。如此一類的人才，數不勝數。彼等纔配稱專門科學家。但皆產生於歐美各國，我們中國何嘗挨着一個半個？中國果真有科學家，決不會衰弱到這樣地步。

至於普通一般由外國或中國學校畢業的人，僅僅讀過幾本科學書而已，那裏當得起專門科學家之頭銜？真正的科學家，都是從迷信中製造出來的。他們若沒有迷信，如何肯把畢生全副精神，犧牲在一件事物上，成敗利鈍，皆所不計。假使用此種精神，修鍊仙道，誰敢料其必不能成？

況且外國的科學家，常常想設法離開地球，到月球上去探險，又想與火星上人類互相往來。他們不是宗教家，不懂得死後生天，要去就是連肉體一同去。將來倘能達到目的，豈不是白日飛昇嗎？誰敢小量他們一定做不到？作者所謂罵仙是迷信，乃是世俗愚夫口吻，真正科學家，必不敢輕易下此論斷。否則，就是誤認仙道同別種宗教一樣，以爲也是死後的事，無從證明，所以說是迷信。若要破除這個疑團，須要事實作證，這全看將來學仙的人成就如何，今日可以不必空辯，枉費筆墨而已。

再者，仙道本來是在佛教範圍之外，佛教的教主釋迦牟尼，他自己就不懂中國的仙道，何況後代佛教徒？他們說「仙道是外道」這句話老老實實，一點不冤枉。他們若說「仙即是佛，佛即是仙」，使出一種滑頭市儈所常用的影射冒牌手段，弄得魚目混珠，那纔真是冤枉呢。作者所見，與我完全相反。……

載民國二十五年（一九三六年）八月十五日揚善半月刊第四卷第四期（總第七十六期）

永免疾病法

出塵道人周子秀　著　陳攖寧　按

（一）每日必大笑三次，以愉快精神。

（二）清晨必在空庭中散步二十分鐘，以流通血脈。

（三）清晨必飲開水一大杯，以洗滌腸胃。

（四）食後必休息二十分鐘，以助腸胃之消化。

（五）日惟三餐，每餐只八分飽，以健腸胃。

（六）每日必放下一切妄想，使心中清靜安寧，以養元神。

（七）早睡早起，以養精力。

（八）不嫖、不賭、不飲酒、不吸煙、不過用心思，以防精力之消耗，而得腦力之强健。

（九）每晨必在空庭中行吐納法，即開口呼出濁氣，然後閉口由鼻徐徐吸入清氣，如是爲一次，約行四五次。此法最能强健心肺，永免咳嗽，袪除百病，其功最大。

（十）驅除一切貪心、妬心、淫心、損人利己心、高己卑人心、憂思妄想心，最能强健腦力；又宜常存愛人心、慈悲心、歡喜心，使眼前皆成極樂景象，視天下皆可敬愛之人，天下皆可喜悦之事，如是則精神旺盛百倍，身體自强健絶倫，更何疾病之有？

余實行以上十法，成效大著，自信此後可保四十年永無疾病，無論何種疾病，皆不能侵犯吾體。聞者或疑吾言爲狂妄乎？用特與諸親友約，設聞我有疾病時，可向我索取罰金，以證明吾言之不欺。當知衞生得法，疾病決不能爲害，願海内同志勉力實行，永無疾病之憂，同享健康之福，豈不快歟？

攖寧按　周君去歲曾由厦門寄來自著修養書一册，名曰有益身心大補藥。右列「永免疾病法」十條，即該書中之精要，故特提出轉登本刊，亦所以助成周君人己兩利之善願也。愚見認爲第二、三、四、五、六、七、八、九等條較易於實行，若第一條所云「每日必大笑三次」，恐非人人所能做到。蓋凡笑必有因，無可笑之資料，而勉强大笑，似乎不近情理。又如第十條所云「視天下皆可敬愛之人，皆可喜悦之事」，此層亦是言之非艱而行之維艱。蓋據實際而論，世間可敬愛之人與可喜悦之事，固甚難遇也。

載民國二十六年（一九三七年）四月十五日揚善半月刊第四卷第二十期（總第九十二期）

仙傳辟穀靈方

張萬鍾道人 投稿 陳攖寧 按

法須先鍊氣。所謂鍊氣者，即是將口閉住，舌抵上腭，用真意死守下丹田。下丹田者，臍下一寸三分是也。如鍊時，即斷絕早晚兩餐，每日僅食一餐，時刻凝神守下丹田，鼻息宜細。如此七日後，即兩日一餐，必須素食。再鍊七日，此時呼吸鍊成，再行避穀。

所謂避穀者，即不食五穀之意。先用好紅棗四十九枚，分爲七七之數。第一日面向東方立定，候日將出時，取東方青龍之氣吹於七棗上，然後將七棗一氣食完，存想青氣入肝。第二日面向南方，取赤帝朱雀之氣吹於七棗上食之。第三日面向西方，取白帝白虎之氣吹於七棗上食之。第四日面向北方，取黑帝玄武之氣吹於七棗上食之。第五日立於中央，取中黃正氣吹於七棗上食之。五日共食三十五棗，下餘十四棗，六取中央之氣吹於棗上，此十四棗每日食一枚，食完爲止。凡食棗以後，必須行立坐臥元神不離下丹田。如此煅鍊百日，則腹内完全充滿先天真氣，自然不饑不餓，不病不死，即入長生之果也。

此法余自己鍊過四十九日，初鍊時很困難。然自思仙師不我欺，須將死生置諸度外，苦志煅鍊。第一七實在不好受，第二七覺四肢無力，第三七食棗後覺稍轉佳，自後漸入自然，而且先有之病均好。但此法爲入山修道之法，在家人不死心者，萬不可鍊。余受此法時，不準妄洩，今公開投贈貴刊者，亦與好道之士留一線之路也。鍊後萬不可再食，如要食時，必須先飲，慢慢將腸胃潤開，始能食，不然有性命危險。

攖寧按　敝處常接各埠來函問辟穀之術，並懇求將方法公開。奈世間所傳辟穀之方大半用代替品，如黃豆、胡蔴、糯米等物。假遇真正荒年，此等代替品亦不易得。故各種辟穀之法，總以服氣法爲上，而以伏氣法爲最上乘，因其無須用代替品也。必不得已欲用他物代食者，亦當人棄我取，吃衆人所不能吃者，如近處山野所產藥草之類。其名稱、形狀、氣味、性質，平日得便，宜用心研究並嘗試，以備不時之需。若是稀少之藥草，更宜早爲儲蓄，庶可有備無患。坊間通行之繪圖本草綱目，及農政全書中之救荒本草二書，皆可作參考之用。至於張道人此篇所論辟穀之術，蓋爲入山修道者而設，恐非普通人所能行也。上期本刊登有孫抱慈先生論仙學書，對於「復」「服」「伏」三字工夫之解釋，甚有精義，蓋孫先生乃辟穀術專門實行家，故能本其經驗而言之透徹如此。

載民國二十六年（一九三七年）四月十五日揚善半月刊第四卷第二十期（總第九十二期）

天聲人語

志真子 著　陳攖寧 按

陳攖寧增批　志真子即汪伯英。此篇道理可謂十得八九。

問：「何者是道？」

答曰：「道即太虛中無形之生氣。」

問：「如何謂之修道？」

答曰：「即是採取太虛中無形之生氣，來修養吾人之身心。」

問：「太虛中無形之生氣，藏在何處？」

答曰：「無所在，無所不在。」

問：「何謂也？」

答曰：「因其是無形，吾人肉眼不能見，故云無所在。然無形之中，實含有生機，遍一切處，故云無所不在。」**攖寧按**　不但肉眼不能見，雖道眼亦不能見。

問：「既是無形可見，何以知其含有生機？」

答曰：「於一切動植物之生生不息，歲月無間，故知之。」**攖寧按**　不但動植物如此，雖金石礦物亦如此。

問：「既如此說，生機處處皆有，則吾人亦常在生氣之中，聽其自然可也，何必又要採取？何必又要修鍊？豈非多事乎？」

答曰：「雖說處處皆有，若不用工夫採取，則與吾人身體似乎有點隔膜。譬如江河溪井之中，雖然處處有水，若吾人不去汲引，水決不會自己送到家裏來。」

問：「吾人身上本來可有生機嗎？」

答曰：「當然有生機。若無生機，如何能活動？」

問：「吾人身上的生機，從何而來？」

答曰：「在父精母血交媾的時候，而太虛中無形的生氣，即落於其中，在道家稱爲先天一氣。」

問：「父精母血交媾的時候，太虛中無形生氣，怎麽能落於其中？」

答曰：「父精母血，即是一陰一陽。當其交媾之時，有一種呼吸的力量。即其呼吸之間，太虛中無形之氣，自然而然，如磁石之吸鐵，不知不覺，攝在其中矣。此所謂『造化之神工，天機之玄妙』也。」

問：「照此而論，則吾人身上個個都有生氣，而人家生出來的小孩子，每每說先天不足，是什麽緣故？」

答曰：「吾人身上的生氣，自從父母交媾時得來，而此生氣本不在父母身上，乃是借父母的力量，從太虛中招攝來的，是謂先天氣。父精母血是後天氣，用後天氣去含受那先天氣，故後天氣濃厚者，得到的先天氣亦是濃厚，而後天氣薄弱者，得到的先天氣亦是薄弱，因此生出來的小孩子，便是先天不足。」

問：「先天氣既然人人都有，何故又要到外邊去取採？」

答曰：「雖是人人都有，但既有厚薄多寡之不同，自不妨薄者令厚，寡者令多，貧人變作富翁，豈不更妙？況吾人有生以來，所得先天氣有限，到十幾歲成人以後，則生機日少一日，漸漸由老病而至於死，皆不知修鍊採取之過也。」

問：「欲採取生機，當用何法？有何口訣？」

答曰：「此法非片言可盡，一方面要研究學理，多看道書，一方面亦要清心寡欲，實行證驗。若作一簡單的解說，則廣成子告黃帝所言『無勞汝形，無搖汝精，乃可以長生。我守其一，以處其和，故我修身千二百歲矣，而形未嘗衰』此數語能抵得幾百部道書。苟能照之實行，亦未嘗不是極好的方法、極靈的口訣。」

問：「先天一氣，是修鍊家所用的，修鍊家能採得此先天一氣之後，便可以成爲神仙。而普通父母交媾生人之種子，亦稱爲先天，恐怕不合修鍊家的原理？」

答曰：「先天一氣，順則生人，逆則成仙。尋常的夫婦相交，是先天氣與後天濁精濁血和合而成，故生出有肉體的小孩； 修鍊家坎離既濟，是先天一氣與後天的真陰真陽混融而就，故結成虛靈的聖胎。論其種子，皆可以說是先天一氣，惟其運用之方法不同，故其成就亦不同耳。」

問：「性命雙修，與但修性不修命，有何不同之點？」

答曰：「性命雙修，是神形俱妙的工夫，由性靈而影響到肉體，誠於中者形於外，故肉體亦能變成靈妙之物。若只修性不修命，則道力薄弱，無法對付自己的肉體，結果只好棄而不管。而心性工夫，究竟做到如何程度，自己既没有把握，別人又無從測驗，容易自欺而欺人。所以真實的修鍊家，不願專走心性一條路。」

問：「性命雙修、只修性不修命之說，已略聞其概矣。若只修命不修性，其成就又如何？」

答曰：「只修命而不修性，是顧其外而不顧其內，就像拳術家與體育家，雖善於鍛鍊身體，表面似乎康强，然偏於一端，亦不能維持長久也。」

問：「以上所言三種不同處，可否能再作一顯明之譬喻，俾普通人都能了解？」

答曰：「照理是無須再行分析，但既爲普利起見，只得略費言辭。（一）性命雙修：

性譬如一國的聖人； 命譬如全國的百姓； 性命雙修，是用聖人的道理，漸次教化百姓，使他們都變爲聖人。（二）只修性不修命： 是聖人依然聖人，百姓依然百姓； 結果聖人看不起百姓，百姓不敢高攀聖人； 聖人只圖自了，絕塵逃世而去，丟下許多百姓，束手待斃，同歸於盡。（三）只修命不修性： 就是上不仁而偏要下好仁，上不義而偏要下好義，自己的言行不檢而偏要百姓都做好人，雖然恃了一時的威力，使百姓不敢爲非，但終非安全之局面也。」

攖寧按 講到極處，性與命原不可分，以上各條，將性命分而爲二，仍是方便說法耳。但喻意甚妙，足破偏執之惑。

又按 原作尚有二十餘條，專論儒、釋、道三教之不同，並比較其優劣。雖亦持之有故，言之成理，然未免多生枝節，反令儒、釋二教信徒有所不滿。況吾國今日所謂教者，豈僅儒、釋、道三教而已？ 請看像天主教、耶穌教、喇嘛教、回回教等，又將如何比較？ 吾輩只須抱定宗旨，專弘仙學，不談宗教，自然可以掃除許多無謂之糾紛矣。故將原作中涉及儒、釋、道三教比較優劣之文章概行刪去，免起是非之爭。閱者諒之。

連載民國二十六年（一九三七年）五月十六日、六月一日揚善半月刊第四卷第二十四期、第五卷第一期（總第九十四、九十五期）

論濟一子傅金銓先生批註各書

方内散人 著　陳攖寧 附註

濟一先生，博學也，非絕學也；奇才也，非通才也。其議論雄卓，學問淵深，參求至道，靡術不通，歷述三教，無書不讀。余閱其九皇經註、一貫真機、上天梯、天仙正理點睛、頂批參同契及三註悟真等書，宏深博大，夫何間然。所可惜者，僅曉南宗，未明北派，凡遇清淨，悉指爲頑空。不知清淨門中有頑空，有正法，有景象次第，有火候細微，作用不同，而成功則一。北七祖除馬丹陽外，俱從清淨成就，歷歷可考，非余一人之私言也。如點睛一書，强將伍祖扯入栽接中去，直是點金成鐵，豈不冤哉！又謂孔子、釋迦，亦須栽接，是何言歟？中略。

悟真篇外集，專言禪理，不説丹法。其採珠歌起首四句云「貧子衣中珠，本自圓明好；不會自尋求，却數他人寶」，乃引用楞嚴「譬如有人，於自衣中，繫如意珠，不自覺知，窮露他方，乞食馳走。忽有智者指示其珠，所願從心，致大饒富，方悟神珠非從外得」。陽明示學者詩有「抛却自家無盡藏，沿門持鉢效貧兒」，意亦本此。蓋謂自身有珠，不必外求也。而濟一先生頂批，則因一「衣」字搭上，竟誤會曰：「妻子衣服也。」

又紫陽讀祖英集有「昨宵被我喚將來，把鼻孔穿拄杖上」之句，而先生則又批曰：「二句命理神工。」我知先生之意特指槖籥鼓琴、天門進氣而言，但紫陽所談者是禪理，不是命理，先生未免誤會矣。

又悟真三註中引呂祖度珍奴二詞，末云：「待他問汝甚人傳，但說道先生姓呂。」祖師當日不過要珍奴記得授受淵源，別無所指，而先生頂批，則因一「呂」字又誤會曰「口對口，竅對竅」也。

金丹真傳中之修真入門，明言補氣之法，理出兩端，有清淨而補者，有陰陽而補者。而先生則又强下斷語曰：「信乎，是否賴有此既漏之身一轉。」

如此等類，難以枚舉，穿鑿附會，甚可笑也。聞先生當日得訣歸來，高談雄辯，旁若無人，爲族人所不容，乃棄家遠遁。厥後待緣川上，垂四十年，求護法之心太切，了生死之念太殷，著書各種，悉歸一轍，要人深信不疑，從之學道。其心固良苦，而其量殊不宏矣。悟真篇云：「大藥修之有易難，也知由我亦由天。」吾惟修德鍊性，以待天緣已耳。至得護與不得護，能了與不能了，皆有天焉，何事棲皇躁急，如韓文公之三上宰相書，急於自售也哉？

况了生死之法，非止一端，奚必專靠栽接？而先生不知也。其能運廣長舌，不避毁謗，層層印證，使後世知有南宗正脈，則先生之功也；其力闢清淨爲頑空，印定後人眼目，使不知有北派真傳，則先生不爲無過焉。先生之書瑕瑜互見，功過相參，而引用宏富，如數家珍，則非淺學之所能及。吾故曰「博學而非絕學，奇才而非通才」也。

余學問淺陋，望塵莫及，何敢妄論前賢？但恐其誤後世，故不敢不辯。孟子曰：「予豈好辯哉，予不得已也。」亦若是焉耳。知我罪我，固所不辭，明眼人自有會心，願以質諸來者。

攖寧附註　作者方內散人，原籍江西南昌，與黃邃之君誼屬同鄉，而又同道。清朝光緒時代，廣東香山鄭陶齋君，曾授業於方內散人之門。方內全家，皆篤信儒、釋兩教，而於仙道無緣。故其自己著作，亦止署別號，不用真姓名，蓋免爲反對者所詬病也。鄭君當年作彼護法，助以財力，俾克入室下功，已大見效驗。但因發生意外之障礙，竟不能終局。黃邃之君曾爲余言之，並深致感慨。惜余未追詢此公後來結果究竟如何。本篇所論傅金銓先生謬誤之處，頗有益於學人，今特抄登報端，以餉讀者。

載民國二十九年（一九四〇年）一月一日仙道月報第十三期

北平真壇大道寶錄序

陳攖寧

大道寶錄者，北平真壇乩筆之所傳也。三教全通，萬方共仰。七十篇訓偈，散盡天花；四百兆羣生，咸霑法雨。仁者見仁，智者見智。請觀性感之序辭，先覺後覺，前賢後賢，何賴攖寧之饒舌？但有不得已於言者。揚善月刊附載真壇經論，久啟讀者之疑。施君自己宣傳化劫靈章，又遭時人之忌。種善因難成善果，公道何存？能濟世未能濟身，理由安在？若曰提倡迷信，則全國乩沙皆當任咎，豈可獨責真壇？若曰借此斂財，則真壇規律，禁止募捐，豈肯憑空猜議？揚善刊登勸善之文，宗旨相同，原非奇事。立真壇，闡至真之道，慈悲願切，偏遇流言。日久自知實情，一誠能敵眾謗。將見白毫光現，釋迦偕老子齊臨；太極圖開，陰魄與陽魂俱度。上中下三劫，劫劫消除；仙人鬼三途，途途徹悟。元始天尊，綸音特展；瑤池金母，玉律頻頒。世間百病能醫，請來扁鵲、華佗，神術都歸於筆底；造化玄機未解，問到孔明、鬼谷，精華盡洩於盤中。猗歟盛哉！任他哲士愚夫，跳不出圈兒之外；似我庸材末學，愧徒餘讚歎之詞。是爲序。

陳攖寧增批 此篇乃應酬文章，意在言外。

載民國二十四年（一九三五年）一月十六日揚善半月刊第二卷第十四期（總第三十八期）

丹道刻經會緣起

夫一國之有文化，猶一身之有精神。精神涣散，則身體浸衰；文化銷沉，則國家弱喪。吾軒黃世胄，開闢亞陸，垂數千年，道德崇高，歷史悠久。不但國民之智能藝術，比較他族，具獨立之特長，即出世修養一途，其思想圓通，法門廣大，魄力雄偉，造詣宏深。如自古相傳之仙學，真可謂「轢轢宇宙，彪炳瀛寰」矣。

惜自滿清以來，三百年間，研究仙學者，概守秘密，非逃名於山谷，即浪跡於江湖。先知懷自了之心，後學乏問津之處，遂致黃鐘毀棄，瓦缶雷鳴。捧客教之狂言，拾異邦之餘唾。唯心唯物，各走極端。出世罕見真修，住世飽嘗憂患。做人既不可，不做人又不可。若非用仙學精神，以挽此頹勢，則中華民族之文化，日益没落。嗟吾黃帝子孫，尚有何幸福之足言哉！

惟仙學者，虛實兼到，心物交融，既不屈服於物質，亦不空談夫心性。小之可以保身，大之可以強種，糟糠可以論治，玄妙可以超凡。執兩而用中，其斯之謂歟？

顧欲實證此事功，必須借重於經籍。而古本丹經道籍，現在頗多絕版，將來尤恐失傳。文化淪夷，可悲可懼。因此同人等不揣棉薄，交換心力，籌備基金，翻印流行，承先啟後，俾中華國寶，永留天壤之間，庶億兆生靈，尚有昭蘇之望。

但是層樓巨厦，一木難支，所冀當代仁人君子，推愛國之熱忱，發度生之弘願，共襄盛舉。集眾志以成城，廣積陰功，爲前途謀福利。同人等不勝馨香百禱以俟之者也。謹布愚忱，諸希惠教。

丹道刻經會同人謹啟

陳攖寧增批　此篇與第七十七期四一三頁所登丹道刻經會公啟大同小異，皆攖寧所擬稿。

載民國二十六年（一九三六年）五月十六日揚善半月刊第四卷第二十二期（總第九十四期）

鶺鴒吟稿續編序

陳攖寧

鄧道友雨蒼者，當代之有心人也。昔曾任職司法界，公平正直，暇邇咸欽。後以夙因不昧，頓悟世事空花，爰效弘景之掛冠，竟賦淵明之歸去，精研梵典，性相雙融，矢志玄修，誠行交勵。若非根基深厚，智慧勝常，其孰能與於此哉！

丁丑初春，余小隱上海西鄉之衆妙居，鄧君適由閩來滬，攜道竅談、三車秘旨原稿，囑余校訂，遂以此識君。雖則彼時中原鼎沸，而東南半壁，尚未覩烽煙，吾輩猶能偷一日閒，煮茗清談於紫陽籬落翠柏園林之際，而今不堪回首矣。

鄧君令弟覺一居士，甲戌歲往生西方，其詳具見事略中。並於鶺鴒吟稿及覺一居士遺稿諸篇，俱已拜讀。鄧君最近自新泉水竹洋雲峯庵寄書云，將有鶺鴒吟稿續編之舉。函内附錄憶弟時四首，辭調悽惋，其情自重，其志亦大可哀矣。余安忍無一言以相慰乎？

嘗考世間修行法門，何止千百。而其共同目的，總不外離苦得樂。西方淨土，號稱極樂世界，衆人求往生而不得，覺一居士乃竟得之。故愛居士者，當爲居士賀，而悲者胡爲哉。

或謂往生固善，惜非其時，百歲之後，厭世而去，不且愈於顔齡之僅過其二耶？顔子三十二歲，居士三十四歲。雖然，爲此言者，蓋狃於承平時代優遊逸豫之心理，非所論於千古未有奇變也。試思居士今日果尚在者，凡耳之所聞，目之所見，皆拂意事，其衷懷苦痛，又將何如？則知當年，撒手西歸，誠屬斷除煩惱之妙訣矣。

或又致疑於西方淨土與唯心淨土，是一是二。余則認爲非一非二。彼崇拜西方而屏斥唯心者，不知西方淨土亦唯心所現，西方豈在心外乎？偏執唯心而輕蔑西方者僅知有理而不知有事，淨土之説，豈非徒託空言乎？是在學者圓觀無滯而已。

夫釋貴無生，道貴長生，其宗旨有别；佛曰生西，仙曰昇天，其途徑各殊。世人多徘徊於歧路之間，而莫能自決。愚謂此當視學者之志願以定趨向，既不必强人就己，更不必捨己從人。長生固非究竟，無生亦只落於半邊；昇天本是遊戲神通，生西亦屬權巧方便。未徹悟者，每欲作繭自縛，畫地爲牢；已徹悟者，將無往而不自在矣。

謹以此言質之鄧君，並當代後世之有道。

己卯十二月皖江陳攖寧作於滬上寓廬

載民國二十九年（一九四〇年）三月一日仙道月報第十五期

上海紫陽宮道院何仙姑塑像開光疏文

陳攖寧代撰

前略。伏聞瀟湘神女，踏白蓮而降生；改像真君，贈黃庭而悟道。調藕粉以代乳汁，素口本前世之因；喜布施不吝錢財，仁德繼先人之志。命出東華，授琴心之三疊；仙逢南嶽，賜桃實之一枚。入終南服食靈丹，身能輕舉；赴閬苑朝參王母，位證元君。從茲處處飛鸞，壇諭流遍於海內；方方駐鶴，金容早識於人間。至根等濁世庸材，玄宗末學，自警浮生若夢，發願積修；勸人苦海回頭，專忱向道。紫陽宮殿，近已落成，聖相莊嚴，擇期供奉。惟雕裝之手續雖完，而感應之威神未顯。明珠雙目，猶待新開；滿目圓光，方能普現。是以謹涓於十一月初一日，邀請合境善信，暨本觀道眾人等，虔遵太上經籙科儀，啟建開光道場勝會，以彰靈顯，而利羣迷。伏願華鬘影裏，法眼頻瞻；寶蓋幡中，慧光朗照。消災錫福，使閨門無悲歎之聲；護道興玄，俾巾幗有超塵之志。揚八洞之清風，強暴愚頑齊感化；作一方之救主，名媛淑女盡皈依。將見爐香靄瑞，挽浩劫於杳冥；從今殿宇騰輝，保吉祥而永固。謹疏。

載民國二十九年（一九四〇年）三月一日仙道月報第十五期

重修委羽山大有宮宗譜序

陳攖寧

道不易聞，賴有仙而後知道之足貴；仙難普渡，賴有教而後知仙之可修。世間奉道者，固未必皆仙，而歷代成仙者，都不離乎道。試觀秦漢以降至於近代諸仙，對於道教關係何若，其故堪思也。

浙省黃巖縣南之委羽山，乃道教第二大洞天，歷代仙跡，相續昭著。洎乎清初，赤馬紅羊，劫灰幾換，白雲蒼狗，世事靡常，遂至道統陵夷，墜緒欲絕。當時有楊來基真人者，黃巖東鄉橫林望族，皈依龍門派下第十三代宗師也。道法兼備，戒律精嚴，秉願復興本宮，弘教以爲己任。嘉慶元年正月，大開戒門，玄風丕振，教化盛行，迄今閱一百四十年。代代傳薪，枝枝衍秀，四方徒眾，源遠流長。其創始也艱辛，其貽謀也深厚。不有當年，安能今日？楊真人之功，可謂鉅矣。

茲者各房嗣師，恐歲久派繁，或紊系統，因集議重修譜牒，且思有以光榮先輩，垂裕後昆。猥蒙不棄，徵文於僕。竊惟僕雖慕道尚未能脱俗，雖學仙又無緣入山，愧塵海之飄萍，似蓬壺之棄草，何足以彰美楊公？更何足爲諸師重？但以欣逢盛典，謹獻愚忱，聊贅數言，用伸頌祝耳。

原夫洞天福地，皆古今仙侶所往還；了道登真，多借助山川之靈氣。全國十大洞天，浙省竟有其三，委羽、赤城、括蒼，勝跡標題已久。再考各小洞天，全國之數，三十有六，浙江一省乃居其十；福地七十有二，浙省亦得十九。大小洞天福地，合計一百十八，其中三十，皆在浙境，山川靈氣，獨佔全國四分之一。爲浙人者，固堪自豪。非浙人者，能毋企羨？浙人而不成仙，誰人當成仙耶？所冀諸山道友，共勵玄規，後起高賢，克承先業，勿負洞天福地之佳名，齊發了道登真之宏願，廣龍門之祖派，繼鳳羽之遺蹤，於諸君有厚望焉。

中華民國二十九年庚辰冬月皖江攖寧子陳圓頓拜序

載民國三十年（一九四一年）一月一日仙道月報第二十五期

募修天台桐柏宮勝跡緣起

攖寧代撰

夫募捐之事，若無充分之理由，則必遭社會之輕視；布施之舉，若無真實之目的，則不免金錢之虛拋。惟在募者一方面須出於至誠，而在施者一方面亦有其道，始可稱爲人己兩利焉。

浙省天台山者，名勝甲於東南，歷史由來已久。周秦以前，本山即有仙跡，可資考證。東漢時劉晨、阮肇入天台採藥遇仙女一段姻緣，至今傳爲佳話。魏、晉、唐、宋以來，神仙輩出，而南宗初祖張紫陽真人爲尤著。蓋以茲山靈氣所鍾，誕生奇傑，固非偶然也。

本山道觀甚多，以桐柏宮爲領袖。考桐柏宮乃唐朝皇帝所敕建，以居司馬子微真人者。真人在當時頗負盛名，上自唐睿宗皇帝，下如王摩詰、李太白諸高士，皆從之學道。故奉旨特建道觀，作爲修養之所。殿宇輝宏，山林生色。觀內所藏歷代珍貴物品亦甚多。事經千載，興廢迭更，今已大非昔比。規模所遺留、田產所保守者，尚不及往日百分之一。再加受時局影響，常住道眾，雖有復興之願，苦於經濟困難，是不能不仰望於海內好道之君子矣。

世人論布施功德之大小，每視金錢之多寡爲標準。愚意則謂，當視其關係如何。蓋布施所關係者大，則其功德亦大；所關係者小，則其功德亦小。天台山自上古軒轅黃帝受金液神丹以來，本有四千六百餘年之歷史，而桐柏宮自唐睿宗景雲二年敕建至今，亦經過千二百載。山中名勝古跡應當愛護者，不可畢數。而桐柏宮則爲道教南宗之祖庭，故天台桐柏宮，對於中國歷史宗教，關係之大，可想而知。因此布施於天台桐柏者，其功德自亦無量矣。

桐柏宮今日所以必須募捐者，蓋有三種正當用途：一，修補本宮四周近處風景古迹；二，添造本宮殿宇並客室寮房；三，預備常住齋糧，維持道眾生活。雖說三種用途同屬切要，但亦視所得捐款數量之多少，以定先後緩急之分配耳。

十方善信布施功德之無量，既如上述，而其附帶之利益，亦不可不知。蓋凡有捐款人臺銜，照例必須勒石，以昭大公，從此諸君姓字，與名山勝跡，共垂不朽，其聲價之清高爲何如耶？況值春秋佳日，乘興來遊，朝山進香，按期而至，交情既非泛泛，招待自必殷勤，比之普通之遊客香客，地位當不同矣。又或嫌城市之煩悶，聊思息影於林泉；感身體之疲勞，欲換新鮮之空氣。偶爾在山小住，暫借道觀爲家，既有功德在先，自然一見如故。以上種種，皆所謂有形之利益。雖屬微末，諒亦諸君所樂聞也。謹獻蕪詞，敢邀慧察。倘蒙金諾，請署臺銜。

天台山桐柏宮住持道末伍止淵叩募

載民國三十年（一九四一年）一月一日仙道月報第二十五期

慶祝開光平安迎福宗壇

攖寧代撰

本壇謹按：太上寶籙，宣揚道祖科範，恭迎帝輅，鑒格修崇，凡悰未述，道職先稱。臣係太上無極大道玉清金筍寶籙混元紫府選仙上品，秉東華演教龍門正宗大羅天仙狀元邱大真人府下，嗣裔叨科，臣陳至根誠惶誠恐，稽首頓首，百拜上言。

臣謹奏：

伏思一炁誕生，二儀現光明之象；三清垂教，羣真示化度之緣。道非常道，而名不可名；玄之又玄，而上無極上。臣勉承道緒，忝列玄宗，今爲興起玄門，奉傳道化，涓吉開光，平安均慶事。臣陳至根，通洎各界善信名人等善信姓名從略、信眾弟子等，眾願咸同，至心皈命，一封朝奏，萬福天開。伏以新春換季，東風解凍之時；元九開光，寶鼎騰輝之候。雲璈振響，達一念之微忱；經韻悠揚，演三乘之大梵。虔請聖駕於靈霄，龍旌顯赫；更迓諸真於閬苑，鶴馭蹁躚。

恭維萬天至尊金闕玉皇上帝，神通恢漠，道化真常，統御諸天，俯臨萬國，建大功於億劫，總玄範於十方。光明廓落，得妙有之精微；湛寂清虛，立浩無之本體。

恭維高上玉清九天雷祖大帝，身羅造化，手握樞機，職掌五雷，令行三界，按節氣以沛甘霖，震萌芽而蘇庶物。疾聲破膽，懲世間不忠不孝之人；威力誅妖，仰神聖能發能收之用。

恭維純陽演正警化孚佑帝君，玉清內相，金闕選仙，三教導師，十方感應，昭聖跡於黃鵠磯頭，留仙蹤於岳陽樓上。度人無量，化開南北二宗；歷史流芳，名播賢愚眾口。

恭維慈悲仁聖祖師紫陽真人，閥閱世家，天台毓秀，西川成道，南派開山，傳丹訣於千年，證仙階於八洞。一卷悟真，繼參同之絕學；數篇外集，逗禪髓之深機。

惟皇上帝，暨三高真，聖德神功，讚何能盡？茲涓吉於正月初五日起，至十一日止，謹就敝宮，設立瑤壇，啟建慈光普福大齋勝會道場七永日。邀集玄侶，虔禮玉皇宥罪錫福寶懺全部、玉樞雷祖錫福寶懺全部、祖師玄修純陽寶懺全部，諏初九日正午拜進昊天金闕覃恩天表全函。敬祈慧眼垂慈，並冀光明普照。將見地方安靖，消災患於無形；玄教興隆，保祥和於有道。凡在光中，全叨庇佑，臣冒干天聽，無任悚惶，不勝激功屏營待命之至，頓首瑤階，謹意以聞。

天運辛巳年正月初五日開啟，至十一日圓滿叩具。

載民國三十年（一九四一年）三月一日仙道月報第二十七期

上海紫陽宮百日消災弭劫道場疏文

陳攖寧　撰

起首例句並職銜從略。

伏維上帝有好生之德，陰陽同稟玄施；皇天無歧視之心，中外皆爲赤子。神權默化，冀災劫之全消；道法兼行，望罪愆之可贖。臣勉承道緒，忝列玄門，今爲祈禱世界和平，並超度十方幽魂事，臣陳至根消各界善信人等各人姓名從略，齊集壇前，同伸祈禱，一心皈命，百拜通誠。竊思華夏殷憂，倏經五載；歐洲大戰，已届三年。飛機電閃，廬舍爲墟；巨炮雷轟，殺聲震野。罹國破家亡之慘，抱妻離子散之悲。海山萬里，盡成危險之封疆；少壯良民，徒作犧牲之工具。雖言弱肉强食，螳螂捕蟬，奈黄雀已暗窺其後；慢羨鷸蚌相爭，漁翁得利，惜象齒已自焚其身。禍殃溯厥由來，皆因人不明道；痛苦難於忍受，惟知急則呼天。某某等丁兹浩劫，幸保安全，憂患餘生，豈容暇逸？用是上體祖師度人之願，下盡匹夫有責之誠，爰擇辛巳年閏六月××日××良辰開壇，至九月××日××良宵圓滿。啟建百日消災弭劫道場，於中跪誦××經全堂，朝禮××懺全部。伏以時逢閏夏，薰風有解愠之功；節届高秋，爽氣退炎蒸之候。一年次序推移，欣值收成之月令；百姓回心向善，遂開勝會之因緣。玄音歸雅正，虔諷靈章；法器響清虛，敢云仙籟。藉達微忱於玉座，恭迎聖駕於瓊宵。想見御杖森嚴，歷貝闕金衢而降臨凡土；威儀肅穆，偕曹官輔弼以暫駐雲壇。賴百日真宰之感通，挽億兆生靈之厄運。待看五洲萬國，歡勝杯酒釋兵戎；四海一家，親愛異族如兄弟。風調雨順，歲無旱潦之荒；户給民安，人免流離之苦。况復幽明普度，存者既獲蒙福佑，亡者亦隨得超昇。公私兩全，正薦既叨沐慈光，附薦亦同霑甘露。十方三界，胥在祥和庇護之中；六趣九幽，齊登淨妙光明之地。臣冒干洪造，無任悚惶，不勝激切屏營待命之至。頓首瑶階，謹意以聞。

載民國三十年（一九四一年）八月一日仙道月報第三十二期

陳攖寧啟事

一

兩載以來，屢蒙海內學道諸君子殷勤下問，雖不辭固陋，依次作答，奈問者無窮，答何能盡？且因欲結洞天福地之緣，時作南北東西之客，郵件往還，亦非容易。敬告諸君，請俟僕覓得一相當靈窟，聊寄浮生，然後再將親身實驗之情形，逐漸公開於大眾，使今世學者，知中國古仙所傳修鍊之術，確有可憑。倘他年僥倖成功，或能用肉體證得之神通，打倒科學戰爭之利器，爲黃帝子孫稍延氣脈，諒亦諸君所樂聞也。蓋救國之道，僅有兩途：一者科學，急起直追；一者仙術，迎頭趕上。否則，談玄說妙，都屬空華；見性明心，幾如夢囈。飛機炸彈，毒氣死光，其毀滅之力，足以令諸君肉體與靈魂同時慘裂，到此尚有何玄妙心性之可言乎？謹白。

載民國二十四年（一九三五年）十月十六日揚善半月刊第三卷第八期（總第五十六期）

二

啟者，數月以來，敝處收到本埠、外埠寄來各種問題，堆積盈盡，心中很想逐一答覆。無奈爲時間及環境所限，不能刻期清理，抱歉良深。請同志諸君稍安勿躁，寧決不將此事置之度外。

載民國二十六年（一九三七年）一月十六日揚善半月刊第四卷第十四期（總第八十六期）

三

福州洪太庵君、厦門周子秀君、瑞安馮鍊九君、蘇州張道初君、上海程淵如君、白雲觀逍遥山人、上海殷羽君同鑒： 爲篇幅及時間所限，以上諸君來函，請俟下期陸續答覆。先此奉告，以釋懸念。 謹啟。

載民國二十六年（一九三七年）二月十六日揚善半月刊第四卷第十六期（總第八十八期）

四

連雲港趙隱華君、福州洪太庵君、厦門周子秀君、瑞安馮鍊九君、蘇州張道初君、上海程淵如君、白雲觀道遥山人同鑒：爲篇幅及時間所限，以上諸君來函，請俟下期陸續答覆。先此奉告，以釋懸念。謹啟。

載民國二十六年（一九三七年）三月一日揚善半月刊第四卷第十七期（總第八十九期）

五

自即日起，爲丹道刻經會盡一份審定及校勘之義務，凡關於答問一事，因爲筆墨太忙，無暇兼顧，所有以後各埠問道來函，只得暫緩作答，並非置之不理，請勿誤會。特此聲明。謹啟。

載民國二十六年（一九三七年）三月十六日揚善半月刊第四卷第十八期（總第九十期）

六

前接湖南省湘鄉縣某先生來函，責我不應該在本刊上將口訣公開。此乃誤會，其實並未公開。所有本刊各處來函問道諸君，彼等自己各有各人的導師，與僕無關。特此聲明。

載民國二十六年（一九三七年）七月一日揚善半月刊第五卷第一期（總第九十七期）

七

敝寓在上海法租界最冷僻之區，距仙道月報社有十里之遥。因爲往來不便，故與社中辦事人甚少見面之機會。以前外埠諸君，每有函件寄到月報社，而封面上寫明「轉交陳攖寧」者，社中看見是私人信件，不便擅自啟封，只得等機會送交與敝處。及至寧收到該信之後，方知内容是訂報、補報、匯款購書並投稿等事，與我個人毫無關係。於是又要等機會再將原信送回月報社，交與社中辦事人料理信内所託之事。如此展轉送來送去，白費許多手續，躭誤許多光陰。此後請諸君注意，凡關於訂報或投稿等事，可在信面寫明「上海海寧路一千號仙道月報社編輯部收啟」；匯款購書等事，可寫明「翼化堂通訊處收啟」：最爲直捷便利。寧自己不久恐要遷居他處，或離開上海，並請諸君亦勿再寄信到法租界敝寓，以免遺失。謹此通告。

載民國二十八年（一九三九年）十一月一日仙道月報第十一期

八

社會情形，日趨惡劣，僕之現狀，事與心違。各地問道來函，堆積盈尺，若一一答覆，勢所不能，千祈原諒。以後諸君如有問題，請直寄本報編輯部，必能從速作答，幸勿寄僕個人名下。僕俟環境許可，即當入山，若永久被文字工作所誤，非但自己有志未遂，即諸君亦將笑我紙上談兵矣。謹啟。

載民國三十年（一九四一年）二月一日仙道月報第二十六期

九

啟者，僕近來有許多必要的工作，又想研究仙道以外的學術，因此無暇答覆各種問題，千祈閱報諸君原諒。下次若有來函，請直寄本報編輯部，封面上勿寫「陳攖寧」字樣，以免遲誤。再者，僕對於本報之關係，只能算是投稿人中的一份子，凡編輯、發行及訂報、購書等事，皆與我無涉。謹啟。

載民國三十年（一九四一年）二月一日仙道月報第二十六期

修道集團各種意見書

陳攖寧 圈點增批

爲修道集團事徵求同志諸君之意見

修道之事，不貴空談，而貴實行。實行辦法，首在組織團體。試觀近代國家與社會，無論政治、經濟、學術、宗教，皆趨向於集團制度。蓋以大勢所迫，非如此不足以有爲也。國内好道之士，頗不乏人，其數當以萬計。然一考其現狀，多爲環境所困，不能實行，抱道終身，於事何補？非但財力薄弱者有此遺憾，即富厚之家，亦不免蹉跎歲月，成效難期。其弊皆由於缺乏一完美組織之故耳。同人等籌畫至再，認爲今日若言修道，決非個人之心思財力孤立獨行者所能勝任，必須合羣策羣力以赴之，始克有濟。兹特將最關緊要各問題，開列於左，以便同志諸君之討論。若蒙惠教，請直寄敝社，在本刊上發表可也。

（一）修道團體之名稱

（二）開辦費並常年經費之來源

（三）總機關宜設於何處山林或都市

(四)房屋是否必須自造或租賃亦可
(五)團圓額數有限制或無限制
(六)內容公開或不公開

揚善半月刊社同人謹啟

載民國二十五年(一九三六年)十一月十六日揚善半月刊第四卷第十期(總第八十二期)

爲修道集團事略陳管見　山西襄垣崔寓琪

(一)修道團體之名稱　本刊編者及閱者，多半爲研究仙道之同志，其名稱自應冠以「仙」字爲妥，應稱爲「仙道研究社」。

(二)開辦費並常年經費之來源　既爲集團性質，其經費自當由團中同志擔任。惟開辦經費一項，如有富於資財之同志，不妨特別捐助。

(三)總機關宜設於何處　學道同志，清寒者居多，爲節省經費計，似以山林爲優。惟在交通方面，不無窒礙之處。最好擇交通方便一點之山林。

(四)房屋是否必須自造　此條又爲經費問題。果有充裕之經費，當然自造爲好，否則還是暫行租賃，看他日之經費情形，再行隨時改進。

(五)團員額數有限制或無限制 按現在國内研究仙道之同志,殊屬寥寥,團圓額數,似可不必限制。但亦不宜過濫。

(六)内容公開或不公開 按歷代仙師,對於秘法口訣,向不公開,因恐爲匪人所得,致將大道敗壞,還是以不公開爲妙。

除以上六條外,尚有一點補充意見。此次本刊同仁,發起集團修道,固屬切要之舉,但是國内熱心仙道之同志,天涯海角,無處不有。或塵情未了,或因經濟所困,以及種種阻礙。若令實行聚集一處,恐不可能。愚意還是變通辦法,凡一時不能實行到團者,亦可通信研究,較爲妥善。管見如是,祈諸同仁鑒察爲幸。

寫此稿竟,又想起陳攖寧先生答某女士問法財侶地一條,按上海生活程度,每月需一百元費用,若到外埠生活程度較低之都市,亦月需五十元等語。若在敝處山西,一月五元,即屬普通生活。如有十元,即係較優生活矣。於此足見地域之不同,情形即大異若是。可見第三條設立地址之問題,不可不詳慎討論也。

陳攖寧增批 本期中,修道集團意見書,共登六篇。又九十三期之末登二篇;九十四期九頁登一篇;九十九期之末又登二篇。

載民國二十六年(一九三七年)三月一日揚善半月刊第四卷第十七期(總第八十九期)

爲修道集團事謹將徵求各問題略述於左

浙江臨海周樂真

修道集團之名稱　當今邪說橫行，大道衰微之際，凡屬團體，必經社會局或黨部核准，方可成立。故其名稱，須有最顯明之歷史性者爲標準。則以「紫陽學會」，或「中國道學研究會」名義出之，較爲妥善。**陳攖寧增批**　「紫陽」二字不可用。

開辦費及常年經費之來源　斯道不能孤立獨行，取材原賴羣策羣力。況事關普利人天，理宜發起與贊成者，量力出資，或勸募，先行開辦。嗣後常年經費，由各團圓負擔之。但規模之廣狹，創辦之地點，開支之數目，須有具體決定，方可徵求團圓。一切手續，不妨參照各善團辦法。除特別認捐者不計外，再分甲、乙、丙三種，酌量收款，妥訂簡章，並備志願書，附在半月刊，或別函發給諸同志，自由採擇，定期答覆，以備查考。如此，收支既可預定，進行自有範圍。對於開始應徵各員，即作基本團員，尤當格外注意。

總機關設於何處山林或都市　山林原期修身養性，都市亦可混俗和光。山林也，都市也，似無分軒輊。但今之上根利器，能有幾人？訪友尋師，恐多漏體，在未勇猛精進以前，暫設總機關於都市，爲權宜之計，未可厚非焉。

房屋是否必須自造或租賃亦可　建造須賴多金，租賃原在省費。輕則易舉，重則難擎。在未籌集鉅款以前，還以租賃爲是。然吾終有望於輕財好道者，慷慨解囊，以達自造之目的。

團員額數有限制或無限制　昔孔子從遊者三千，昇堂入室，僅顏子、曾子等七十二人；許旌陽從學者八百有零，超遷長嶼，惟玉真、隱真等十人。修道如牛毛，成道如麟角，可慨也。若再加以限制，恐失仁人濟世之心。但對於來者，審其出身來歷，藉免意外斯可矣。

內容公開或不公開　團內組織，皆可公開。惟古人對於口訣一層，每洩而不洩，或不洩而洩者，良以斯道有奪天地造化之功，爲鬼神莫測之事。歷聖口口相傳，不敢形諸楮墨，全在有志者好自求之。

以上所答，僅就一管之見，未知當否，還質高明。

載民國二十六年（一九三七年）三月一日揚善半月刊第四卷第十七期（總第八十九期）

我對於修道集團之意見

浙江黃巖周祥光

（一）修道團體之名稱　答：應定名爲「中華道學研究院」。

（二）開辦費並常年經費之來源　答：開辦經費可由入院院友捐入，並向各慈善家勸募。常年經費，亦應由院友負擔。如經濟寬裕者，應多捐助；經濟困難者，應予免繳，但必須替院中盡少許之義務。

(三)總機關宜設於何處　答：宜設於山林，但不宜於深山，須稍近都市。因離都市太遠，一切設施，皆感不便；若過近都市，則喧囂嘈雜，於鍊養不宜。雖張三丰祖師云「無酒無花道不成」，或「大隱在於城市」，但非指初學而言。

(四)房屋是否必須自造　答：房屋在未自造之前，可先租賃。待積有相當之基金時，再行建築不遲。

(五)團員額數有限制或無限制　答：團員額數，應主張無限制，並不拘老少。但要身體健全，品格高尚，經院友之介紹，或經院長之允許方可。惟加入者，應與以一星期之考慮時間。當此時期，授以本院宗旨的詳細演講。倘其本人果能澈底明了鍊養之需要，具有萬分之決心，即用最莊嚴之儀式，舉行宣誓典禮，然後正式加入本院。

(六)內容公開或不公開　答：關於內容方面，亦可分爲二點。(一)口訣不能公開。古云傳之非人，遭了天譴，雖無確證，但考之史籍則很多。故攖公亦云，遭譴的事，也不是欺騙人的。(二)關於道學之理論方面，或工夫所得之境像方面，均可公開。

右列各項，乃余一時之感想所及，對與不對，還請讀者指正。

載民國二十六年(一九三七年)三月一日揚善半月刊第四卷第十七期(總第八十九期)

修道集團之管見

浙江瑞安張復真

（一）名稱　中國美德進化社。陳攖寧增批　太泛不可用。

（二）開辦費及常年經費　開辦費由發起人及贊成人籌捐，常年費由入團費撥充及同志慈善家捐助。

（三）總機關　宜設於交通便利而生活程度較低的地點。

（四）房屋　先租借廟觀，俟經費充足時，再行構造。

（五）額數　團員額數，似不可限制以絕後來者自新之路。但入團人，須嚴格審查，尤須得團員二人或三人以上之介紹並擔保。

（六）內容　內容是否指法訣而言？如係法訣，團員可以公開，外人不可公開。

載民國二十六年（一九三七年）三月一日揚善半月刊第四卷第十七期（總第八十九期）

答貴刊修道集團徵求意見各問

浙江瑞安蔡績民

（一）修道團體的名稱　可以定做「中華仙學院」。因為仙學是我國獨有的國粹，所以上頭用「中華」兩個字。至於稱「寺」稱「觀」，同僧道住所的名稱，有些纏夾；「什麼會」

「什麼社」，又有些像別種機關的團體。況且我們學仙的人，都是處於試驗實習的態度，以乎同學校一樣，所以直捷痛快地叫牠一個「仙學院」。

(二)開辦費和常年經費的來源 是很難解決的問題。我現在姑且擬定兩個辦法，寫在底下。(一)學仙的人，就一般論，大概都是缺乏經濟。但是富厚的人，未嘗絕對的沒有。那末可以請那些富厚的同志——除了自己家庭必須的生活費外——拿出幾個錢來，捐贈進去。一方面由各同志向社會上勸募。但是社會上各階段的人們，你叫他做煙、賭、酒、嫖等等底不正當娛樂，假定身上實在沒有錢，他也會想盡法子，弄出錢來去做；若是叫他捐贈給學仙的團體，我想比登天也還難一點。況且我們學仙的同志，沒有那些和尚們的法力，會使老居士、老太婆們，隨便什麼，都肯拿出去做他們布施的功德。所以，這個勸募辦法，也是說說罷了！(二)歐美各國研究學術的團體，都有請政府幫助經費，或是統歸國家經營。我想依照這個辦法，也請政府補助。但是現在我國政府的財力，自顧尚且不暇，那裏有餘財供給我們呢？

(三)總機關 應該設於山林的地方。什麼緣故呢？我記得古人有兩句話說：「大隱隱城市，小隱隱山林。」我們學人連小隱的資格尚且沒有，怎麼可以在城市裏頭呢？況且山林裏空氣新鮮，車馬絕跡，沒有什麼雜亂的東西跑來打擾。並且當那風清月白、霞蔚雪飄的時候，景物多麼的宜人，胸襟多麼的愉快！所以我主張應該住在山林的地方。

（四）房屋　必須自力建築。因爲學仙是永久的事情，不是一個時間就可以成功的啦。並且這一輩子的人羽化了，還有後來學仙的人。所以房屋最好還是自己建造。但是一時限於經費，那末有相當的房子，暫時租賃，也是可以的啊。

（五）團員額數　本來無須限制。因爲學仙的人，都是國內聰明才德之士，假使是無知識和行爲惡劣的份子，那裏還有學仙的思想嗎？但是人類裏頭，良莠不齊，那些害羣之的壞人，也要嚴格地取締。

（六）內容都可以公開　像一切的設備，經費的支配，團員的多少，學人的成績，起居飲食的狀態，和其他種種，都可以公開報告給社會人們瞧瞧，使令他們明了我們團體裏頭是有組織、有秩序、的確是一個極完備的仙學集團。並且喚起他們注意，曉得我中華還有這一種仙學。連帶認得仙學是一種現實的主義，不是任何宗教或哲學，只有空泛的理論和崇拜一神或多神的迷信。所以這內容是可以公開地發表。但是學人所得的口訣，應當絕對保守秘密。至於秘密的理由，請看陳攖寧道師著的口訣鈎玄錄。這裏不用再說了。

載民國二十六年（一九三七年）三月一日揚善半月刊第四卷第十七期（總第八十九期）

修道集團草章十條如左

雲台山趙隱華

(一)名稱　以定名爲「道學研究社」爲佳。凡「教」與「會」等字樣，易引起當局者之誤會，恐不相宜。

(二)經費　甲，社長免費，衣食住由社中供給；　乙，特種社員免費，自願捐助者聽；丙，研究學員納費，每月一元，如願助巨資者亦可。附註：　特種社員，係指已聞道者；研究學員，係指未聞道而矢志道者。**陳攖寧增批**　開辦費毫無着落。

(三)地址　宜離開繁華之區域，就西湖或郊外清涼之地，先租屋布置，待經濟充足時，再自行建立。只許靜定之用，不許私人帶伴侶入室。但女弟子不在此限。

(四)額數　特種社員及研究學員無定額，本仙佛度盡衆生之宏願。

(五)內容　無所謂公開，學一步，得一步。上賢不可接下愚，按其根器、道德、智慧三者傳授。

(六)入社　凡特種社員，能撰簡文或簡句，呈送社長批準，與口訣逼緊，即可入社；研究學員，有堅心爲善，立志求道，而無疑意者，即可入社。

(七)選舉　選年高德重、飽學得道之士，已具二通者更佳。

（八）集會　每年至少集會一次，以便研究。特種社員，旅費由會中供給；研究員，旅費自備。

（九）半月刊　應改爲「道學研究半月刊」，增加原有篇幅。學員有投稿、問答、求辭，並贈給善書之利益。特種社員，要負編撰之責。如由學員升爲特種社員時，可以直接聆受社長傳訣之利益。

（十）社長　負編輯、解答、傳訣之責。受訣之人，須經社長許可，或特種三人以上擔保，批準入社後，三年無過，方傳三分之一。再二年，傳三分之二。再一年，傳三分之三。如社長已具智慧，知其人不可傳者，有永不傳之權。

按古人須俟道成之後，備具六通，審知某人應傳或不應傳，否則，十年百年抱道以終者有之，僅傳一人者有之。余以爲，貴處既革除舊習，故另立新章供獻。

陳攖寧增批　名稱一項，有四人主張用「研究」字樣；口訣一項，六人皆主張不公開。既稱爲「研究」，在情理上說，不能不公開。若不公開，如何研究？故「研究」二字，不可用作名稱。比較以「中華仙學院」之名稱爲妥。

載民國二十六年（一九三七年）三月一日揚善半月刊第四卷第十七期（總第八十九期）

趙隱華君對於修道集團之意見

余童齡即好道，愛讀神仙小說。繼而獨自遍遊深山峻嶺，荒林幽谷。凡人煙不逮之處，罔不涉躐，冀求邂逅至人。然終無所獲。於是歸來窮究道書，遍覽羣經。易解者，均係邪術，不能行；高深者，又無從索解。於是迷道之我，而徬徨，而迷離，而恍惚，如醉又如癡。繼而矢志不渝，努力前進。同時，又服務社會，聊求菽水承歡；奔碌江湖，亦爲累罪噉飯。殊以大道未聞，朝夕不安。如是經過九載，苦志研求，吃盡千辛萬苦，三千二百四十日，卒遇至人於目前，方知先聖云「須知大隱居廛市，何必深山守靜孤」信不誣也。倘使早有修道集團之處，何致令人吃許多無謂之苦？此余之所贊成者一也。

至於聆道以來，復經若干載，仍是依然故我，實犯了古仙詩中所云「欲學長生又乏囊，可憐無路到仙鄉。……誰人假我扶搖力，一舉同遷上十洲。」前數年乃效韓康採藥歸壺，竟學了純陽祖師洩了玉壺走丹砂，靈汞不應入藥，方知徒有內符外火又有何裨益。倘有修道集團之處，可以共同研究，共同防護，相助之地方很多，實有利而無弊。此余極贊成者二也。

指示迷途，接引後來，具火大菩薩心，助以愛護之法，助以房屋之居，助以經濟之財，助以伴侶之求，助以黃婆之應。如此種種，或自助團體，或團體助自，總曰「互助」。於是同伴易施功，速而且效，於定章之下，竭力行之，同登彼岸。此余之極力贊成者三也。

但人類甚繁，賢愚不等，心志有別，大道原以接上賢，不得不以嚴格限制之。鄙人早有心刊行此簡章，以廣求同志。適揚善刊社諸君早已計劃及此，乃效獻曝之誠，將所擬草略章程十二條，投登揚善刊，與眾共見，供乞鑒諒。

載民國二十六年（一九三七所）三月十六日揚善半月刊第四卷第十八期（總第九十期）

爲修道集團事願進芻蕘之言

中州董女士

凡一事業之成，非賴羣力不可。尤以爲俗人所疑慮，爲迂腐的藐視，爲外教所毀謗，與造化爭權之仙道，更非合羣力不爲功。若無嚴密團體之組織，助以愛護之法，助以房屋之用，助以經濟之財，助以伴侶之需，僅以個人之力量，在家修鍊，則不免家事相累，入山修鍊，又缺乏上列各項之幫助，若望其了道登真，恐徒勞夢想也。茲將貴刊徵求各件簡答於後。

（一）修道團體之名稱　此團雖爲研究仙學而設，自應冠以「仙」字爲佳。然如周樂真君所云：「當今邪說橫行、大道衰微之際，凡屬團體，必經社會局或黨部核准，方可成立。

故其名稱，須有最顯明之歷史性者爲標準。」此論余認爲最妥。

(二)開辦費並常年經費之來源　關於此點，最爲重要，亦最難籌措。我國農村破產，工商落後，全國非大貧即小貧，富家巨室，佔極少數。若云捐助，恐世之不明道者，又將謂借道斂財，情同騙局。故集團之經費，應由會員擔負。除在本團任有職務及特種會員真實無力者免擔。由此款抽出若干作開辦費，余者爲經常費。陸續入會者所納之款，亦算爲經常費。至每人應納費多少，可分爲二點：(一)終身住宿者；(二)外宿者及外埠通信研究者。**陳攖寧增批**　開辦費亦無着落。

(三)總機關應設於何處　應擇一生活程度較低，交通便利，又無匪患及戰禍之山林。最好有清溪迴繞，松柏叢生。縱不能成仙，處此景界，清清閒閒，幽幽雅雅，與諸同志談玄說妙，話汞言鉛，豈不樂哉？豈不快哉？

(四)房屋是否必須自造　有寺觀可租借，最能節省經費，否則不免建造。房屋要堅固，合乎衛生，每人得靜室一間。大禮堂、圖書室、會客室、飯廳、浴室、厨房、廁所、儲藏室、傭人室皆在外。雖不必求華麗，但亦要足數應用。**陳攖寧增批**　造屋費亦無着落。

(五)團員額數有限或無限　若本度盡衆生之宏願，應無限制。但對於匪人及形跡可疑者，絕對禁止入會。惟男女須平等相待。

（六）內容公開或不公開　可公開的，自然公開；不可公開的，當視學者之程度，到可傳第幾層口訣之時，即密傳與他或她，只須令學者發誓決不妄傳於別人可矣。

以上各節，是否有當，仍乞貴刊同人及讀者諸君指正。

載民國二十六年（一九三七年）五月一日揚善半月刊第四卷第二十一期（總第九十三期）

講將修道集團之意見略述於後

上海王文逸

（一）名稱　應叫作「中華仙學院」。蓋仙是中國歷來所有道德高士，性命雙修，得到長生不死，形神俱妙的一種特別名稱。現在我們要集團修鍊的，就是要達到這個目的。所以，這「仙學」二字，就根據這目的而立名。即「院」字，亦是一種文雅的場所。而且，這仙學是歷來隱藏在儒、釋、道三教範圍之內，不肯出頭露面，所以世人只知其名，不知其實。亦不知所謂仙者，即儒耶？即佛耶？即迷信耶？把這仙家的面目，弄得使大眾認識不清。假使這次再不劃清界限，恐仍舊皂白難分。現在用這「仙學院」名稱，似乎是打出純粹的仙學招牌，對於他教沒有朦混。

（二）經費　這問題的確是最難解決。揚善刊上諸君亦已說明種種難點。惟此項經費要團員負擔之說，最為妥當。若像慈善團或其他宗教等手段向各處募捐，是不可靠的事。瑞安蔡君早將此項理由説明了。經常費項，最爲重要，開辦費尚在其次。蓋開辦費不過在開辦時用一次，經常費則每月要維持團中開支。若有了開辦費，沒有經常費的來源，仍不能開辦。有了經常費的來源，沒有開辦費，則可以向團員募捐，隨意樂助，積少成多，就可以成功了。所以要實行這集團修道，必先要籌定經常費的來源。必先要把每月開支計算，約該多少，按照這每月開支數目，再定團員每月納費章程。按此章程，再定團員人數最少之限額。譬如經費每月要用五十元，即照趙隱華君草章第二條，每月納費一元計，則最少要滿六十名團員，方可開辦。所以先要將納費章程，並每月開支，及團員額數，配好之後，再將此情形，登揚善刊發表，徵求同志報名。待滿了額數，再將志願書發出，請各人填具。同時再籌備開辦費。到這時候，離開成功的地位就不遠了。

以上二則，略明鄙意，紙短情長，未能盡述，容後面晤，再作暢談。此上貴社諸位同志先生公鑒，並望閱者諸君指導。

載民國二十六年（一九三七年）五月一日揚善半月刊第四卷第二十一期（總第九十三期）

修道集團之管見

高觀如

（一）名稱　性命學會。**陳攖寧增批**　名稱亦不好。

（二）經費　經常費：會員月捐或年捐。開辦費：發起人及贊助人樂捐或籌募，或有力發心者分擔，但以不用捐册及登報勸募爲度。

（三）地點　上海、北平、南嶽、西湖，但以西湖附近爲最適宜。總通訊處須設在上海。

（四）房屋　暫行租借。寺觀、民房合用者均可。但須訂明若干年限，俟籌得巨貲，再行自造。

（五）團員　額數無限，惟須揀擇，以杜流弊。住會實行修習之人數，應有限制。

（六）內容　凡先賢所已公開者，或於國民教育有關者，得公開之。

載民國二十六年（一九三七年）五月十六日揚善半月刊第四卷第二十二期（總第九十四期）

修道集團之意見

湖南郴縣弘一子

修道集團之名稱　中華仙學會。按：仙學發源於上古，實我國最早之學術。自道教崛起，仙學遂隱入道教內。修真了道之士，多採取高蹈主義，與世相隔離，以致仙學不彰。近來道教式微，仙學已在絕響。今之集團修道，亟應將「仙」字提出，定名爲「中華仙學會」或「中華仙學院」。

開辦費並常年經費之來源　應由團員捐助。按：此經費問題，一時雖難解決，然既爲集團性質，當由團員負擔。可明定章程，徵收入會金及月捐與常捐。其住會修學者，亦須徵收相當費用。

總機關宜設於何處　總機關宜設在上海，各省宜分設機關。按：既有總機關，必行有分機關。總機關宜設於上海，因上海交通便利，居於指導地位，易於發展。分機關可稱「分會」，視會員之需要各地而設。各省至少須設一處，地點宜擇山林幽靜之區，尤須注意於交通便利。

房屋是否必須自造　宜暫時租賃或借用，後當自造。按：此條須視經費充裕與否。在開辦之初，自造當然談不到，暫時只宜租賃或借用。待經費充裕、基金確定時，則須自造為好。

團員額數有限或無限制　一種有限制，一種無限制。按：此條我認為有兩種分別。一者，不住會修學之團員；二者，住會修學之團員。關於第一者，不須限制，務使人人有研究仙學之機會。而第二者則須加以限制，察其工夫已到何種程度，視其環境如何，及其對於仙學是否確具決心與興趣，否則隨入隨出，毫無成就，於仙學名譽上恐發生不良之影響。

內容公開或不公開　除口訣外，其餘均宜公開。按：普通集會，其內容均須公開。況外界對於修道團體殊少認識，若不公開，必使人生疑竇。正宜趁此時機，將內容公布，接引初學，兼使外界知仙學是有組織之團體。惟口訣一層，因歷代仙師不許輕洩，可不必公開。

修道集團之意見

四川青城山易心瑩　**陳攖寧增批**　此人是黃冠。

載民國二十六年（一九三七年）八月一日揚善半月刊第五卷第三期（總第九十九期）

（一）修道集團之名稱　根據我國歷史及人心之信仰而論，最適宜者，莫如「中國道學院」或「仙學研究院」。

（二）開辦費並常年經費之來源　辦法有二。甲，在徵求意見的最後一天，召集一度籌備會議，團員分作三層擔任經費，並規定一最低限度。如家事充裕者，儘量捐助。其次，量力遞減，至最低限度而止。所集得之資，除開辦費及本年度支外，餘者存儲生息，爲將來之經常費。乙，世有歡喜仙道，寄跡琳宮梵宇，求爲安單靜養，及耆年退休者，或有財產而乏繼承人者，或有抱獨身主義者，如是等人，化彼財產之一部或全部，布施本團。某本人亦可終老於此中。但須經過合法之手續，以杜流弊。**陳攖寧增批**　此是基礎立定以後之事。

（三）總機關宜設於何處　吾國內地各省區之原隰，物產脊腴殊方，南北異趣，若非交通梗阻，便是都市諠譁。他若滬境浙杭等處，俱皆沿海衝衢，繁榮過甚，人煙叢雜，生活極昂。而且車馬擾攘，修道頗不適宜。若欲山水清幽，交通便利，物產豐稔，歷史悠久，成仙最多之地，當以南嶽衡山爲最。**陳攖寧增批** 投稿者原籍湖南省，自然要讚美衡山。

（四）房舍是否必須自造 此事看籌備何如。若經濟充足，乃可自造，否則不必多費。假使爲之，必需鉅款。現在籌備之開辦與經常兩項費用，已屬困窘，而又急於購地建築，更爲棘手，莫如緩圖爲便。再查衡嶽諸峯，宮觀甚夥，而方外人亦鮮，似可暫時租借而用之。

（五）團員額數有限制或無限制 本院宜先立一種規約，除院長及導師外，正額二十八名，庶務一人，廚膳一人，共三十人一組，方能照料周全。嗣有願加入者，須集滿此數，然後再成一組。每一院可容納若干組，每一組需按名繳付膳宿費及學費。如此則經費可額定，而管理亦不嫌麻煩。或有人極聰穎，年力富强，生性好道，而家境貧苦者，如此之人，大可哀憫，本院可招爲護道，使其在院中略盡勤勞之義務。倘素行可嘉，亦許其隨班學習，以期普度。

（六）内容公開或不公開 偌大團體，性情各別，智識不齊，而欲同德同心，一日千里，豈人人可能？當此綿邈悠久之歲月，除正功而外，尚多餘閒，故宜建立各種有關於仙道之學科，挨次講習。按其功行，察其志趣，學優者授以上乘口訣，次者授以中乘，再次授以小乘。譬如得訣者百千人，各如其量，而傳授者無一毫私意存於其間。夫如是，則公開之流弊可免，而不公開之嫌疑亦泯諸無痕矣。本院成立後，女修道集團亦可仿設，或即附設院中。

編者附註　原稿關於經費之來源，除甲乙二種辦法以外，尚有丙種辦法，即是由中華道教會名義，勸令各省區道觀捐助經費。愚見恐因此意惹起方外道友之誤會，故將第三條辦法删去，請作者諒之。

修道集團意見書，第八十九期登出六份，第九十三期有二份，第九十四期有一份，連本期共十一份，閱者可以互參。

陳攖寧增批　八十九期六份，九十三期二份，九十四期一份，本期二份，共計收到意見書十一份。

載民國二十六年（一九三七年）八月一日揚善半月刊第五卷第三期（總第九十九期）

修道集團之意見

許得德

（一）名稱　當然名「唯一道學研究團」，無庸加以「中華」「中國」字樣。蓋是道爲唯一獨尊之至道，可以參天地，可以貫古今，可以通中外。若加以「中華」「中國」字樣以限之，何以圓滿是道之本體？ 況現在揚善刊之聲名，既洋溢中外，則將來安知其不普及於桂海冰天、荒區絕域之地乎？ 且夫道一而已矣，化育萬物，無邊無際，可以援天下之溺，可以救世上之焚。今三界無安，猶如火宅，羣生陷溺，載沉載浮，欲求生路，急修是道，此修道集團之名稱，所由發動也。

(二)經費 道猶舟也，費猶水也，人知無水不能飄舟到岸，即可知無費難以修道集團。況普利人天，宏施財寶，立功積德，消孽解冤，乃修道人應爲之事，是則開辦費，當由發起人與贊成者斟酌妥籌。其常年經費，可由各團員月捐五角，並規定入團求道者，每名求初次道之一分，宜捐功貲在一圓以上、五圓以下，二三次亦然。若經濟困難，而求道真切者，理應格外提攜，准予免費。但要竭力替本團盡些義務。如經濟充足，自願特別捐貲者，則十圓百圓千萬圓都可，正所謂「多多益善」也。

(三)地址 宜離市中繁華之區域，就郊外清幽之地，是則塵囂不難隔絕，生活費用亦廉。即交通方面，亦有相當之處。

(四)房屋 可暫賃廟觀，或祠宇書室，俟經費饒裕時，始行自造。

(五)額數 住團修道之額數，應有限制。惟入團求道之額數，不宜限制，以期達到普度之目的。但要嚴審品格，更須有三位團員以上之介紹並擔保，庶無流弊。

（六）内容　除關於修道之法訣不公開外，其餘一切均可公開。至關於修道之法訣，除團員可以分開外，其餘無論何人，皆不公開。

載民國二十八年（一九三九年）四月一日仙道月報第四期

閱書雜鈔

選錄 陳攖寧 鈔錄

無題

三十六年七月十二日星六大公報「自然科學」第九版所載腦電波（續），魯子惠譯自自然一五三卷，但惜以前之譯文未見。大概意思是說，腦電波有一定的規律，惟當注意到視覺時，則腦電波即立刻消失了。譯文中叫作α波。若注意到聽覺時，那種α波又回復原狀。因此可知，人要養腦，必須少看外界一切事物影像並書籍等，庶免多受刺激。用聽覺尚不妨事。

百歲酒

見歸田瑣記卷七。清福州梁章鉅撰。

余在甘肅，晤齊禮堂軍門，授一藥酒方，謂可治聾明目，黑髮駐顏。余服之一月，目力頗覺勝前。其方用蜜炙箭芪二兩，當歸一兩二錢，茯神二兩，黨參一兩，麥冬一兩，茯苓一兩，白朮一兩，熟地一兩二錢，生地一兩二錢，肉桂六錢，五味八錢，棗皮一兩，川芎一兩，龜膠一兩，羌活八錢，防風一兩，枸杞一兩，廣皮一兩，凡十八味，外加紅棗二斤，冰糖二斤，泡高粱燒酒二十斤，煮一炷香時，或埋土中七日更好。隨量飲之。

軍門云此名「周公百歲酒」，其方得之塞上。周公自言，服此方四十年，壽已逾百歲，翁家三代，皆服此酒，相承無七十歲以下人。余自粵西刊布此方，僚寀軍民，服者皆有效，遂名「梁公酒」。有名醫熟玩此方，久而憬然曰：「水火既濟，真是良方。其制勝全在羌活一味，此所謂『小無不入，大無不通』，非神識手，莫能用此也。」自是而日三服，至今八年。未幾，余引疾歸田，僑居南浦，有患三年瘧者，乞此酒一小瓶飲之，前後凡兩人，皆應手霍然。而浦人不甚以爲然，至有訾其方者曰：「此十八味，平平無奇，而羌活一味，尤不宜輕服。」與粵西名醫之言正相反。余聞之，爲齒冷而已。余同懷弟灌文、廣文，素嗜飲，中年以後，已成酒癆，每日啜粥不過一勺，顏色憔悴，骨立如柴，醫家皆望而却走。適其長子元辰，在余桂林署中，錄此方寄之。灌雲素不飲燒酒，不得已，以紹酒代之，日飲數杯，以次遞加。半月後，眠食漸進。一月後，遂復元。客秋，余回福州相見，則清健較勝十年前，而豪飲如故。據言並未服他藥，只常服此酒，日約三斤，已五年矣。夫紹酒之力，固不及燒酒之厚，然服燒酒者，日以兩計，服紹酒者，日以斤計，則其力亦足相敵，故其效並同也。余五十餘歲時，鬢髮早白，鬚亦蒼然，自服此酒之後，白髮竟爲之稍變。初亦不覺，惟剃頭時，自見所落髮針，不似從前之白，始知黑髮已有可據，惟白鬚如舊。細思其理，酒氣向上，故於髮易見功，而下垂之鬚，酒力未必能到。此理甚明也。

陳攖寧按 歸田瑣記卷一有「道光二十五年元旦書於浦城北東園之地上草堂」語，又有「道光辛丑秋七月由粵西量移蘇撫，受篆甫十日，即赴上海防堵兼攝督篆」。知爲江蘇巡撫。

利用宇宙線擊破輕氣原子核心產生原子能

三十四年十二月五日申報。

美國新聞處紐約三日電 奧尼爾頃在紐約前鋒論壇報上撰文稱，科學家現正探覓一項由輕氣提製大量原子能之方法。如此項方法竟能成功，則自輕氣中所獲得原子能之數量，當較其他方面多過一千倍。輕氣爲能使星辰及太陽維持白熱發光之原料，輕氣亦爲宇宙中最豐富之物質。

科學家希望能發現一項能使輕氣原子全部轉變爲「能」之方法，假使一磅輕氣之原子完全化爲能力，則可以產生相當於一百十三萬萬五千萬基羅瓦特一小時之電力。

使輕氣轉變爲原子能之方法，似較利用鈾提取原子能之方法更能引起一般人之注意。曾經積極參加「鈾」計劃之普林斯頓大學教授惠勒博士，最近曾檢討利用輕氣之問題。渠認爲，可以使全體輕氣物質轉變爲能力之關鍵，在於原子中之質子。質子爲輕氣原子之核心，四周圍有大量之電子。惟此項電子並不妨礙由物質轉變爲能力之工作。惠勒博士已擬以宇宙線爲擊破輕氣核心之工具。宇宙線中有一種微粒稱「梅松」。「梅松」則係當一種宇宙線之輻射物富通 *Photon* 衝擊質子時所發出者。惟梅松在尚未抵達地面以前，即常消失。而其消失之原因，迄未探悉。

產生「梅松」之宇宙線，具有數千萬萬伏特之電壓。據惠勒博士稱，此項電壓，足够使物質轉變爲能力而有餘。

守仙五子丸方

見雲笈七籤第六十四卷。

餘甘子，覆盆子，菟絲子，五味子，車前子。

以上五子各五大兩，別擣如粉麵。取二月、三月枸杞嫩葉，擣取汁二大升，拌藥末令乾。盡訖後，七八月採蓮子草，取汁一大升，亦拌藥末令乾。又取杏仁一大升，取好酒研取汁五大升，於銀器中煎令杏仁無苦味，然後下生地黄汁半大升，真酥五兩，鹿角膠五大兩炙，擣末，都入前汁中略煎過。又下五子末一時，以柳篦急攪，看乾濕得所，衆手丸之，如梧桐子大。每日酒下三十丸。如要加減，以意斟酌之。忌猪肉、蒜、芥、蘿蔔等。服之百日。先服金石，藥毒並盡，亦益金丹之炁，流於五藏，潤澤血肉，萬毒悉除，髭鬢如漆，返老成少。

還丹内象金鑰匙

昌利化飛鶴山真一子　撰

夫金液還丹並諸經訣者，無出古文龍虎上經。魏伯陽周易參同契爲還丹經訣之最妙也，莫不以鉛火爲宗、龍虎爲祖。諸家經訣中，有明鉛而不明火者，有説虎而不説龍者。雖則互有指陳，實則殊途歸於一，理盡一源也。丹訣中有太白真人歌四句，少即少矣，妙則妙焉，實爲直指龍虎之幽微，全露汞鉛之宗旨。歌曰：「五行顛倒術，龍從火裏出；五行不順行，虎從水中生。」此要言二十字，可謂洩天地互用之機、分陰陽反覆之道。水虎真汞之本，火龍真鉛之門，還丹根基，於斯盡矣，實爲真秘之言、不易之誥也。余因撰諸黑鉛水虎論、紅鉛火龍訣，蓋演真人之微邃、開秘訣之循途也。名之曰還丹内象金鑰匙火龍水虎論，庶誘將來用祛未悟者也。

黑鉛水虎論

夫黑鉛水虎者，是天地妙化之根，無質而有氣也，乃玄妙真一之精，爲天地之母、陰陽之根、日月之宗、水火之本、五行之祖、三才之元，萬物賴之以生成，千靈禀之以舒慘。至於高天厚地、洞府仙山、玄象靈官、神仙聖衆、風雨晦朔、春夏秋冬，未有一物不因鉛氣産出而成變化也。故經云：「天得一以清，地得一以寧，神得一以靈，谷得一以盈，萬物得一以生。」又云：「無名天地之始，有名萬物之母。」即是真一之精，聖人異號爲「真鉛」，則天地之根、萬物之母是也。豈可以嘉州諸鉛、硫黄硇砂、青鹽白雪、雄黄雌黄、消石、銅鐵金銀、水垢水精、凡砂凡汞、桑霜楮汁、松子柏脂穢污之物，白石消石、夜霜朝露、雪水冰漿，其諸礬土雜類之屬、草木衆石之類？已上皆誤用，不可備載也。

或問曰：「其真鉛如何，乞爲指的，將示未明。」

答曰：「黑鉛者，非是常物，是玄天神水生於天地之先，作衆物之母。此真一之精，元是天地之根。能於此精氣中產生天地五行萬物，豈將天地之後所生之雜物呼爲真鉛？即誤之甚矣。緣此精上爲星辰，下爲真鉛之精，常與太陽和合長養萬物。所隨太陽極遠，不過廿六度，故我先真聖師，採此陰精，設其法象，誘會太陽之氣，結爲神丹。故經云：

『太陽流珠。』其性猛烈，急而難當，若不以方便法象留連取其至精，安肯等閒住於雜物之上？非我北方正氣純粹之精，鑄成鼎器，運養周生，難見龍虎相吞、夫婦合體而成神物哉！」

紅鉛火龍訣

夫紅鉛火龍者，是天地妙用發生之氣，萬物因之以生，有氣而無質。故將一年三百六十日蹙於一月三百六十時，又於一月三十日三百六十時内，朝夕各係一卦，又移此六十卦三百六十爻陷於五日六十時内，復象一月也。兩日半三十時，便爲三十日，又象一月。朝暮各占一卦，又係六十卦，計三百六十爻，復象一年三百六十日也。又於兩日半三十時内，却分十五時，應半月一十五日用事。復將此半月，從一至十五日，又陷於十二辰中，自子後至巳前六辰之内，係三十卦，計一百八十爻，便象冬至後到夏至前，應半年一百八十日也；自十六日至三十日，又陷於六辰之内，午後至亥前六辰之中，係三十卦，計一百八十爻，便象夏至後到冬至前，應半年一百八十日也。春秋二分在時内，二分二至於一日十二辰中，都合三百六十，象一年之氣。始復至乾，自遘終坤，循十二辰候，分震巽甲門子丑午未。陰符陽火，圓合天符三百三十六度，是晦朔陰陽、刑德交會、天地變化、萬物生成之數也，皆依刻漏運行奪氣候入神鼎中，使真鉛天地之母受此運用而產神精。易曰乾之策三百六十日，足陰陽起伏運用一年周星萬物之大數也。凡一年計三百六十日，計四千三百二十時。每日朝暮兩卦，計六十卦。每卦六爻，合計三百六十爻又奪得一年三百六十日計數奪得四千三百二十年正氣在神室中。凡五日爲一周，合六十時，應一月六十卦用事。六十時係卦三百六十爻，便應三百六十日一年也又奪得一月内四千三百二十年正氣於兩日半。假如有一月三百六十時，便象一年三百六十日。於三百六十時内，用六十卦。將六十卦氣候又陷於五日六十時内。用六十卦時爲一周，又象一年。復於五日内分兩日半，計三百六十爻，復象一年也。又分三十卦一百八十爻移在半月十五日，朝暮各一卦，計三十卦。又將此十五日配在半日六辰之内，共分得三十卦一百八十爻，便象半年一百八十日也。每一辰内於二十四氣中分得二氣，七十二候中分得六候，此氣候逐子後午前六辰陽火入神室之中，各有寒暄，氣候符證，互立變化之功。此六辰是冬至已後、夏至已前半年一百八十日運火合天符動靜盈縮造化萬物之數也。聖人蹙於一百八十日節候陷於半日六辰之中，計奪得二千一百六十年正氣入於神室中養萬靈也。如兼午後六辰，圓合一日夜火數，即奪得四千三百二十年正氣在一日夜之内也。還丹之道，要妙在震巽起陰陽之中，復遘分進退之符，十二卦周行一年氣足，坎離運用，龍虎生成，數滿周星，神精水火，進氣而出，即非常藥也。午後亥前六辰陰符分得氣候節符與巳前六辰數時刻並同，亦象夏至後、冬至已前一百八十日也。所有震巽陰陽，進退之符，刑德相背，圓缺相交，出入抽添，起伏否泰，即少有不同也。此是合天符進退、周星造化、萬象生成、潛運之數也。故先真到此，皆傳在口訣，至誠輕洩，勿使非人知之，令竊弄神機妙用也。諸經訣云：「月有火記，明六百篇卦爻行於世也。」今不備錄。（六百篇火記，蓋魏真論周星數，實篇篇相類，冀達士細思，道如返掌也。）今所云一日一夜內運陰陽符火入鼎中，如震復至乾六卦爲陽火也，自巽遘至坤六卦爲陰符候也。一日一夜內，合奪得四千三百二十年正氣，在神室中生產神精也（全依內百刻也）。凡一時奪得三百六十年正氣，一日夜奪得四千三百二十年正氣，一月奪得一十二萬九千六百年正氣，一年奪得一百五十五萬五千二百年正氣也。故經云：「人服金液還丹一粒，如稻米許，三氣限滿，必獲上昇。」三年藥成，已於身內受得四百六十六萬五千六百年正氣年壽也。如常服食，以壽限無量，出天地三界之外。純陽真精之身，有生而無死。天地陽九，否泰動靜，常數服金丹之人，逃出陰陽之外、九陽之表，故壽年無數也。賢達思之，此外乃無上至真之妙道也，遇者得無保秘之，緘於心口，以待賢能者哉？

凡一月三百六十時，一年十二月，合四千三百二十時，象四千三百二十年，內卯酉二卦息符，一年內合數共除出六十日，兩計七百二十時，象七百二十年。汞內胎符火數實十個月，計三千六百年，合天符合三百六十度，符合參同契六百篇火記也。其餘出息七百二十年，是金沐浴，其精之限微哉。此法是大丹紅鉛黑鉛、龍虎交媾，生成乾精坤粹，真砂純妙之上道、運火之秘訣、養赤龍之魂方也，先真聖人心之隱文、希夷之妙道也，非防閑淺近之事矣。故經云：「既得真鉛，又須得真。」正爲此事也。經云：「得在受氣抽添。」凡運節符火數，一一皆依約刻漏。晝夜一百刻，分四時五行二十四氣七十二候，不可分毫差矣。若使四季不調，五緯失度，即真砂真汞不產，龍虎不交，故經云「纖芥不正，悔吝爲賊」是也。賢達君子，反覆思之，無意輕動，令不合天道，則令天地妙用之氣，憑何節候而成變化生於萬象哉？陰符經云：「天有五賊，見之者昌。」知之修鍊，謂之聖人也。

時有習常道者，止余東鄰，聞余斯言，忽叩扃而至大咍而謂余曰：「吾聞昔先聖有言曰：『死生有命，修短在天。』又西域書云：『天地及日月，時至皆歸盡。』至於劫石有消，無存纖芥，天地之內，萬物從起，豈有不拘常數而長存哉？數盡皆歸於空。空者，無也。又聞言：『人之生如箭射空，力盡還墮。』今子獨云『餌金液還丹之人壽年無數』，復云『我命在我不在於天』者，子言得非習偏見、有好惡、立虛準乎？」余答曰：「吁！吁！此蓋鄙俚偏執之談也，豈達古賢、通聖論哉？且鄙俚偏執之人焉能鑿混元、徵造化之端，擘鴻濛、結陰陽之表歟？豈將睫目之附近度量廖廓之幽端乎？且乾坤之氣，而生成萬物，諸途而出，始因元判，受析陰陽，有萬法焉，有萬形焉，得泉石焉。且陽數奇，九之數也。相須陰陽之氣，相禪乾坤之内，故互用之數，未有無用之物類也。且九地之下無陽精，而純陰濁氣也；九天之上無陰精，而純陽清氣也。有修積陰之氣者，盡棄魂神，於無中鍊妙有，任定而性寂靜，故死而爲陰爽之鬼也。有純陽之精者，謂存神氣，而於有中鍊妙，全身形而入無形，故生無死，爲天上神仙也。且鬼神者，受積陰之氣。陰鬼之道，鬼貴無形。故棄陽而鍊陰之氣，氣積即息，息即歸陰，陰即歸死。有得死者，故名寂滅。寂者，凝靜也；滅者，空無也。鬼道貴無形，蓋任空寂，於真無中鍊妙有，爲下土陰中清虚善爽之鬼神，非尋常之有也。鬼神陰靜之中，以斯爲妙道，有陰中妙門鍊陰中妙法鍊陰之法，故有大小，以有大小之門。天上之神仙者，受純陽之精。神仙之道貴有形，故棄陰而鍊陽。陽氣積而動，動即返陽，陽即歸生，生即得仙不死者，故名上昇。上者，輕也，飛也；仙者，昇也，舉也。仙道貴有形，蓋運氣於真有中鍊妙無，爲上天九陽中清真妙靈之神仙，即非常之無也。神仙於陽動之中，以斯爲妙道，有陽中之妙門、消陰之妙法。鍊陽法有大小門，非一也。積陰之精附地，積陽之形奮天。天地自然之道，非有爲也。故易云：『方以類聚，物以羣分。本乎天者親上，本乎地者親下。各從其類也。』故修丹者，術士鍊純陽，出陽精，取而服之，變爲純陽之身，是以就天乃從其類也，故名之曰『上昇九天』。天上無陰，乃純陽陽濤之境，出乾坤陰陽之表，故壽限無數也。真汞，無也，故不同乾坤之內有數之物。且上天不有爲藥空寂之形，不可服丹，故陰教無純陽之神仙，與下士定寂之鬼，明有優劣，非等倫也。純陽之真，無死數；積陰之神，無生數。此真陰真陽俱出天地之表，故無常數也。且天地之間，陰陽鍊真形二門，於斯無別理也。」

又問曰：「陰陽二門鍊真形之法，得非西域瞿曇氏之法邪？中華李老君法邪？」答曰：「余始只以明天地之間鍊凡爲聖陰陽二門出世之道，元不説李老君、瞿曇氏之法邪。若以二真造玆之法，即二真何多於天地乎？此二真皆能盜天地，賊陰陽變化之情，鍊陰陽純精之道，俱無成數之身，故後世立此二真爲陰陽鍊真之教。且二真俱曰『修道』，故『道』之一字，是陰陽二門眾妙之法强名也，玄玄善號也，故總之曰『道』。老君、瞿曇各得道中之一門爾，故皆出陰陽之外，俱得無生死之數也。」

又問曰：「今修道之人，存神養氣，復鍊金液陽丹服食，以至爲純陽之真。修陰寂之人，可得服丹乎？」答曰：「修陽之人，蓋存陽魂，留煖氣，故餌丹以助之成純陽之身；修陰寂之人，棄陽魂而就陰魄，陰寂之形虛而冷，不可以受陽丹也。若服陽丹，即陰形豈可爲純陰妙化乎？即陰寂不凝鍊，妙空不生妙有，妙有不生空也。」

又問曰：「陰陽鉛汞別有丹藥乎？」答曰：「陰寂之法，易陰之形，空中有空，有中不有，爲樂空寂之形，不可服丹，故陰教無丹藥也。此義昭然，賢達可見。但性理凝寂，絕相離言，即真爲空，妙有而已。修陰之人，得此言之爲心印，過此以往，無別義也。」

又問曰：「竊聞高僧中有出没自在、死生任情，接跡見聞，不可勝數，以載於經論，動逾數百。今指一二，粗立事端。且僧佛圖澄，生死自在，著於明史，述金液訣，形於丹經。又僧曇鸞師作氣術論行於世，皆同道家。忽暫亡而起，忽躡空而行。陰教之中，豈曰無之？吾仁之言『陽法有上昇，陰教歸空寂』，即此二僧皆留形住世，隱顯自由，得非空寂乎？」吾曰：「嘻！有何難明哉？其二子皆內修陽法、外修僧形，法豈分外貌乎？僧、玄，皆人也，同天地間一物耳。若外爲僧，內修陽法，何異於外貌黃冠乎？且陰陽之道，任情變化，豈有偏黨乎？惟達摩師氣訣正是『外內不出入，凝定空寂中』。鍊妙有之法，便是空寂法中陰真。」

又問曰：「今云鍊陽即出九天之上，鍊陰即入九地之表，將欲並教天下，得否？」答曰：「不可也。治世之道，無出於文也。斯陰陽二門，且出世之道，不可治世，不可普教於人也。」

問者曰：「吾偏習治世鬻譽之書，不達延生出世之道，罔知二主之旨，難通三教之情。今既聞命，實是飽於玄風、醉其真義也。吾向來井蛙醯雞哉！」乃唯唯而退。

余所略書陰陽二門鍊真之至道，意者爲上智之人，明達而自知，無勞論也。愚昧無知，勉論不及也。中智之人，心或進退，往往執言不迴，多云「生死有命，富貴在天」，復云「天地及日月，時至皆歸盡」，斯言舉世鮮世不言者，遂便顒顒待死，迮真失正，迷於所苦，自甘取也。即輕薄無知，泛濫之徒，豈可見天之心乎？天地之用生成乎？豈知陰陽互情乎？陰陽相盜出没乎？余因達還丹有長生無數之辭，故少立通論，以示同人，非淫欲虛誕沾誚於賢達者哉！於斯復向美索乎？同心之子，喜鑒於斯。

歌曰：「大道生吾真，陰陽運吾質。寄生天地間，生死互經歷。死生終有門，二路各分一。一門陰靜中，於中有虛寂。修成陰中神，此是西胡術。別有陽中道，道秘在仙籍。勁指天地根，此根號真一。真一天地先，天地因而闢。令人採取精，鍊爲庚辛石。邀取木中龍，合之令契密。忽然爲夫妻，漸生男女出。十月男女生，却化爲金液。金液作神丹，餌之天地畢。書情告同人，何妨留意覓。日月疾如風，三萬六千日。」

陳攖寧按　以上從「還丹內象金鑰匙」起，直到此處，皆見於雲笈七籤。其中所用的名詞，全是比喻，並非實有其事。他究竟說些什麼，很難明白，只好留待將來再研究。作者真一子，即五代時的彭曉，是古今第一個註解東漢魏伯陽參同契的人。

昌利化、飛鶴山，在蜀省境內。因爲彭曉仕於後蜀。後蜀時代，在北宋開國之前。

近代醫學上的偉大發明——組織療法

一九五一年五月十五日新聞日報第一張三版。

節錄各段如左。

組織療法是蘇聯發明，已有十八年的歷史。

組織療法的道理： 從人或動物體中分離下來的組織和器官，或者是植物的組織從植物體分離下來以後，把它們放在生存非常不利，但是還不至於死亡的惡劣情況下，分離下來的這塊組織本身就會發生一種強烈的生物化學變化，產生一種物質來維持它的生存，這種物質就叫作「生物原性激動素」。 靠這種物質的力量，可以治療很多疾病。

人的皮膚切下放在冰箱裏，蘆薈的葉子放在黑暗地方，都能產生「生物原性激動素」。因此知道，激動素是由於在惡劣環境之下，從活的有機體裏產生的，這是自然界中所有生物的共同規律。

只要把切下來的組織或器官，放在攝氏零下二到四度的冰箱裏，過六七天，組織裏就產生和積累了生物原性激動素。

組織療法，有皮下埋藏法及皮下注射法。

經過冷藏處理的皮膚、臟器或肌肉組織製成水浸液，經過煮開消毒以後給病人注射。組織療法所用的材料很多，如角膜、玻璃狀體、水晶體、視神經、皮膚、皮下組織、脾、肝、腹膜、骨頭、肌肉、睪丸、神經、胎盤等等，植物的組織如蘆薈葉、龍舌蘭、車前子、甜菜莖等，藏在黑暗地方，過些時，製成浸出液注射。

臨床實驗，眼科病例最多。外科方面，對於瘢痕收縮和慢性潰瘍有效。內科方面，如支氣管喘息、消化性潰瘍等有效，又神經痛亦效。

生物原性激動素，不是對身體的局部，而是對整個有機體起作用，提高它的生理機能，改進它的代謝作用。

沈陽中國醫科大學試驗的結果，不論是埋藏組織或是注射水浸液，都有下面幾個特徵：

體重增加，大便量減少，精神飽滿，減少感冒病。這是無病的人。

臨床實驗，治愈頑固性的頭痛，兩星期後，體重加兩公斤。又注射激動素後，比常人不怕冷。

上海同濟醫學院治愈眼科病人很多，及外科潰瘍。平原省濮陽公立人民醫院最有效的是內科的胃潰瘍和支氣管喘息、外科的頑固性潰瘍、眼科角膜潰瘍和砂眼。

關於冷藏組織的方法。北京鐵路總醫院用大小二個有蓋的玻璃標本瓶，把小瓶裝在大瓶裏，再把碎冰填在大小二瓶的中間，把預備冷藏的組織材料裝在玻璃盒或玻璃瓶裏，再然後把這一整個裝置放在冰箱裏。每天只要補充一次或兩次冰箱裏和標本瓶裏的冰，那麼裝在小標本瓶上的溫度表，就能經常保持着二至四度的溫度。但是也有溫度降到一度左右。

鍼灸療法在臨床治療上的效果

一九五一年五月十五日新聞日報第一張三版。

在短期內治愈顏面神經痙攣與顏面神經麻痺，完全止住或減輕三叉神經痛，在數日內治愈遺尿，下鍼後使部分患者的胃腸蠕動亢進，在下腿或足部扎鍼可迅速停止部分患者的頭痛，在同一鍼刺部分治愈尿閉、多尿、尿失禁、遺尿等症。

如用鍼刺下腿外側的腓骨神經，部分的人可得胃腸蠕動亢進的現象。

患頭痛者，在頭部扎鍼不能止痛時，在足部鍼刺，即可止痛或減輕。

如血球減少的患者，鍼刺不久後，血球數字即顯著的增加。如繼續鍼刺，血球也繼續增加。但在停止鍼刺以後一個相當的期間內，血球不增加而且減少。

在臍下正中線（腹白線）約三四橫指處鍼刺之，可治療尿閉、多尿、尿失禁、遺尿等症。但鍼刺的深度並未達到臟器。

以鍼刺健康側的神經，則患側的神經即得到調節。如患右側顏面神經痙攣，用鍼刺左側顏面神經，即刻能止住其劇烈痙攣。

組織療法引起全國醫藥界重視

一九五一年五月二十日新聞日報二版。

支氣管喘息，慢性潰瘍，消化性潰瘍，效果良好。

埋藏或注射「激動素」以後，人體都能有抗凍性不怕冷。

青春的動物組織，優於老衰的動物組織。

支氣管喘息，採用腎上腺效力最大。卵巢機能障礙，採用卵巢組織。子宮肌瘤，採取乳腺組織。高血壓症，絕對禁用此法。

眼科各症，獲有巨大的成就。蘆薈浸液注射亦可。

山西醫院用熱水瓶裝入涼水和冰水，使溫度到零上三度。

雞公山療養院沒有冷藏庫，用敷料桶代替。又用紙煙匣中箔紙代替銀紙。

組織療法在同濟醫院

一九五一年五月廿三或廿四新聞日報。

其中有關節炎一例，患者於一九四七年四月因小產後不慎受冷得病，至今年一月，先蔓延至右膝，接着又蔓延至左肩左膝，乃至每個小關節。左膝只能步行百步，多行即痛不可止。最嚴重時，整天不能起床。經試行組織療法手術後，不到二星期，酸痛就減輕了。一個月後，行動自如。以前不能工作，現在每天八小時工作，亦能勝任愉快，並且胃口大增。其他如神經性疼痛，亦部分收效。

過敏性鼻膜炎。有一病家，每天要作噴嚏數萬次，經手術後，六天中僅打過一次噴嚏。

喉頭結核。病者喉部疼痛，僅能飲流汁。注射胎盤浸出液一星期後，能吃固體飲食，喉部疼痛完全消失。

子宮周圍炎，炎性迅速縮小，睡眠良好，胃納改善。

牛皮癬，較奏效。

支氣管性氣喘。二百五十八例中，有顯著進步的五十六例，略改善的五十例，有待繼續診療的一百廿八例。

下肢潰瘍一例。二年來左腿上有手掌大的潰瘍，終年流臭液。用冷藏胎盤移殖後三星期中做了四次，爛腿就很快的痊愈。

風疹塊。每天出二三四五次不等。雖服藥，僅短期有效，藥間斷則又發。經組織治療後即全愈。

十二指腸潰瘍一例。平時發冷發脹，嚴重時整夜不眠，不能平躺，不能站着，厲害時要連續二天。經手術後沒有再發過，現已完全好了。

羊癲瘋。患者五十多歲，二年前跌傷，頭部受震甚烈。用愛克司光透視，發現頂骨部有碎骨。二年來幾乎每周都要發作一次，口吐白沫，神智不清，右肢麻木，真是痛苦萬分。發一次要持續幾個鐘點。經手術後，八星期內未曾發過一次。唯有時右臂還有麻木感覺。

氣喘一例。氣喘病已有十年，每次發三個月，每年春季最甚，常有窒息的現象。最近二個月內，每月行一次手術，每次都有進步。據病者云：「我從來沒有像今年春天這樣愉快。」

眼科二百例，以腺性質：　角膜炎、砂眼性血管翳、球復視神經炎、色素性視網膜炎等收效最著。

組織療法特別有效於慢性疾患，但慢性疾患必須過長期診療，始能確定其奏效程度。許多疾病不是一二次所能見效的。有許多病家，往往表示不耐煩，因而拖宕了自己疾病之痊愈。

組織療法並非萬病皆可治，如癌症就不適用，用了反會促使轉劇。又如用於結核症，就要萬分謹慎，目前還没有經驗，不能確定是否有效。

沈石田繪楚江秋曉圖長卷後自題

天連湘漢水悠悠，水色微茫接素秋。殘月已沉三國恨，亂雲初散九疑愁。南方流落身將老，西候蕭條客倦遊。欲採蘋花恨無伴，美人迢遞隔滄州。

葭菼蒼蒼白露晞，蕭條江色帶微暉。平沙雁逐寒潮起，野樹鴉隨亂葉飛。漸見九溪如練淨，尚憐三户似星稀。不堪昨夜南遊客，愁向西風憶授衣。

成化戊戌九月閒居洞庭湖上漫製楚江秋曉圖　長洲沈周□□「啟南」「白石翁」二印

陳攖寧註

九疑　山名，在湖南省寧遠縣。

迢遞　遠貌。

滄洲　水隈之地，常用以稱隱者之居。又武當縣西北漢水中有滄浪洲，漢水流經其地。

葭菼　「葭」音「加」，蘆葦；「菼」音「赫」，草茂盛。

晞　乾燥也。

蕭條　寂寥之貌，亦言草木彫零。

九溪　九疑山有九峯，九峯有九溪。

三户　本楚國故典，此處似指人家稀少而言，如世俗所謂「三家村」之意。

授衣　詩經有「九月授衣」之句，言天氣漸寒，須備冬衣。

成化戊戌　爲明憲宗成化十四年，即公元一四七八年，距今一九六六年，已過四百八十八年。此畫是紙本。

沈周　明長洲人（蘇州吳縣），字啟南，號石田，又號白石翁。父名恒吉，伯父名貞吉，皆能詩善畫。沈周自己文學左氏，詩學白居易、蘇軾、陸游，字學黃庭堅，尤工畫，與唐寅、文徵明、仇英稱爲明之四大畫家四人皆居蘇州。正德年間卒，年八十三。正德是明武宗年號，始於丙寅，終於辛巳，首尾共十六年，在西曆一五〇六至一五二一之間。此手卷，畫連詩，全長三十八英尺，上下闊十八英寸，詩欵後空白紙英尺十三尺九寸。按他的年齡八十三歲推算，假使歿於正德元年，則成化十四年當爲五十四歲。假使歿於正德十六年，則成化十四年當爲四十歲。此畫大約是五十歲左右的作品。若是四十歲，不能說「身將老」，而且不宜自稱「白石翁」。

植物名實圖考

固始吳其濬著，民國八年山西官書局重印。

吳其濬，河南省固始縣人，字瀹齋，清嘉慶進士，官至山西巡撫，別號雩婁農。「書凡三十八卷，先就四庫書取其涉於植物者輯爲長編，以考諸古。繼乃出其生平所耳治目驗者，繪圖立說，名爲植物名實圖考，蓋以考諸古者而證諸今也。圖考所引植物凡一千七百十四種，詳博精密，爲前此所未有。」辭海「辰集」一七一頁。

此書是陸應穀刻板，有序四頁，末題「道光二十有八年，歲次戊申，蒙自陸應穀題於太原府署」。

又湘鄉曾國荃補序一篇，乃光緒庚辰年作。略言「曩者葆芝岑中丞爲言植物名實圖考一書煞費作者匠心，足補綱目、經疏所未備。板存太原府署，散失板片五十有二。芝岑商於余，從印本摹刊，如數依補入，庶幾是編得稱全書。議甫定，適余春命督師山海關，防禦海疆，朝廷即以芝岑代余撫晉，於是芝岑所商於余者，還以屬之芝岑。考是編爲吳瀹齋先生手著，陸稼堂先生刊行之。今書板散失，又得芝岑爲之刊補。噫！一書之成，其難如此。」

又閻錫山序三頁：「民國八年七月，五臺閻錫山序於太原督軍公署。」略云：「是書爲固始吳瀹齋先生所著。先生博聞强識，歷官十數省，宦跡所至，舉所見之植物，既辨其性，並繪其形。閱歷已久，考證尤榷。凡三十八卷，未及付梓而先生卒。清道光戊申，陸公稼堂始壽棗梨。歷時既久，圖板殘缺。及光緒庚辰，葆公芝岑復取而梓行之，海內爭先快覩，然距今又近四十年矣。邇者各省人士購求是書者幾無虛日，舊藏精本，寥寥殆盡。爰命官書局詳加整理。板之漫漶者更之，圖之剝落者補之，重印若干部，自是先生之書庶可永傳，並以俾世之留心植物者得所考鏡焉。」

植物名實圖考總目共計一千七百十四種，比本草綱目所收植物多六百一十六種。一至二卷，穀類，共五十二種；三至六卷，蔬類，共一百七十六種；七至十卷，山草，共二百〇一種；十一至十五卷，隰草，共二百八十四種；十六至十八卷，石草九十八種，水草三十七種； 十九至廿二卷，蔓草，一百八十一種； 廿三卷，蔓草五十四種，芳草十一種，毒草十一種； 廿四卷，毒草，三十三種； 廿五卷，芳草，六十種； 廿六至三十卷，羣芳，共一百四十二種； 三十一至三十二卷，菓類，共一百〇二種； 三十三至三十八卷，木類，共二百七十二種。

長編二十二卷，所列植物名目，比圖考較少。

按： 李時珍本草綱目，穀類共七十三種，菜類共一百〇五種，山草共七十一種，隰草共一百二十六種，石草共一十九種，苔草共一十六種，蔓草九十二種，水草二十三種，芳草五十六種，毒草四十七種，菓類一百二十七種，木類一百八十一種，雜草九種，草類有名未用一百五十三種，全部共一〇九八種。

盛子昭繪諸葛出師圖並陸季宏書前出師表

此畫是絹本，畫幅長四公尺，所繪山水、林木、人馬、旗幟，皆工筆着色。 共有六十一人像，六十人大多數都騎馬，惟孔明一人坐小車。 畫後題欵「至正廿有二年春月武塘盛懋子昭摹錢舜舉筆」，下有「盛懋」「子昭」二印。 後附前出師表楷書三十餘行，下欵題「至正壬寅秋七月上吉觀盛子昭所繪出師圖卷，因書其表於後。 天游生陸廣」，下有「陸氏季弘」

「天游生」二印。按 至正壬寅，即元順帝至正二十二年，爲公元一三六二年，再過六年，元亡。

考盛懋，字子昭，元朝臨安人。父盛洪，僑寓嘉興，善畫人物、翎毛、山水。子昭承其家學而益精。所謂「摹錢舜舉」者，即錢選，是南宋理宗景定年間進士，吴興人，與趙孟頫同時同鄉，工詩畫。陸廣，字季宏，號天游生，元朝吴人，亦善畫，倣王蒙。

此手卷曾經項元汴所收藏，因有「天籟閣」等印。項元汴，明朝嘉興人，字子京，號墨林山人，工繪事，精鑑賞，所藏法書名畫，極一時之盛，以「天籟閣」「項墨林」印記識之。萬曆間卒。其家後遭兵劫，古物盡散失。

雪谷墨筆山水手卷（絹底）

畫首下角有「雪谷」二字小印，無欵，無題跋。不知何時何人所畫，筆法秀逸老練，可爲山水畫初學之模範。簽題「且頑老人」即滬紳李平書，「甲子」即民國十三年。

白陽山人陳道復水墨寫生手卷（紙本）

畫幅長七公尺有餘，開端有顧臯題「白陽寫生」四大字。顧臯是清朝江蘇無錫人，嘉慶進士，官户部左侍郎，善於詩文書畫。

此幅所畫花卉、瓜菓、蟲魚之類，皆用墨筆，末題「道復」二字及「白陽山人」小印。陳道復，名淳，號白陽山人。曾受業於文徵明二人皆長洲籍，即今江蘇吴縣。文徵明在明朝正德末，官翰林院待詔。

此畫筆法頗佳，但亦有拙劣之筆。全幅除顧臯所題四字而外，無其他題跋，亦無年月可考。即使是真跡，也許是白陽學畫尚未成名時的作品。

無題

錢希白洞微志曰：「上即位初，鄧州觀察使錢太博若水，雍容文雅，亦近世奇士。堅乞罷樞務，遂罷禮部貳卿，充集賢院學士。其日晚，余往謁賀，諸客退，獨相留後廳，同坐。因云：『某初應舉，欲求解，遂往華陰謁陳先生。通刺後，蒙倒屣相迎，臨出，執手約後十日却相訪。至期，徑往。迎入山齋地爐中，已先有一僧，擁衲對坐。某揖之，寒暄之禮，亦甚簡傲。少年壯氣，頗不平之。良久，僧熟視某，而謂陳曰：「無此骨法。」二公皆微笑。雖驚其言，而不敢詢問。更有他客至，乃逡巡先退。次日，某獨往見陳，且問僧名，及言者何事。陳曰：「此即白閣道者也。道行高潔，學通天人。至於知人，尤爲有神仙之鑒。欲勸留學道，中心不决，遂請道者質疑。他云，見足下非神仙骨法，學道亦不能成，但却得好官，能於急流中勇退耳。」又云：「他本在太白山，累歲方一到此。」某再求見，終不可得。人生萬事，知不可以力取。』」張端義貴耳集云：「僧即麻衣道者。」

朱子答蔡季通書曰：「陰君丹訣，見濂溪有詩及之，當是此書。雲笈七籤載陰真君傳言：「陰長生者，新野人也，師事馬鳴生，受太清金液神丹，白日昇天。臨去，著書九篇。」又陰真君自序曰：「惟漢延光元年，新野山之子受仙君神丹要訣，道成去世，副之名山。」蓋即此所謂陰君丹訣也。濂溪學本希夷，留心丹道，此亦其一證。彼之行此而壽考，乃吃猪肉而飽者。吾人所知，蓋不止此，乃不免於衰病，豈坐談龍肉而實未得壽之比邪？」

書周易參同契考異後曰：「魏君，後漢人。篇題蓋仿緯書之目，詞韻皆古，奥雅難通。讀者淺聞，妄輒更改，故比他書尤多舛誤。今合諸本，更相讎正。其間尚多疑，晦未能盡祛。姑據所知，寫成定本，其諸同異，因悉存之，以備參訂云。空同道士鄒訢。」

又題袁機仲所校參同契後曰：「予頃年經行順昌，憩篔簹鋪，見有題『煌煌靈芝，一年三秀，予獨何爲，有志不就』之語於壁間者。三復其詞而悲之。不知題者何人，適與予意會也。慶元丁巳八月七日時朱子年六十八，再過其處，舊題固不復見。而屈指歲月，忽忽餘四十年，此志真不就矣。道間偶讀此書，並感前事，戲題絕句：『鼎鼎百年能幾時，靈芝三秀欲何爲。金丹歲晚無消息，重歎篔簹壁上詩。』晦翁。」

調息箴曰：「鼻端有白，我其觀之。隨時隨處，容與猗移。靜極而噓，如春沼魚。動極而翕，如百蟲蟄。氤氳闔闢，其妙無窮。孰其尸之，不宰之功。雲臥天行，非予敢議。守一處和，千二百歲。」

答王子耕書曰：「病中不宜思慮，凡百事且一切放下，專以存心養氣爲務，但跏趺靜坐，目視鼻端，注心臍腹之下，久自溫煖，即漸見功效矣。」

陳攖寧手寫本

拾遺

胡遠濬莊子詮詁引陳攖寧語

逍遥遊第一

陳攖寧曰：「北冥有魚，喻坎中之陽；化而爲鳥，怒而飛，氣滿冲關也；海運，玄家所謂『運河車』；南冥、天池，喻泥丸宫；九萬里，取義乾之用九；六月，當夏四月，陽盛之時，即乾也。」

人間世第四

原文：「氣也者，虛而待物者也。」陳攖寧曰：「屈原遠遊云：『無滑而魂兮，彼將自然；壹氣孔神兮，於中夜存；虛以待之兮，無爲之先。』」

大宗師第六

原文：「真人之息以踵。」陳攖寧曰：「息，指内呼吸言；踵，指奇經八脈中之陰蹻脈而言。醫經：『陰蹻脈起於跟中，循内踝上行，至咽喉，交貫衝脈。其爲病也，令人陽緩而陰急。』此脈本足少陰腎經之别支。足少陰腎經通於湧泉穴，衆人此脈常閉，真人以先天之陽冲破此關後，能一呼上通天谷，一吸下達湧泉，晝夜循環罔間也。」

天地篇第十二

陳攖寧曰：「赤水之北，玄家所謂『坎』也；崑崙之丘，喻氣脈發源之地；象罔者，恍惚窈冥，採物精時之妙用也。」

一九三一年商務印書館胡遠濬莊子詮詁

知幾子悟真篇集註題記

此書乃同治年間廣州重刻版，在今日已甚難得，當保存之。康熙時初刻本極精，全部無一錯字，乙亥歲贈與杭縣馬一浮君，歸其收藏。兵燹之後，恐已化爲劫灰矣。

壬午陰七月攖寧記

馬君所收藏知幾子悟真集註原刻本幸未失落，丙戌歲，馬君由蜀回杭後，余已將原書取來轉交張竹銘君。馬君尚有康熙年間原刻本知幾子參同契集註，不知仍存在否？

癸巳仲春攖寧再記

陳攖寧手寫本

中醫經驗處方集題記

此書成於民國卅二年，後至民卅五年，又增訂再版。奈紙張、印刷、裝釘都壞，雖將其拆散整理一番，仍弄不好。書中處方究竟如何，留待他日研究。

陳攖寧手寫本，鈔寫時間不詳

三才大易題記

此書是講修養工夫，共有十篇，明朝天啟二年公元一六二二張玄光作，辭句簡潔可喜，但非普通學道之人所能領會。

公元一九六〇年攖寧記

陳攖寧手寫本

五嶽集題記

外丹零碎小法，有參考的價值。

此鈔本是從白雲觀舊書堆中發現的。所抄各種方法，無系統，太雜亂，非正式的外丹書。如果對於外丹已經入門者，這些方法有時可作參考之用。若未曾入門者，看之毫無用處。此本紙已腐朽，似是二百年前之物，留存到今日，頗不容易，應當加意保藏，並另抄一副本。

公元一九六二年十月陳攖寧記

陳攖寧手寫本

各省少數民族自治區

新疆省

新疆是全國中最大的一省，面積一百七十一萬一千多方公里，但人口甚少，共計不過五百三十餘萬，民族却有十三個。名稱如下：維吾爾、漢、回、哈薩克、蒙古、吉爾吉斯、塔吉克、塔塔爾、烏茲別克、滿、錫伯、索倫、俄羅斯。現已建立了民族民主聯合政府。其他各別的民族自治區正在建立中。維吾爾族人口最多，約佔全省人口百分之七十。

青海

除了新疆外，青海算是第二個大省，面積八十二萬四千九百八十二方公里，人口只有一百六十六萬五千多人，民族有回、漢、蒙、藏、撒拉、哈薩克等族。已建立的自治區如下：

海北、海南、海西、玉樹、果洛、黃南六處，皆是藏族自治區。

甘肅（寧夏省合併在內）

中國第三個大省就輪到甘肅，面積七十五萬九千方公里。本省也是各民族雜居，漢族人數最多，其次則回、藏、東鄉、蒙、維吾爾、撒拉、保安、哈薩克、塔塔爾、土、滿、呶等族，已在各民族聚居的區域普遍建立了民主聯合政府。又有各自治區：海原、固原、西吉、涇原、張家川等處回族自治區，甘南、天祝、武坪等處藏族自治區，肅北蒙族自治區，東鄉族自治區，阿拉善旗、額濟納旗兩個蒙族自治區兩旗原在寧夏省境內。

西康省

西康省面積五十二萬九千方公里，人口三百三十多萬。省東部有西康藏族自治區，範圍甚大，包括廿餘縣，全區面積二十萬方公里，等於江蘇省兩倍之大江蘇省面積只有十萬方公里，人口七十餘萬，藏族最多，此外尚有彝族、回族、漢族。本省東南角有涼山彝族自治區，面積三萬多方公里，彝族人口約七十萬以上，漢族和苗族共約二萬餘。

四川省

川省面積在三十萬方公里以上，人口五千六百多萬，居民除漢族外，有藏、彝、羌、苗、回、嘉戎、土民等族。本省西北角有第二個大藏族自治區，全區人口五十萬，藏族約有三十八萬以上，漢族八萬，羌、回等族四萬數千。此一區和西康藏族自治區相接壤，面積約及彼區之半倍。又本省西南角有彝族居民約五十萬人，已分別成立民族民主聯合政府。其他零散的小自治區尚有多處。

雲南省

雲南省少數民族複雜已極，據說共有一百多個不同的名稱。全省面積約四十二萬方公里，人口近一千七百萬，少數民族佔其半數，其中有傣、苗、彝、回、藏、拉祜、摩西、摩所、西番、怒、俅、民家、窩伲、瑶、儂青、三蘇、卜拉、花腰、碧約、勞多、布都、蒲滿、愛黎、西摩羅、阿西、阿卡、卡瓦、土佬等等，其餘名稱未能備舉。已成立之自治區名稱如後：路南撒尼族自治區、彌勒彝族自治區東部，峨山彝族自治區、紅河愛尼族自治區南部，西雙版納傣族自治區、瀾滄拉祜族自治區南部，德宏傣族景頗族自治區、碧江傈僳族自治區西部，福貢傈僳族自治區西部，德欽藏族自治區北部。

貴州省

貴州也是各種民族雜居的省分，苗族約一百八十萬人，仲家一百五六十萬人，侗家二十萬人，水家二十萬人，彝族十餘萬人。此外，尚有獞家、瑶族、回族、佫佬、木佬等。已成立之自治區名稱如後：台江苗族自治區、鑪山苗族自治區、丹塞苗族自治區、惠水彝苗自治區。目前已建立了四個縣、八個區、六個鄉的民族自治，又五個專區、三個區、一個鎮、一個鄉的民族聯合政府。

廣西省

本省居民除大多數漢族而外，共有僮、苗、瑤、侗、回、彝、倈仔、伶老、毛難、越南、伶、黎、倮倮等少數民族。僮族有五百四十多萬人，分布在三十四縣。已成立桂西僮族自治區，面積十一萬一千七百方公里，人口約六百二十六萬八千九百人，全區中僮族人口約四百二十萬，漢族人口約一百三十七萬一千八百，苗、侗、回、倮倮等約六十九萬人，爲國內各自治區人口最多的一個。此外，尚有大瑤山瑤族自治區、大苗山苗族自治區、三江侗族自治區、龍勝縣各族聯合自治區。

廣東省

全省少數民族共有三十萬人，分布各處。黎、苗二族人數較多，聚居在海南島；瑤族在廣東省內者，約三萬多人。海南黎苗族自治區、連南瑤族自治區在省北部。

湖南省

本省西北部，沅江上游，辰水、酉水之間，有苗族自治區。

熱河省

翁牛特旗、敖漢旗、喀喇右旗、喀喇左旗四個自治區。

吉林省

本省東部有延吉市，爲朝鮮民族自治區的首府。

臺灣省（闕）

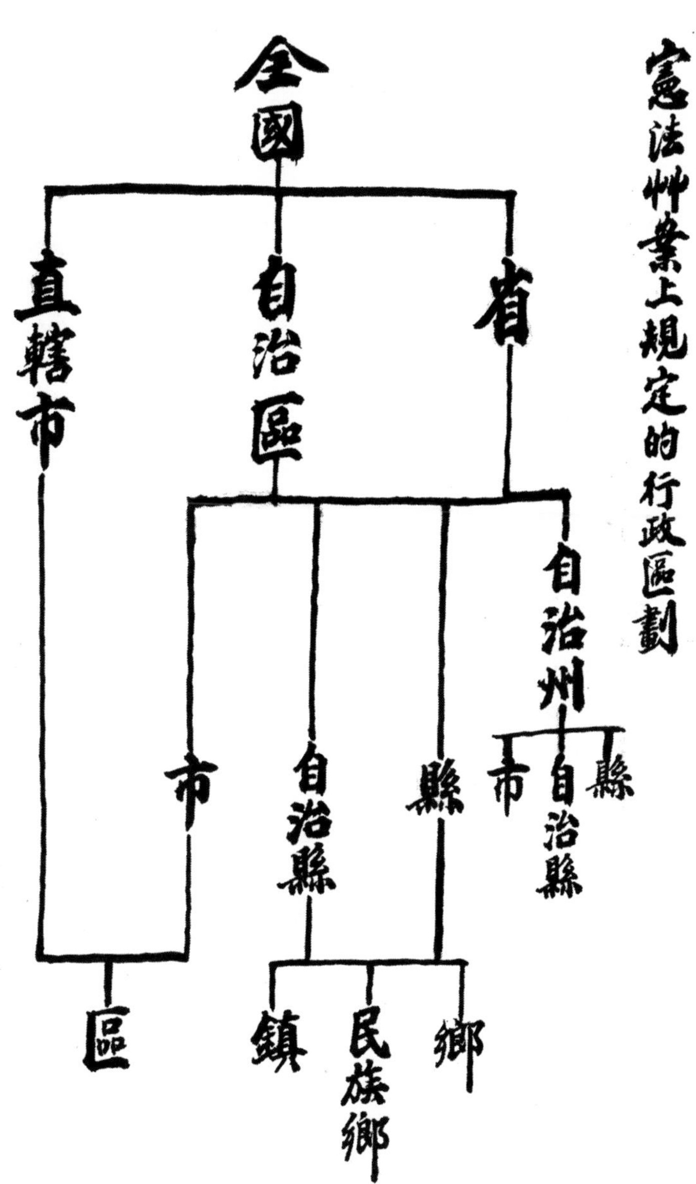
憲法艸案上規定的行政區劃
全國
省
自治區
直轄市
自治州
縣
自治縣
市
縣
自治縣
市
鄉
民族鄉
鎮
區

解放後的全國行政區域劃分

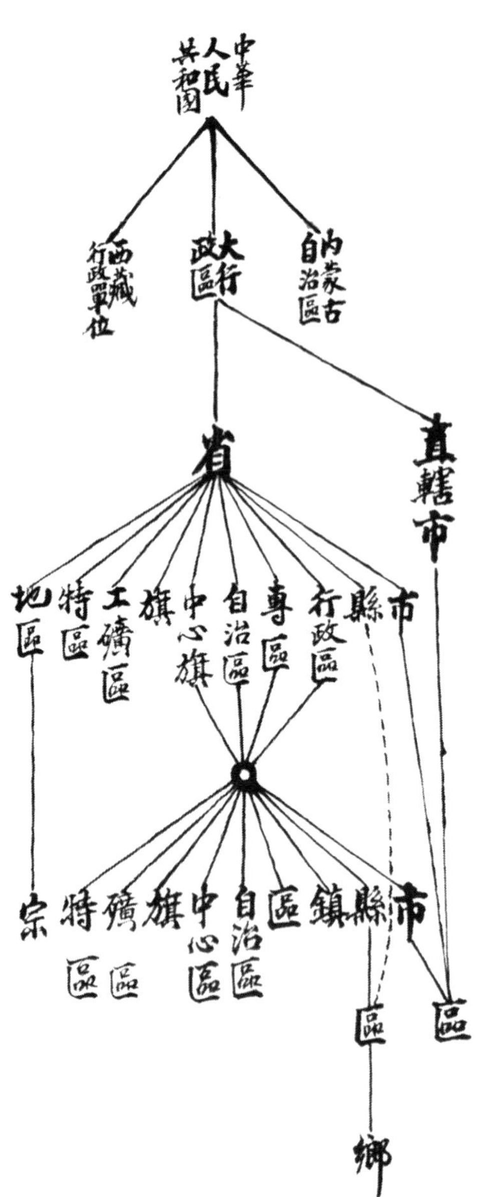

一九五四年六月十九日中央人民政府委員會第三十二次會議通過：　撤銷全國六個大行政區華北、東北、西北、華東、中南、西南；　遼東、遼西二省合併爲遼寧省，松江省合併於黑龍江省，寧夏省合併於甘肅省，綏遠省合併於內蒙古舊區劃連臺灣爲三十省，新區劃只有二十六省；原十一個中央直轄市均改爲省轄市，沈陽、旅大、鞍山、撫順、本溪五市併入遼寧省，哈爾濱市併入黑龍江省，長春市併入吉林省，武漢市併入湖北省，廣州市併入廣東省，西安市併入陝西省，重慶市併入四川省。　此刻中央只有三個直轄市：　北京市、天津市、上海市。

陳攖寧手寫本

存真書齋微信公眾號

柱下文化微信公眾號